INNOVAR
MÁS ALLÁ DE
SILICON
VALLEY

«Las *startups* son una de las fuerzas más importantes para el cambio. Sin embargo, demasiadas regiones se han aferrado al modelo de Silicon Valley como única forma de crear un ecosistema de *startups*. *Innovar más allá de Silicon Valley* te lleva a un recorrido por emprendedores y empresas innovadoras de todo el mundo, para proporcionarte una guía sobre cómo iniciar y escalar con éxito negocios que cambian el mundo, estés donde estés».

Chris Yeh,
coautor de Blitzscaling y The Alliance

«*Innovar más allá de Silicon Valley* está repleto de historias de innovación inspiradoras e instructivas de todo el mundo. Ya sea en el centro de América o en el centro de África, es un libro imprescindible para cualquiera que tenga una idea para iniciar y ampliar un negocio».

Diana Farrel,
presidenta y consejera delegada del
Instituto JPMorgan Chase

«En *Innovar más allá de Silicon Valley*, Alex Lazarow ha captado a la perfección el "momento Detroit" de Silicon Valley: la constatación de que Asia y otros mercados emergentes no se limitan a generar clones locales de las *startups* estadounidenses, sino que elevan el listón de la innovación y la calidad de los productos a escala mundial. Brillante».

Nick Nash,
cofundador y socio director de Asia Partners;
presidente del grupo Sea Limited

«Silicon Valley es una fuente de inspiración para muchos emprendedores tecnológicos de todo el mundo, pero la innovación que procede de los países emergentes, África y otros lugares más allá del Valle está subiendo la apuesta. En su cautivador libro, Alex Lazarow describe magistralmente este contexto cambiante y las estrategias necesarias para triunfar en él».

Sacha Poignonnec,
cofundador y codirector general de Jumia

«El amplio mundo de la innovación no siempre se parece y actúa como Silicon Valley. De hecho, entre los mercados emergentes en particular, existe una experiencia compartida por los empresarios e inversores —independientemente de la historia, la cultura, el idioma o la geografía— en la que el modelo de Silicon Valley es solo una parte de la historia. Este libro presenta interesantes nuevos modelos para los emprendedores locales y globales que buscan participar en los términos de esos mercados. Es un libro imprescindible y no podría ser más oportuno».

Christopher M. Schroeder,
cofundador de Next Billion Ventures;
asesor e inversor de riesgo; y autor de *Startup Rising*

«Tenemos que ir más allá del "libro de instrucciones" de Silicon Valley para la innovación de las *startups*. En esta obra mordaz, Alex Lazarow muestra que hay nuevos principios y prácticas que se aplican en condiciones de escasez y adversidad que cambian rápidamente. En otras palabras, dondequiera que estés».

Vijay Shekhar Sharma,
fundador y consejero delegado de Paytm

«El libro de Lazarow no solo te inspirará con sus historias globales de innovación, sino que te dará modelos reales a seguir. Estés donde estés, si tienes una idea emprendedora, tienes que leer *Innovar más allá de Silicon Valley*».

Mudassir Sheikha,
cofundador y director general de Careem

«Si la disrupción consiste en moverse rápido y romper cosas, Lazarow nos saca de Valley, más allá de las fronteras y las palabras de moda. *Innovar más allá de Silicon Valley* es la nueva hoja de ruta global sobre cómo observar diferente y crear diferente».

Scott Hartley,
autor de *The Fuzzy and the Techie (Menos Tech y más Platón)*

«Alex Lazarow recurre a su vasta experiencia global para arrojar luz sobre los modelos y prácticas de las *startups* de todo el mundo. Al hacerlo, articula una de las grandes promesas del mundo de la alta tecnología actual: que el acceso a la innovación ya no es un derecho exclusivo de unos pocos lugares selectos. Cualquiera, en cualquier lugar, que esté interesado en la innovación se beneficiará de la lectura de este libro».

Yossi Vardi,
uno de los primeros empresarios de Israel

Alexandre Lazarow

INNOVAR
MÁS ALLÁ DE
SILICON
VALLEY

MADRID | CIUDAD DE MÉXICO | BUENOS AIRES | BOGOTÁ
LONDRES | SHANGHÁI

Colección Acción Empresarial de LID Editorial
Editorial Almuzara S.L.
Parque Logístico de Córdoba, Ctra. Palma del Río, Km 4, Oficina 3
14005 Córdoba.
www.LIDeditorial.com
www.almuzaralibros.com

A member of:

businesspublishersroundtable.com

EAN-ISBN13: 978-84-10520-89-9
Directora editorial: Laura Madrigal
Editora de mesa: Paloma Albarracín
Maquetación: www.produccioneditorial.com
Diseño de portada: Juan Ramón Batista
Impresión: Cofás, S.A.
Depósito legal: CO-164-2024

Impreso en España / Printed in Spain

Primera edición: febrero de 2024

Te escuchamos. Escríbenos con tus sugerencias, dudas, errores que veas o lo que tú quieras. Te contestaremos, seguro: *info@lidbusinessmedia.com*

«No es el crítico el que cuenta; ni aquel que señala cómo el hombre fuerte se tambalea o dónde el autor de los hechos podría haberlo hecho mejor. El mérito pertenece al hombre que está realmente en la arena, con el rostro desfigurado por el polvo, el sudor y la sangre; quien se esfuerza valientemente; quien yerra, quien da un traspiés tras otro porque no hay esfuerzo sin error y fallo, pero realmente se empeña en lograr su cometido; quien conoce grandes entusiasmos, las grandes devociones; quien se consagra a una causa digna; quien, en el mejor de los casos, encuentra al final el triunfo inherente al logro grandioso y quien, en el peor de los casos, si fracasa, al menos fracasa atreviéndose a lo grande, de manera que su lugar jamás estará entre aquellas almas frías y tímidas que no conocen ni la victoria ni la derrota».

Theodore Roosevelt

«Necesitamos innovar más, educar mejor y construir más que el resto del mundo».

Barack Obama

ÍNDICE

AGRADECIMIENTOS

Como dice el refrán: «Si quieres correr rápido, corre solo. Si quieres correr lejos, corre unido». Este libro ha sido posible gracias al firme apoyo de quienes corren a mi lado, y a veces delante de mí, que me han ayudado a cruzar la línea de meta.

En primer lugar, gracias a mi mujer, Shea Loewen Lazarow. Por ella empecé este libro y por ella lo terminé. Durante el arduo maratón del proceso de escritura, Shea fue mi constante compañera, animadora, defensora, compañera de pensamiento y editora. Sencillamente, este proyecto no habría sido posible sin ella.

Gracias a mi familia por su apoyo firme y duradero. En primer lugar, a mi madre, que me enseñó de pequeña a estructurar mi pensamiento y a quien atribuyo mi propensión a responder a cada pregunta en tres partes. Gracias a mi hermano y a mi padre por apoyarme en este proyecto y en todos mis esfuerzos. El resto de mi familia me ha apoyado increíblemente, incluido mi tío Paul, que me ha proporcionado valiosos comentarios en todo momento. Mención especial también para mi familia política, que me ha adoptado a mí y a mi familia, y para Wayne Loewen por ser el primer revisor que leyó el manuscrito.

Mi equipo de investigación fue fundamental para completar este libro. Maya Lorey fue una fabulosa colaboradora y me ayudó a reflexionar sobre una serie de temas cruciales, como el impacto de las nuevas empresas de gran éxito y el poder de la diversidad. Nihar

Neelakanti fue un valioso colaborador en la estrategia de distribución y marketing. También quiero dar las gracias a Maxwell Harrison, Julia Turnbull, Rushil Prakash, Julie Fukunaga, Paige Preston y Sandy Lin por su inestimable ayuda en la investigación.

Carol Franco, mi agente, apostó por mí y trabajó incansablemente para encontrarle a este libro un buen hogar. Carol, junto con su marido, Kent Lineback, ha sido una caja de resonancia constante para el proyecto, por lo que estoy infinitamente agradecido. Ha sido fabuloso trabajar con todo el equipo de HBR Press. Gracias, en primer lugar, a mi editor, Jeff Kehoe, cuyo consejo he buscado regularmente y valorado mucho en la concepción del libro, el encuadre de los temas que exploro y el posicionamiento del libro en el mercado. Estoy agradecida a Alicyn Zall por su apoyo editorial, a Stephani Finks por su trabajo de diseño, a Erika Heilman por dirigir la comercialización del libro, a Melinda Merino por sus consejos sobre la estrategia de lanzamiento, a Allison Peter por guiarme durante la producción, a Betsy Hardinger y Karen Palmer por su trabajo de corrección y al resto del equipo de prensa por su inestimable apoyo.

Innumerables amigos y colegas ayudaron a dar forma a las ideas fundamentales que impulsan *Innovar más allá de Silicon Valley*. Algunas de las primeras teorías germinaron con Yuwei Shi, mi atento profesor en el Middlebury Institute for International Studies, mientras nos ocupábamos de la escasez de material sobre emprendimiento global durante los preparativos de nuestra clase. Nick Nash, con quien he colaborado en varios proyectos, incluido el Kauffman Stewardship Pledge (un código de conducta para el sector del capital riesgo), fue un magnífico sparring intelectual, y su empresa Asia Partners compartió valiosos conocimientos de investigación. Gracias a Chris Schroder, uno de los primeros emprendedores mundiales y pionero de la narración de historias, por sus consejos periódicos sobre el libro y el proceso de publicación y por ser uno de los primeros en sumergirse en el manuscrito. Gracias también a Brad Feld y a todo el equipo de Endeavor por su liderazgo intelectual en el desarrollo del ecosistema de las *startups*. Por último, me quito el sombrero ante Austin Arensberg, Emmanuel Smadja y Mark Meras, constantes compañeros de debate, generadores de ideas y estrategas.

Muchas personas se tomaron la molestia de leer manuscritos completos y parciales del libro, y cada uno de ellos aportó una valiosa perspectiva. Un agradecimiento especial a Jay Harris, Keith Davies, Tom Barry, Chris Bishko, Mark Palmer, Sanjay Wagle y Alex Bakir. Varias personas compartieron ideas conmigo o me presentaron a personas de cuyas historias podría aprender y tal vez contar. Entre ellos están Ali Hashmi, Beau Seil, Bill Draper, Catherine Cheney, Chris Sheehan, Chris Yeh, Courtney Guertin, Dan Ariely, Ettore Leale, Jasper Malcolmson, Kate Connally, Rob Lalka, Ed Simnett, David del Ser, Maelis Carraro, Niko Klein, Patrick McKenna, Sangu Delle, Sheel Mohnot, Russ Siegelman y Zheng Huang. Gracias también a toda mi clase de becarios Kauffman, especialmente a Sid Mofya, Dalthon Wright, Jeremy Yap y Dan Abelon.

Es esencial reconocer el impacto formativo de mis colegas de Omidyar Network, en particular de Arjuna Costa, que me invitó a unirme a su equipo de uno y me sumergió en un mundo de innovación global, por lo que le estaré eternamente agradecido. Otros colegas de Omidyar Network me proporcionaron consejos clave a lo largo de este viaje, como Tilman Ehrbeck, Jenny Johnston, Anamitra Deb, Peter Rabley y muchos otros. Mis colegas de Cathay Innovation me ayudaron a abrir los ojos a los ecosistemas europeo y chino, y no puedo dejar de dar las gracias a Denis Barrier, Mingpo Cai y Simon Wu.

Gracias también al Premio Bracken Bower y a los equipos de McKinsey & Company y *Financial Times*, en particular a Dominic Barton y Andrew Hill. Su premio fue el catalizador de este proyecto, que de otro modo podría haber resultado demasiado desalentador para empezar. La amplia comunidad de Bracken Bower ha prestado un apoyo fundamental a lo largo de todo el ciclo de vida de este proyecto, en particular mis amigos Scott Hartley, Irene Sun y Mehran Gul.

Más de 250 emprendedores, inversores y creadores de ecosistemas concedieron entrevistas para este libro y, lamentablemente, solo pude incluir a una pequeña minoría en el texto. Gracias a todos y cada uno de ustedes por su tiempo y sus valiosas opiniones. Vosotros sois la columna vertebral de este libro. Por último, gracias a todos los innovadores de frontera, hombres y mujeres de la arena. Gracias por lo que hacéis, por ayudar a cambiar el mundo y por inspirarnos a los demás a soñar a lo grande.

INTRODUCCIÓN
Más allá de Silicon Valley

Xavier Helgesen estaba preocupado. Acababa de regresar a Arusha (Tanzania), su lugar de origen, tras pasar semanas presentando Zola, su empresa emergente, a inversores de Silicon Valley. Era 2014, dos años de viaje, y Zola ya tenía miles de clientes de pago y un gran mercado potencial. Pero Xavier solo había conseguido una fracción del capital que una *startup* de San Francisco podría esperar conseguir en meses.

Xavier había cofundado Zola con Erica Mackey y Joshua Pierce para hacer frente a un problema, en apariencia, irresoluble: ochocientos millones de personas en África viven sin red y son vulnerables a las desventajas derivadas de la falta de electricidad[1]. Estas dificultades incluyen problemas de salud respiratoria por la inhalación de humo de queroseno, un menor rendimiento educativo debido a las limitadas fuentes de luz y la imposibilidad de conectar los teléfonos móviles y, por tanto, de acceder a las oportunidades del mundo digital.

Xavier estaba recaudando fondos para una ronda de financiación de serie A de siete millones de dólares, una de las primeras grandes rondas en el floreciente mercado de la energía no conectada a la red en los países en desarrollo. El cheque que necesitaba iba mucho más allá de lo que se podía recaudar localmente en Tanzania —o, para el caso, en todo el continente africano— y por eso Xavier miraba a Silicon Valley.

Pero había recibido comentarios contradictorios. «Estás creando una empresa tecnológica, ¿por qué tienes tantos gastos generales? ¿Una academia de formación para el personal de ventas y una plataforma de pagos interna? ¿No se puede ser más eficiente?». «El chelín tanzano se devaluó precipitadamente el año pasado, ¿cuál es su estrategia de cobertura?». «Ahora estáis recaudando una serie A, ¿quién podría dirigir su serie B y en qué mercado de valores cree que acabará cotizando?».

A primera vista, estas preguntas no es algo negativo ni un error, pero están arraigadas en un conjunto de creencias exclusivas de Silicon Valley y su concepción de cómo construir una *startup*. Como es lógico, estas creencias no siempre se trasladan al mercado tanzano.

Como Xavier explicó pacientemente a sus posibles inversores, es difícil ser eficiente cuando hay que impartir formación empresarial básica a los nuevos empleados o gestionar los cobros en una economía basada en el dinero en efectivo. El chelín tanzano, a diferencia del dólar estadounidense, fluctúa mucho y las coberturas son prohibitivas. Presupuestar los compromisos de capital y disfrutar de la necesaria certeza de las previsiones comerciales son sueños lejanos para las nuevas empresas locales. Y todo esto se complica por la limitada disponibilidad de inversores y la falta de opciones de salida viables en Tanzania.

Muchos de los inversores no aceptaban la idea de que una empresa pudiera romper de raíz el paradigma de Silicon Valley y aun así tener éxito. A Xavier le dieron la espalda. En lugar de decirle cómo deberían ser las cosas, esos potenciales inversores tendrían que haber escuchado cómo son las cosas.

Conocí a Xavier en 2014. En ese momento, me acababa de mudar a San Francisco y me había unido a una empresa de capital riesgo. Tenía un pie plantado en Silicon Valley y el otro invirtiendo a miles de kilómetros de distancia, en Asia, África, Europa y América Latina.

El mundo de la tecnología y los mercados emergentes no era nuevo para mí. Mi abuelo materno era un ingeniero informático, en el sentido más literal. Sustituyó los tubos de vacío de los primeros superordenadores de IBM y más tarde ayudó a establecer una de las primeras oficinas de IBM en África. Sus historias sobre la tentación de instalar ordenadores en el húmedo Congo son una leyenda familiar. Mi propio viaje a la industria de la innovación fue menos técnico y quizás menos exótico.

He pasado la mayor parte de mi carrera —ya sea como inversor, regulador, consultor o banquero de inversión— asesorando a directores generales y empresarios de todo el mundo y enseñando a futuros empresarios en mis clases de MBA.

La paradoja de Xavier me pareció muy acertada. Para mi propia inversión, intentaba dar sentido a cuestiones similares sobre la innovación en los ecosistemas emergentes. Mi empresa de capital riesgo se aventuró a invertir en Zola y acompañé a Xavier y a sus colegas en un viaje revelador por los retos y las oportunidades únicas de ampliar una empresa fuera de Silicon Valley.

1. ¡Las *startups* pueden cambiar el mundo!

Este mantra se ha convertido en un grito de guerra mundial predicado con fervor religioso.

El optimismo no es infundado. En Estados Unidos, las *startups* —empresas fundadas por emprendedores y a menudo apoyadas por el capital riesgo— incluyen nombres conocidos como Apple, Amazon, Facebook y Genentech. De hecho, más del 40 % de las empresas estadounidenses que cotizan en bolsa después de 1979 fueron en su día *startups*[2].

El espíritu empresarial es un motor de empleo. En Estados Unidos, el espíritu empresarial es el responsable de todos los nuevos puestos de trabajo netos creados en la última década y en todos los años, excepto siete, desde 1977[3].

Las *startups* son también un motor clave de la innovación nacional, incluyendo todo, desde la creación del iPhone hasta la comercialización de drones y coches sin conductor. Los estudios han demostrado que un dólar invertido en *startups* financia de tres a cuatro veces la cantidad de innovación que un dólar similar en investigación y desarrollo corporativo[4].

El valor económico de las *startups* se ha duplicado como porcentaje del producto interior bruto (PIB) mundial desde 1992 y se prevé que vuelva a duplicarse en los próximos quince años. No es de extrañar que nuestra época se denomine la «era de la innovación»[5].

Si estamos en la era de la innovación, su centro económico, filosófico y espiritual es Silicon Valley.

Sin duda, la trayectoria de Silicon Valley es innegable. Si fuera un país, su PIB de 750 000 millones de dólares estaría entre los veinte primeros del mundo, por encima del PIB de Suiza, Argentina o Taiwán[6]. Tres de las cinco empresas más grandes del mundo, que en su día fueron *startups* —Alphabet (Google), Apple y Facebook— tienen su hogar en el área de la bahía de San Francisco. En esa fortaleza tecnológica hay unas cuarenta mil *startups*, casi mil empresas de capital riesgo y más de 320 000 personas[7]. Silicon Valley tiene incluso sus propios embajadores[8].

También solía tener el monopolio de la innovación. Hace tan solo veinticinco años, el 95 % de la actividad empresarial mundial se desarrollaba en Estados Unidos, y la gran mayoría se concentraba en los trescientos kilómetros cuadrados que abarcan San Francisco y San José[9].

Ya no.

Los avances tecnológicos hacen que la innovación pueda surgir en cualquier lugar. La computación en la nube ha reducido el coste de creación de empresas y permite a cualquiera alquilar la enorme potencia de cálculo de Google por horas en lugar de tener que comprar y mantener servidores propios. La caída del coste de la infraestructura de telecomunicaciones, combinada con la llegada del *software* colaborativo, ha dado lugar a un trabajo a distancia sin fricciones. Los propios mercados globales resultan más atractivos para las nuevas empresas. La proliferación de los teléfonos móviles permite llegar a más de cinco mil millones de usuarios en todo el mundo[10]. Más de dos mil millones de personas tienen sus perfiles en línea y se interconectan y establecen huellas digitales a través de las redes sociales[11]. Estas tendencias han tenido un tremendo impacto global y solo seguirán evolucionando.

El histórico monopolio, casi absoluto, de Estados Unidos en la inversión de riesgo se ha reducido a menos de la mitad de la cuota mundial[12]. En las últimas décadas, una serie de grandes centros económicos más desarrollados han constituido el resto. Ciudades como Londres, Berlín, Tallin y Tel Aviv se están convirtiendo en potencias mundiales de las *startups*.

China, en particular, se ha situado a la cabeza del panorama mundial de la innovación, con más de cien mil *startups* (más del doble de las de Silicon Valley) y más de nueve mil empresas de capital riesgo (diez veces más que las de Silicon Valley) concentradas en Shenzhen, Pekín y Shanghái[13]. China alberga ahora el 35 % de las empresas unicornio del mundo (una referencia coloquial utilizada universalmente para las empresas valoradas en más de mil millones de dólares), frente a un mero 4 % en 2014[14].

Sin embargo, lo más interesante es lo que ocurre en el resto del mundo, fuera de estas potencias económicas. Los innovadores están emergiendo cada vez más en todas partes. En la actualidad, hay más de 1.3 millones de empresas tecnológicas en todo el mundo[15]. Los ecosistemas de empresas están surgiendo en todo el mundo para apoyarlas, con más de 480 centros, desde Detroit hasta Bangalore, Puerto Rico, Nairobi y São Paulo[16]. En los ecosistemas emergentes, el auge del espíritu empresarial es el doble que en el mundo desarrollado[17].

Cerca del 10 % de todas las empresas unicornio se encuentran fuera de Silicon Valley y de los principales centros económicos desarrollados tradicionales de Europa y Asia[18]. Los empresarios internacionales están eclipsando rápidamente a sus homólogos de Silicon Valley. Uber tiene 142 millones de usuarios en todo el mundo, y la china DiDi cuenta con 550 millones de usuarios, pero los líderes de los mercados emergentes, como Grab, Gojek, 99 y Cabify, no se quedan atrás en América Latina y el Sudeste Asiático con 36, 25, 14 y 13 millones de usuarios respectivamente[19]. Del mismo modo, PayPal, fundada en 1998, tiene 430 millones de usuarios, mientras que Paytm, fundada más de diez años después en la India, cuenta con 300 millones de usuarios[20].

Sin embargo, a pesar de la globalización de la tecnología, nuestro conocimiento de la forma en que se crean las *startups* sigue estancado y miope, centrado en un tiempo y lugar específicos y en un tipo de empresa particular: el negocio de *software* de Silicon Valley.

Cuestionando el evangelio de Silicon Valley

Silicon Valley ha codificado cómo debe ser una *startup*, ha dictado cómo debe construirse y ha definido cómo debe ser su cultura. A través de una variedad de canales como libros, blogs, pódcast, discursos de graduación, publicaciones en X (antes *tweets*) y recomendaciones de Reddit, el Valle ha logrado difundir su visión por todo el mundo.

Aunque los empresarios de Silicon Valley no elaboraron intencionada o colectivamente una teoría del éxito, sus opiniones acabaron convirtiéndose en una filosofía cohesionada sobre cómo crear una *startup*. El evangelio de Silicon Valley lo abarca todo, desde la razón de ser de una empresa emergente (disrumpir las industrias existentes con nueva tecnología, procesos más eficientes y una actitud fresca) hasta los criterios de éxito (crecer tan rápido como sea posible, con la esperanza de convertirse en un unicornio), pasando por la comodidad del empresario con el riesgo (moverse rápido y romper cosas, con la esperanza de escalar rápidamente).

El libro de reglas de Silicon Valley ha sido el único paradigma probado con el que hemos tenido que trabajar hasta ahora. Lo que ha surgido en el Valle se considera la autoridad en materia de mejores prácticas de innovación en todo el mundo.

En consecuencia, la comunidad mundial de la innovación se ha vinculado a los principios de Silicon Valley para crear una empresa. Los aspirantes a innovadores de todo el mundo buscan en el Valle orientación para impulsar sus propias innovaciones. Los políticos peregrinan regularmente para reunirse con los principales actores y líderes de opinión de San Francisco, con la esperanza de recoger sus secretos. Empresas de todo el mundo instalan centros de innovación en San Francisco. Los capitalistas de riesgo de los ecosistemas internacionales siguen la educación ejecutiva de Stanford o las becas locales. Y, en general, leen con voracidad lo que comparten las principales luminarias.

En muchos sentidos, el fenómeno de Silicon Valley recuerda al complejo de desarrollo económico global y al Consenso de Washington, un modelo económico exportado desde Estados Unidos en la década de 1960 para el desarrollo y la democratización de países de todo el mundo. El Consenso de Washington era el mejor sistema que teníamos y Estados Unidos trató de trasplantarlo, a veces con fines egoístas, pero también porque muchas personas bienintencionadas de Occidente creían sinceramente que el cóctel único de democracia liberal y capitalismo de Estados Unidos resolvería los problemas del mundo. Sin embargo, como nos ha enseñado el siglo pasado, el modelo estadounidense no puede exportarse sin más, y otros sistemas funcionan en sus propios contextos locales, desde el socialismo democrático de Escandinavia hasta el comunismo de China.

De forma similar, Silicon Valley ha exportado su modelo a todo el mundo y, al igual que el Consenso de Washington, no funciona en todas partes. En los mercados en los que hay escasez de capital riesgo, incertidumbre macroeconómica, una menor tolerancia al riesgo, una menor aceptación del espíritu empresarial como carrera o una infraestructura limitada, ¿cómo podría hacerlo?

El modelo de Silicon Valley también está empezando a mostrar grietas en casa. El año 2017 fue calificado como «el año en que el mundo se volvió contra Silicon Valley», ya que la gente reaccionó ante el alto coste de la vida, las prácticas éticas cuestionables de *startups* como Uber, el impacto en los barrios de plataformas como Airbnb, las revelaciones de discriminación y acoso generalizados, y la creciente frustración con las plataformas de medios sociales y su controvertido papel en las elecciones estadounidenses de 2016[21]. Desde entonces, estas tendencias no han hecho más que acelerarse. Hay una creciente reacción contra la industria y una demanda cada vez mayor de reexaminar el *statu quo*[22].

Además, Silicon Valley ya no genera la innovación que buscamos. Como dijo una vez Peter Thiel, inversor y empresario, «queríamos coches voladores, pero en lugar de eso tenemos 140 caracteres[23]». Muchos sostienen que, aunque Silicon Valley sigue proporcionando avances tecnológicos y empresas de gran valor, la innovación reciente ha sido más progresiva que de cambio planetario. Los principales medios de comunicación acusan a Silicon Valley de atender a «los hombres de la tecnología» que crean productos y servicios que se ajustan a su propio estilo de vida, a menudo proporcionando servicios básicos a los que no están acostumbrados o que no saben proporcionarse a sí mismos. ¿Alguien quiere lavandería, comida o limpieza a domicilio?[24].

Lecciones de Detroit

Silicon Valley puede estar a punto de tener un momento Detroit. En los años cincuenta, la tecnología del momento eran los automóviles, no los ordenadores. En ese momento, Detroit estaba en la cima del mundo. Las tres principales empresas automovilísticas del mundo tenían allí su sede. Los principales empresarios del mundo acudían allí para acceder al talento, el capital y la cultura. Detroit estaba a la cabeza de la tecnología automovilística, que prometía reinventar las formas de construir nuestras ciudades, organizar nuestra sociedad y vivir nuestras vidas. Todos los ingenieros soñaban con mudarse allí. También fue el lugar donde surgieron la mayoría de las empresas automovilísticas. En su apogeo, había más de cien empresas automovilísticas emergentes en Detroit y muchos más innovadores estaban creando empresas para servir a la floreciente industria[25]. Es famoso que Charles Wilson, secretario de Defensa del presidente Eisenhower, dijera a un comité de la Cámara de Representantes: «Lo que es bueno para General Motors es bueno para el país»[26].

Pero ahora Detroit es una sombra de lo que fue. General Motors, el mayor de los fabricantes de automóviles con sede en Detroit, ya no está entre los tres primeros del mundo. Los líderes son japoneses (Toyota), alemanes (Volkswagen) y coreanos (Hyundai). Incluso entre los casi doscientos mil coches y camiones que produce General Motors, solo el 40 % se fabrica en Estados Unidos[27].

¿Qué ha pasado?

La innovación empezó a arraigar en todo el mundo. Surgieron empresas automovilísticas en Francia, Italia, Alemania, Polonia, Suecia y Japón. En esos tiempos, algunas regiones se especializaron y otras superaron a Detroit. Italia se convirtió en el hogar de los mejores y más rápidos coches deportivos, y Alemania en el hogar de la ingeniería punta. El manual de fabricación de coches también se reescribió en el extranjero. Toyota, por ejemplo, fue pionera en el enfoque transformador de la fabricación «justo a tiempo».

Si no empieza a mirar más allá de su burbuja insular, puede ocurrirle lo mismo a Silicon Valley. Hoy en día, es más caro alquilar un U-Haul para salir de la zona de la bahía de San Francisco que para entrar en ella[28]. Mucha gente está huyendo a centros de innovación más asequibles.

El mundo de la innovación necesita una renovación. Y esa renovación ya está en marcha en lo que yo llamo «la frontera», que se refiere a los centros de innovación situados fuera de Silicon Valley y sus homólogos más cercanos. En la frontera, operando en entornos difíciles, con pocos recursos y a menudo poco regulados, estos empresarios de fuera del Valle están innovando más que sus homólogos de Silicon Valley. Para tener éxito, están creando sus propias reglas y trazando sus propios caminos. En el camino, nos desafían a repensar cuál debe ser el modelo de innovación, tanto a nivel mundial como en Silicon Valley. Nacidos en la frontera, fuera de Silicon Valley, están desarrollando un marco para la próxima generación de innovación, junto con la transformación económica y social que el mundo está buscando.

¿Qué es exactamente la frontera y quiénes son sus innovadores?

2. Innovadores de la frontera: Los héroes de nuestro cuento

Por *frontera* me refiero a los incipientes ecosistemas urbanos y rurales de las *startups* en países desarrollados como Estados Unidos y Europa, así como en los mercados emergentes[29].

Estas últimas zonas presentan un contexto diferente al de Silicon Valley y otras potencias económicas y son, en sí mismas, heterogéneas. Muchas partes de la frontera se encuentran en países en desarrollo. Los innovadores de la frontera deben enfrentarse a limitaciones únicas que van desde la posible inestabilidad política o macroeconómica y las infraestructuras o servicios gubernamentales disfuncionales o inexistentes, hasta los clientes que simplemente no pueden permitirse comprar productos novedosos o son demasiado reacios al riesgo. Incluso las regiones fronterizas de los países desarrollados carecen a menudo de recursos indiscutibles, como ángeles inversores, incubadoras, inversores de capital riesgo, un grupo de empleados con experiencia, apoyo cultural al riesgo y al fracaso, empresas interesadas y mercados públicos.

En otras palabras, el mundo no puede dividirse en categorías simples: «Silicon Valley» y «No Silicon Valley». La realidad es que la frontera tiene muchos más matices. Para simplificar, me centro en dos dimensiones concretas. La primera es la económica: factores no relacionados con el ecosistema de las *startups* que reflejan el nivel general y la estabilidad del entorno. ¿Es estable la moneda? ¿Proporciona el Gobierno estabilidad? ¿Existen altos índices de corrupción? ¿Cuál es el nivel del PIB per cápita? El efecto de cada factor puede ser diferente, pero en conjunto tendrá un impacto en el nivel de desarrollo del ecosistema. En última instancia, un bajo desarrollo del ecosistema hace que el entorno operativo sea mucho más difícil.

La segunda dimensión es la fuerza del ecosistema local de empresas emergentes. ¿Hay suficiente capital disponible? ¿Existe talento técnico experimentado (por ejemplo, ingenieros de *software*) o talento digital (por ejemplo, ejecutivos de marketing *online*)? ¿Las leyes corporativas apoyan a las nuevas empresas? (por ejemplo, ¿es legal la quiebra bancaria?)[30]. Me refiero a esta dimensión como intensidad del ecosistema; cuanto mayor sea la intensidad, más fuerte será el ecosistema local.

Al trazar estas dos dimensiones, surge un modelo heurístico sencillo, como se muestra en el gráfico 1.1. Los mercados que se parecen a Silicon Valley tienden a agruparse en la parte superior derecha, con la estabilidad macroeconómica y el ecosistema intensidad. Aunque Silicon Valley no está solo en la parte superior derecha —lugares como Tel Aviv, Nueva York y Londres también están cerca—, estos ecosistemas son la excepción más que la regla[31].

Gráfico 1.1 Las múltiples caras de la frontera

Nota: Las ubicaciones son aproximadas y meramente indicativas.

Este libro abarca geografías tan amplias como la propia frontera. Conocerás a innovadores de Chicago, Dubái, Yakarta, Ciudad de México, Bombay, Nairobi, São Paulo, Winnipeg e incluso Corea del Norte. Cada uno de estos lugares tiene sus propios contextos políticos, económicos y sociales y su propia intensidad de ecosistema. Sin embargo, los empresarios que operan en la frontera tienen mucho más en común entre ellos que con sus homólogos de Silicon Valley.

Para yuxtaponer las diferencias extremas entre Silicon Valley y la frontera, visitaremos algunos de los ecosistemas más duros del cuadrante inferior izquierdo, donde observaremos agudos desafíos. Además, para explorar matices particulares de la Frontera, visitaremos ecosistemas en los otros dos cuadrantes, que tienen contextos macroeconómicos más fuertes o intensidades de ecosistema relativamente más altas (o ambos).

Nuestros personajes son los innovadores, un término ciertamente nebuloso. Algunos estudios sugieren que hay más de 400 millones de emprendedores en todo el mundo, es decir, alrededor del 6 % de la población de cada mujer, hombre y niño del planeta[32].

A efectos de este libro, los innovadores de frontera encarnan tres cualidades específicas:

1. **Son empresarios de la oportunidad.** En muchos mercados, las personas se convierten en empresarios como último recurso. Son los empresarios de la necesidad: los vendedores de fruta en la carretera, los masajistas en la playa y los vendedores ambulantes. En Silicon Valley, los medios de comunicación afirman con optimismo que la mitad de los *millennials* crean nuevas empresas. Sin embargo, estas cifras son engañosas; muchos de ellos son trabajadores autónomos 1099 en la economía *gig*, como los conductores de Uber y repartidores de entrega a domicilio. Sus esfuerzos son importantes y sus retos grandes, pero su situación queda fuera del ámbito de mi enfoque. Defino a los emprendedores de oportunidades como aquellos que identifican un vacío en el mercado y deciden proactivamente dejar un empleo remunerado para resolverlo.

2. **Aprovechan algún tipo de innovación.** Para que quede claro, este libro no trata únicamente del uso de *software*. Me centro

en el aprovechamiento de cualquier combinación de modelo de negocio e innovación tecnológica que sustente el enfoque de captura de oportunidades de estos emprendedores.

3. **Aspiran a escalar sus negocios.** Hay millones de emprendedores de oportunidades que ponen en marcha un negocio de forma voluntaria e innovan en el modelo, con lo que cumplen el primer y el segundo criterio, pero no tienen en mente escalar. Imagínese a una persona que pone en marcha un restaurante de un solo local con un diseño y un menú modernos, o una peluquería con ofertas de estilo únicas. Por supuesto, este fenómeno también se da en las empresas tecnológicas. Un análisis de más de seiscientas empresas de *software* empresarial en Nairobi determinó que más de la mitad, que a primera vista podrían parecer *startups,* eran en realidad microempresas de baja productividad (por ejemplo, pequeños servicios de consultoría tecnológica)[33].

Cuando empecé este libro, mi concepción natural de los innovadores era la de los emprendedores tradicionales, que trabajan en pequeños equipos y construyen sus propias empresas. En mi investigación, descubrí una serie de innovadores fronterizos no convencionales, entre los que se encontraban capitalistas de riesgo que iniciaban nuevos modelos de inversión, desarrolladores de ecosistemas que creaban *startups* al servicio de sus geografías, e intraemprendedores que operaban dentro de empresas familiares o grandes corporaciones, pero que aprovechaban metodologías similares. Muchos de ellos desafiaron el libro de las reglas de Silicon Valley. Este libro explora también su trabajo.

Desde esta perspectiva, defino a los innovadores de frontera como emprendedores de la oportunidad que operan fuera de los ecosistemas más desarrollados de las *startups* y que aprovechan la innovación tecnológica o del modelo de negocio y tratan de ampliar sus empresas.

En última instancia, como verás, la mentalidad, los principios y las prácticas de los innovadores de la frontera representan un sorprendente alejamiento y una alternativa al evangelio de Silicon Valley.

3. Un nuevo modelo de innovación en la frontera

Los innovadores de frontera están escribiendo su propio libro de reglas de la innovación. Sus métodos, aunque derivados de la necesidad práctica, no solo reinventan las normas, sino que redefinen lo que significa innovar. Este libro explora diez elementos de este nuevo modelo de innovación.

En primer lugar, los innovadores de frontera son creadores. Silicon Valley se centra en la disrupción de las industrias establecidas, pero en la frontera los innovadores deben crear nuevas industrias porque a menudo no hay industrias establecidas que disrumpir. Deben crear sectores nuevos que ofrezcan a los clientes una gama de productos y servicios que Silicon Valley da por sentado, como la educación, la sanidad, los servicios financieros, la energía e incluso las infraestructuras.

La obsesión de Silicon Valley por las empresas emergentes con pocos activos y muy centradas no es práctica cuando no existe la infraestructura necesaria, como suele ocurrir cuando se crean industrias. Los innovadores de la frontera a menudo deben construir la *full stack* ('*stack* completa'), incluida la infraestructura habilitadora que requieren sus negocios y productos.

Mientras que Silicon Valley se esfuerza por crear unicornios, la frontera crea camellos, es decir, organizaciones que pueden aprovechar las oportunidades, pero que también pueden sobrevivir en una sequía. Los innovadores de la frontera no se centran en el crecimiento a cualquier precio, sino en la sostenibilidad y la resistencia.

Los innovadores fronterizos también practican la polinización cruzada. Aprovechan diversas experiencias vividas, a menudo a través de múltiples geografías, industrias y sectores, para construir sus negocios. Aprovechan las redes mundiales para obtener capital y recursos. Puede que Silicon Valley enseñe a sus empresas emergentes a tener su sede en la zona de la bahía, a crear sus equipos allí y a centrarse en el mercado nacional de Estados Unidos, que asciende a 18 billones de dólares, pero las empresas emergentes de la frontera no tienen un camino tan obvio. De hecho, muchas han surgido con carácter global y se dirigen estratégicamente a múltiples mercados globales desde el primer día.

Los innovadores de frontera no solo venden al mundo. También construyen el tejido y la maquinaria de la organización de forma distribuida. Contratan a los mejores talentos, independientemente de su procedencia, y fomentan una cultura integrada a través de la tecnología y el diseño organizativo.

Con la rica cantera de talentos de Silicon Valley, los empresarios pueden permitirse el lujo de reclutar a los mejores profesionales cuando lo necesiten. Las empresas toleran una alta rotación porque los empleados son reemplazables en el mar de talento de Silicon Valley. En la frontera, los innovadores crean equipos A con una mentalidad de crecimiento hacia los empleados y una perspectiva a largo plazo.

El enfoque relajado de Silicon Valley con respecto al riesgo, que consiste en moverse rápido y romper cosas, no es tolerable cuando la aceptación del riesgo es menor y las consecuencias del fracaso son mayores[34]. Los innovadores fronterizos gestionan el riesgo, crean confianza en los clientes y formalizan sus industrias.

Los innovadores de la frontera son también atletas multimisión que entrelazan los objetivos basados en el beneficio y en el impacto en el núcleo de sus modelos de negocio.

El capital riesgo y las *startups* tecnológicas mantienen una relación simbiótica; ninguno puede sobrevivir sin el otro. Sin embargo, mientras el modelo de capital riesgo sirve para los unicornios de Silicon Valley, no se adapta a las necesidades de capital del resto del mundo. Los capitalistas de riesgo de la frontera son, a su vez, innovadores por derecho propio, porque están adaptando el modelo a entornos difíciles.

Silicon Valley cuenta con un rico mosaico de sistemas de apoyo: empresas con departamentos de innovación, inversores de capital riesgo que ofrecen equipos de apoyo, aceleradores especializados en infinidad de temas e incluso entidades reguladoras que buscan cada vez más relacionarse con los innovadores. En comparación, los innovadores fronterizos suelen sentirse aislados. Por necesidad, los innovadores fronterizos no se limitan a ampliar sus empresas, sino que desempeñan un papel activo en la construcción de sus ecosistemas, sentando las bases de la cultura empresarial, creando una comunidad de mentores y partidarios, y construyendo la infraestructura necesaria para el ecosistema.

Por supuesto, los innovadores fronterizos no están solos en la construcción de sus ecosistemas. Los Gobiernos, los órganos reguladores, los inversores, las grandes empresas, las organizaciones benéficas, las fundaciones y otras partes interesadas pueden tener un impacto desproporcionado en los ecosistemas de frontera, no copiando a Silicon Valley, sino aprendiendo las lecciones de la frontera.

Cada capítulo de este libro explora una de estas lecciones temáticas. El libro se basa en las realidades vividas por los innovadores de la frontera y comparte consejos prácticos para todos los participantes en el ecosistema. Los capítulos también se basan en mis propios datos, en más de doscientas entrevistas, en publicaciones del sector y, cuando existen, en las principales investigaciones académicas en este campo.

4. A quién va dirigido este libro y por qué es una lectura imprescindible

Este libro trata de responder a cuatro preguntas básicas: ¿Qué estrategias únicas emplean los innovadores de la frontera para desarrollar con éxito sus innovaciones? ¿Cómo pueden replicar estas estrategias otros en la frontera? ¿Qué puede aprender Silicon Valley de estos enfoques emergentes? ¿Cómo deberíamos utilizar estas lecciones para promover ecosistemas de innovación dinámicos y exitosos en todo el mundo?

Innovar más allá de Silicon Valley es relevante para una serie de públicos clave. El primero son los propios innovadores de frontera. Silicon Valley ha sido la única fuente de sabiduría en materia de innovación durante demasiado tiempo. Mi esperanza es que este libro inicie una conversación sobre lo que significa innovar en el resto del mundo. Por supuesto, estas lecciones son igualmente importantes para Silicon Valley, si espera mantenerse en la cima. El Valle debe empezar a desafiar su propia sabiduría convencional y sus filosofías aceptadas y aprender de los hijos de la frontera que tanto les costó conseguir.

Este libro también está pensado para que resulte interesante y accesible a los sectores público y social. El apoyo a los emprendedores y a sus ecosistemas de innovación es cada vez más importante en las agendas políticas de todo el mundo. Los responsables de la formulación de políticas buscan el espíritu empresarial para la creación de empleo. Las organizaciones sin ánimo de lucro buscan la innovación para promover y fomentar el cambio social, medioambiental y económico. Las lecciones de *Innovar más allá de Silicon Valley* deberían resultar instructivas para estos actores.

Al mismo tiempo, los líderes de grandes empresas mundiales que cotizan en bolsa (desde Boeing y Bank of America hasta General Electric y General Motors) saben que sus sectores están evolucionando rápidamente y quieren actualizar sus modelos de negocio. A través de los departamentos de innovación, las estrategias de adquisición de empresas y las firmas de inversión, están más pendientes de la innovación que nunca. Las empresas globales deben adoptar una visión global sobre cómo funciona la innovación, dónde y por qué. *Innovar más allá de Silicon Valley* puede ser un buen punto de partida.

En el otro extremo del espectro, el movimiento de las empresas sociales sigue ganando impulso. Un estudio estimó que más del 3 % de la población mundial participa en empresas sociales (casi el doble en Estados Unidos, con un 5.8 %), y el 90 % de estas organizaciones se crearon en la última década[35].

Resulta emocionante que la primera oleada de actividad empresarial en muchos ecosistemas de frontera solo esté empezando a llegar a la cresta. El número de innovadores y emprendedores en todo el mundo aumenta cada día. Solo en Estados Unidos, según algunos cálculos, más de medio millón de personas se convierten en empresarios cada mes. Y la mayoría no está creando empresas de *software* al estilo de Silicon Valley[36].

Seguir sin crítica los principios de Silicon Valley y aplicarlos a contextos locales diferentes es una receta para el fracaso. Aprender las lecciones de los innovadores fronterizos de éxito es crucial para los nuevos emprendedores, los trabajadores de la tecnología y los estudiantes que quieren unirse a sus filas.

Cuando pregunto a mis amigos qué empresarios actuales de Silicon Valley consideran una influencia positiva para la humanidad, suelen mencionar a Elon Musk. Pero cuando les pregunto por algunos nombres más, les cuesta. En la frontera, puedo señalar docenas de Elons. Están creando diversos tipos de empresas, de diversas maneras, y están impulsando la innovación que cambia el mundo. Este libro comparte sus historias y espero que inspire a mis amigos de Silicon Valley a aprender de sus prácticas.

William Gibson dijo una vez: «El futuro ya está aquí, solo que no está distribuido de forma uniforme». En este caso, los innovadores fronterizos de todo el mundo están liderando la marcha y proporcionando una visión del futuro de la innovación y el emprendimiento en todo el mundo y, según Gibson, un futuro que está distribuido de forma más uniforme. Y puede que sus lecciones sean la clave para que la innovación y las *startups* cambien el mundo después de todo.

1
CREAR
Crear en lugar de disrumpir

A Timbo Drayson le caen gotas de sudor por la frente y le escuecen los ojos. Era el cuarto día consecutivo que pasaba bajo el caluroso sol de Nairobi, tomando fotos metódicamente, relacionándolas con las coordenadas del GPS y construyendo un primer conjunto de datos aptos para las pruebas. Timbo, director general de una empresa llamada OkHi, estaba recopilando datos para crear ubicaciones únicas identificables —lo que el resto del mundo llama direcciones— para el centro de Nairobi. Para ello, recopilaba coordenadas, señales visuales y otros marcadores familiares que los residentes de Nairobi utilizan cuando dan indicaciones.

En los países occidentales desarrollados, las direcciones de las calles son proporcionadas por los Gobiernos y son consideradas claves para una serie de servicios públicos y privados.

¿Quiere pedir el carné de conducir? ¿Cuál es su dirección?

¿Quieres tu paquete de Amazon? ¿Cuál es tu dirección?

¿Necesitas una ambulancia? ¿Cuál es tu dirección?

Por eso, cuando conocí a Timbo en 2014, me sorprendió saber que más de la mitad del mundo no tiene direcciones. En Kenia, donde Timbo tiene su sede, solo el 2 % de los edificios las tienen[1].

Una ciudad sin direcciones no significa una ciudad sin direcciones. Solo significa que los sistemas actuales son muy ineficientes. En Nairobi, si vas a recibir una entrega, podrías decir: «Cuando llegues a Jogoo y a la primera avenida, por favor, gira a la izquierda en la casa roja. Baje por la calle hasta la chabola verde, suba por la calle donde duermen los tres perros y baje por el camino de tierra durante treinta segundos. Soy la cuarta casa a la derecha. Es azul».

Si esto parece difícil de día, por la noche es imposible.

Más de la mitad del mundo vive en barrios marginales, favelas, chabolas u otras zonas con tenues derechos de propiedad y en las que el Gobierno aún no ha designado nombres de calles o números oficiales para los residentes. En todo el mundo, unos 4000 millones de personas carecen de dirección, cifra que se espera que se duplique para 2050[2].

Las direcciones son un bien público importante que impulsa una serie de servicios. Pensemos que el tiempo medio de respuesta de una ambulancia en Nairobi es de más de dos horas, frente a los seis minutos y diez segundos de Nueva York[3]. Gran parte de este problema es la localización y el direccionamiento incorrectos, que hacen que las ambulancias circulen durante minutos críticos para encontrar una ubicación exacta. Del mismo modo, la falta de direcciones paraliza el comercio. Se necesitan 3.1 llamadas telefónicas para una entrega de KFC y 1.4 llamadas por viaje para una recogida en Uber[4].

Para resolver este problema, Timbo fundó OkHi, una empresa tecnológica que crea direcciones donde no las hay. El lema de OkHi es «Be included» ('sé incluido')[5].

Timbo ya no recoge la información necesaria manualmente bajo el sol. En su lugar, las direcciones digitales de OkHi —una combinación única de un punto GPS, una foto del lugar y otros descriptores— están en constante evolución y crecimiento. OkHi permite a sus socios acceder a la base de datos a cambio de una pequeña cuota. Cuando los socios buscan una dirección, reciben indicaciones giro a giro hasta el punto GPS y se les orienta hacia el edificio adecuado en función de los descriptores cualitativos y las fotos.

Desde sus primeros días, OkHi ha hecho progresos revolucionarios. Al asociarse con el omnipresente Uber y con Jumia (una empresa líder en comercio electrónico), OkHi adquirió las coordenadas GPS necesarias para crear una amplia base de datos. Desde entonces, Timbo se ha asociado con empresas que van desde cadenas de restaurantes hasta minoristas de electrodomésticos y servicios públicos[6].

1. ¿Cómo es una *startup*?

Para la mayoría, la historia de OkHi no parece la de una *startup* típica. Cuando la gente piensa en direcciones, puede pensar en una aburrida infraestructura gubernamental o en nombres de calles muy rebuscados, si es que piensa en el tema. ¿Dónde está el tecnólogo enmascarado, bebiendo batidos proteicos, escribiendo código hasta la noche y perturbando una industria?[7].

Esta última frase merece una pausa. La mayoría de las empresas nuevas de Silicon Valley se centran en la disrupción, una palabra que ha adquirido cualidades casi míticas. Se refiere a la razón de ser de las empresas emergentes: poner patas arriba sectores anquilosados e ineficientes mediante la adopción de nuevas tecnologías, nuevos procesos y nuevas actitudes. El mandato de la disrupción se ha convertido en un toque de atención para la industria tecnológica y, en particular, para Silicon Valley. En Silicon Valley, todo el mundo está en proceso de disrupción, desde la sanidad hasta los coches sin conductor, pasando por la educación e incluso la política[8]. Y la disrupción no es solo cosa de emprendedores. Hay disruptores en el capital riesgo, la inversión ángel y las aceleradoras[9].

Una escena de la serie satírica de la HBO, *Silicon Valley*, es quizá la que mejor revela lo absurdo de la fijación de la industria en este concepto. En uno de los primeros episodios de la primera temporada, Pied Piper, la nueva empresa del protagonista, se presenta en TechCrunch Disrupt. Sus competidores son un conjunto de *startups*, entre las que se encuentran: Immeadabug, que pretende «revolucionar la forma de informar de los errores en su plataforma móvil»; Tappen, que «revolucionará la agregación de noticias móviles basada en la localización tal y como la conocemos»; y Systobase, que «hará del mundo un lugar mejor a través de algoritmos de Paxos para los protocolos de consenso»[10].

Estas empresas ficticias son demasiado realistas. Si esto es disrupción, tal vez hayamos olvidado lo que significa la palabra.

2. Los orígenes de la disrupción

Nuestra concepción moderna de la disrupción proviene de la investigación realizada en la Harvard Business School por Clayton Christensen, profesor de estrategia. Christensen fue el pionero de este pensamiento en su libro *El dilema de los innovadores* y su posterior investigación sobre la innovación disruptiva. En un artículo, Christensen y sus colegas escriben lo siguiente:

> «La *disrupción* describe un proceso por el que una empresa más pequeña con menos recursos es capaz de desafiar con éxito a las empresas establecidas... Los nuevos competidores empiezan a ganar terreno en los segmentos que se pasan por alto ofreciendo una funcionalidad más adecuada, a menudo a un precio más bajo. Los operadores tradicionales, que persiguen una mayor rentabilidad en segmentos más exigentes, tienden a no responder enérgicamente. Los nuevos competidores ascienden en el mercado, ofreciendo el rendimiento que los clientes tradicionales necesitan, pero conservando las ventajas que impulsaron su éxito inicial. Cuando los clientes tradicionales empiezan a adoptar las ofertas de los nuevos competidores en volumen, se ha producido la disrupción»[11].

A pesar de la trascendencia de la teoría de Christensen en Silicon Valley, su ejemplo clásico no se refería en absoluto a las nuevas empresas de tecnología digital. Su teoría se originó en la industria del acero. Las grandes acerías consolidadas veían la competencia de las pequeñas fábricas como una parte poco importante del mercado. Estas cedieron esa parte del mercado, lo que permitió a las acerías pequeñas afianzarse y, con el tiempo, desarrollar una mejor infraestructura para impulsar la eficiencia y la flexibilidad de los procesos, hasta llegar a superar a las grandes acerías[12]. La innovación disruptiva es un concepto emocionalmente atractivo. Es una versión moderna de la historia de David y Goliat, en la que el pequeño actor, que se alimenta de las sobras de la periferia, se convierte en el vencedor, no solo del mercado, sino también de la justicia, porque el actor más grande ignoró partes del mercado, no innovó y, en última instancia, no atendió las necesidades de la gente.

Y, así, la teoría de la innovación de Christensen se convirtió en la base filosófica de Silicon Valley y de la industria tecnológica en general. Como escribió Jill Lepore para *The New Yorker*: «Desde *El dilema de los innovadores*, todo el mundo está disrumpiendo o está siendo disrumpido. Hay consultores de disrupción, conferencias de disrupción y seminarios de disrupción... Se vive a la sombra de *El dilema del innovador*»[13]. Si la disrupción se convirtió en el himno, las *startups* se convirtieron en la banda de música. Las *startups* aportan soluciones de bajo coste o procesos más eficientes facilitados por la tecnología y los combinan con una actitud de *outsider*. Prometen rehacer las industrias a su imagen y semejanza.

3. Los creadores

Por supuesto, esto no se parece mucho a la historia de OkHi. ¿Dónde está la ineficaz empresa industrial que se ha quedado en el camino? ¿Dónde está la evolución de un producto inferior? OkHi no encaja en la definición de disruptor, porque no hay ninguna industria que esté siendo disrumpida, a no ser, por supuesto, que se trate de los tres perros dormidos que conociste antes.

Timbo Drayson es un creador que trabaja en un ecosistema de frontera, que yo defino como aquellos centros de innovación situados fuera de Silicon Valley y sus homólogos más cercanos. Los innovadores de frontera, a menudo por necesidad, están creando nuevas industrias, nuevos modelos de negocio y, en última instancia, nuevos productos y servicios para sus mercados.

Los creadores hacen tres cosas fundamentales simultáneamente. En primer lugar, ofrecen un producto o servicio que resuelve un problema agudo no atendido en la economía convencional. Cuando existen alternativas irregulares, sin licencia o no oficiales, los creadores aportan legitimidad y formalidad a sus industrias.

En segundo lugar, los creadores ofrecen una solución para el mercado de masas. Si bien es cierto que se pueden crear nuevas categorías de productos para la parte superior del mercado (pensemos en los viajes espaciales de Virgin Galactic), los creadores de este libro se centran en la innovación que sirve a todos y no solo a los ricos.

Por último, los creadores se centran en innovaciones que cambian el juego y que replantean fundamentalmente un mercado y un sector. La tecnología suele ser un factor clave, pero va acompañada de nuevas formas de estructurar el negocio, de trabajar con los clientes o de operar. De este modo, muchos creadores comparten un importante punto de similitud con sus primos, los disruptores.

La diferencia en el número de creadores entre la frontera y Silicon Valley es sorprendente. Dentro de una muestra de *startups* líderes en mercados emergentes, el 63 % están creando nuevas industrias. Esto incluye empresas como Rivigo, que está formalizando y expandiendo la industria del transporte en la India; Dr. Consulta, que está desarrollando una cadena nacional de clínicas médicas asequibles en Brasil; y M-KOPA Solar, que está proporcionando sistemas de energía solar para el hogar en África. En comparación, utilizando la misma definición y observando una muestra de las *startups* más exitosas de Silicon Valley, solo el 33 % son creadores[14].

Sin embargo, las cosas rara vez son blancas o negras y ni estas definiciones claras ni el análisis resultante son, o pueden ser, perfectos[15]. Aunque podamos discrepar sobre la categorización de empresas concretas, la tendencia general es clara: la frontera está generando muchos más creadores que Silicon Valley.

Por supuesto, esta dinámica es a menudo el resultado natural de la necesidad. Los innovadores de la frontera, sobre todo los que operan en ecosistemas en desarrollo, son creadores porque es allí donde existen las mayores oportunidades insatisfechas. Ofrecen plataformas en educación, sanidad, transporte y servicios financieros al mercado de masas, donde las innovaciones tecnológicas y de modelos de negocio prometen salvar con éxito las brechas históricas.

En una entrevista, le pregunté a Timbo quién era, en su opinión, el creador más significativo del África subsahariana. Sin dudarlo, dijo que M-PESA.

4. De las transferencias de efectivo físicas a las digitales

En los mercados emergentes, casi dos mil millones de personas están económicamente excluidas, lo que significa que no tienen acceso a los servicios financieros formales[16]. No tienen cuentas bancarias, ni cheques, ni tarjetas de débito, ni acceso a préstamos formales, ni cuenta de bolsa, ni seguro, ni ninguna otra forma de transferir dinero que no sea la entrega física de un montón de dinero en efectivo. Otros 2000 o 3000 millones no están bancarizados, con un acceso insuficiente a estos servicios esenciales[17]. Casi la mitad de la población de nuestro planeta no está bancarizada. No es que el sector bancario no quiera ofrecer cuentas bancarias a todo el mundo. Es que no puede. El modelo bancario tradicional, con sucursales físicas, cajeros y una infraestructura tecnológica anticuada, no funciona cuando se trata de atender a clientes que viven en zonas remotas de los mercados emergentes, con saldos bancarios ínfimos y un uso muy infrecuente[18].

M-PESA es la mayor plataforma de dinero móvil de Kenia y el principal ejemplo de este modelo de negocio a nivel mundial. M-PESA creó una red de tiendas —piensa en una enorme red de cajeros automáticos humanos en todo Kenia— donde cualquiera puede depositar dinero en la cuenta de su teléfono o enviar dinero a cualquier otro teléfono o tienda. La diferencia es que este sistema no depende de una tarjeta bancaria, una llamada de voz o una aplicación habilitada para teléfonos inteligentes como WhatsApp. En su lugar, todo se hace con un simple teléfono móvil a través de la capacidad de envío de mensajes de texto incorporada incluso en los teléfonos de bajo coste más sencillos. Esta innovación fue transformadora en un país cuyo PIB medio per cápita era de 840 dólares en 2007[19].

M-PESA fue un proyecto audaz. Tampoco era una *startup* tradicional. M-PESA se incubó en el seno de la principal empresa de telecomunicaciones de Kenia, Safaricom (una entidad de propiedad conjunta del Gobierno keniano y la empresa de telecomunicaciones mundial Vodacom)[20]. La empresa formó un equipo empresarial para desarrollar el proyecto y recibió financiación inicial externa. Pero, una vez más, no se trataba de la típica financiación inicial: era una subvención del Departamento de Desarrollo Internacional (DFID), la agencia de desarrollo internacional del Reino Unido[21]. La nueva herramienta bancaria basada en SMS de M-PESA no interrumpió una red de pagos tradicional e ineficiente. No existían redes de pago de gran aceptación en el país. El mayor competidor de M-PESA era el sistema local de Hawala, en el que la gente entregaba sobres llenos de dinero a los conductores de autobús y les pedía que se lo dieran a un amigo o pariente concreto a unas cuantas paradas de distancia. El conductor recibía una comisión por llevar el dinero al pueblo. Se puede imaginar que, además de ser ineficaz, este sistema presentaba un alto riesgo de pérdida, robo y fraude.

En la actualidad, M-PESA llega a dieciocho millones de personas en Kenia, con más de cien mil agentes que procesan más de cien millones de transacciones, lo que, según algunas estimaciones, equivale al 40 % del PIB de Kenia[22]. M-PESA también fue fundamental para crear el sector de la banca móvil a nivel mundial. Los estudios indican que ha sido el principal motor para sacar de la pobreza a casi doscientos mil hogares (el 2 % de los hogares kenianos)[23].

Como antiguo miembro del comité directivo del grupo de Dinero Móvil de la GSMA (la Asociación Mundial de la Industria de las Telecomunicaciones), cuya misión es ayudar a ampliar la banca móvil en todo el mundo, he asistido en primera fila al asombroso crecimiento de este ecosistema. A partir del ejemplo de M-PESA, el sector se ha disparado, con entidades que lo replican en todo el mundo. Ahora hay más de 250 instalaciones de dinero móvil que dan servicio a más de 850 millones de personas en todo el mundo[24].

5. La desventaja del primero en llegar

La historia de M-PESA es inspiradora. Pero la empresa no fue en absoluto un éxito de la noche a la mañana y se encontró con muchos obstáculos en el camino. Nick Hughes, uno de los fundadores de M-PESA, lo explica:

> «El proyecto se enfrentó a enormes obstáculos financieros, sociales, culturales, políticos, tecnológicos y normativos... Para ponerlo en práctica, Vodafone tuvo que conjugar las culturas increíblemente divergentes de las empresas de telecomunicaciones globales, los bancos y las instituciones de microfinanciación y hacer frente a sus enormes y, a menudo, contradictorios requisitos normativos. Por último, el proyecto tuvo que formar, apoyar y satisfacer rápidamente las necesidades de clientes no bancarizados,

desconectados, a menudo semianalfabetos, y que se enfrentaban a retos rutinarios para su seguridad física y financiera. No teníamos una hoja de ruta»[25].

Hay un nombre para esto: la desventaja del primero en llegar[26]. En contra de la sabiduría convencional, la investigación indica que no todos los primeros en llegar tendrán una ventaja.

Existe un tira y afloja entre la situación en la que la tecnología está disrumpiendo un sector (probable ventaja del primero) y la situación en la que la tecnología está creando un sector o liderando un cambio en el mercado (improbable ventaja del primero)[27]. Creadores como Timbo y Nick se enfrentaron a un largo y arduo camino hacia la escalada que comenzó no solo con la creación de un sector nuevo, sino también con la necesidad de formar una nueva mentalidad para sus posibles clientes.

Para los clientes de M-PESA, el concepto de tener dinero almacenado en un formato distinto al efectivo era una completa novedad. Así, la idea de dar dinero en efectivo a un desconocido con la promesa de que se enviaría por teléfono móvil a su destinatario era impensable. Para superar esto, M-PESA tuvo que educar a sus clientes durante mucho tiempo. Como reflexiona uno de los primeros gestores del producto, «el primer obstáculo que encontramos fue la indecisión a la hora de pagar las retiradas de efectivo...». Fue un valiente dependiente el que abrió la caja del empresario y entregó dinero en efectivo porque le habían enviado un mensaje de texto diciéndole que lo hiciera»[28].

Asimismo, los gobernantes nunca habían supervisado una plataforma de banca móvil. ¿Se sentirían cómodos con un sistema financiero paralelo que operara al margen de los bancos? ¿Qué organismo regulador estaría a cargo, el de telecomunicaciones o el banco central? En ESTE caso, como señaló uno de los reguladores responsables, «M-PESA fue una apuesta...». Claramente, M-PESA es un caso clásico en el que la innovación precedió a la política. En estos casos, los responsables políticos asumen el riesgo y, a través de consultas en todo el sistema, impulsan políticas de apoyo»[29]. Por todas estas razones y otras más, ser el primero en crear una industria suele llevar mucho más tiempo y requiere más resistencia que emprender cualquier empresa de tipo disruptivo. No obstante, a pesar de la desventaja de ser el primero, los innovadores de frontera consiguen crear empresas de éxito. Ellos disfrutan de la ventaja del creador, como se verá a continuación.

6. Aprovechar la ventaja del creador

Ser creador es difícil, pero también tiene ventajas únicas. Exploremos cuatro de ellas.

Crear un mercado enorme

En primer lugar, la creación de nuevas industrias tiene el potencial de crear mercados inmensos. Esta es una de las primeras preguntas que se hace un inversor de capital riesgo: ¿Qué tamaño tiene el mercado? Para muchos creadores, el mercado puede ser casi ilimitado. M-PESA se dirige a un mercado financieramente desatendido de dos mil millones de personas. OkHi podría servir algún día a los miles de millones de personas que carecen de dirección postal.

Peter Thiel expone un argumento similar en su libro *De cero a uno* (*Zero to One*), en el que afirma que las mejores empresas crean nuevas industrias en lugar de jugar en una caja de arena ya existente. Pasar de cero a uno requiere hacer posible algo que nunca se ha hecho[30]. Es diferente del progreso horizontal, en el que vemos algo que ya funciona y lo hacemos crecer o lo reproducimos, dando lugar a un progreso incremental, de uno a uno[31].

A menudo los creadores saben instintivamente que están desarrollando un mercado importante, pero rara vez saben cómo evolucionará. Cuando Alexander Graham Bell obtuvo una patente para enviar señales de voz a través de un cable eléctrico, ¿podría haber previsto la revolución de los teléfonos móviles?

Beneficiarse de la competencia

Para los creadores, la competencia no es siempre algo malo. Aquí, Thiel no estaría de acuerdo. A menudo proclama que «la competencia es para los perdedores», lo que significa que, al dirigirse a nuevos mercados, los creadores pueden crear un monopolio y, por lo tanto, tener la posibilidad de captar una mayor parte de las oportunidades[32].

Esto puede ser así; sin embargo, al mismo tiempo, en los grandes mercados creados suele haber una ventaja para la competencia.

Al ver el éxito de M-PESA en Kenia, Vodacom (la empresa matriz de Safaricom) lanzó un producto similar al lado, en Tanzania. En Kenia, Safaricom tenía el monopolio, pero en Tanzania, otros dos operadores de telecomunicaciones tenían una presencia significativa y cada uno lanzó productos similares. Kenia tardó más de seis años en alcanzar los dieciocho millones de usuarios, pero en Tanzania, mucho menos poblada, tardó menos de cinco años[33]. El crecimiento en otros mercados de África Occidental ha llevado incluso menos tiempo. Con más actores, se comparten las grandes inversiones en educación de los clientes y desarrollo de infraestructuras, y varias marcas en el mismo espacio pueden aportar mayor legitimidad ante el público.

Conseguir el apoyo del ecosistema

Los creadores suelen contar con el apoyo del ecosistema que los rodea. En Estados Unidos, Uber se caracteriza por ser un disruptor de la industria del taxi existente, pero en los mercados emergentes, Uber (como sus primos de transporte a domicilio) es un creador que legitima una economía no regulada. Su acogida allí fue acorde con los diferentes ecosistemas: en general, los taxistas no oficiales acogieron con entusiasmo la plataforma de Uber y participaron en ella. Los Gobiernos también suelen adoptar una postura más favorable en los mercados emergentes: de los lugares en los que Uber está prohibido, los doce se encuentran en los mercados más desarrollados de Europa, Australia, China, Japón y Estados Unidos[34]. Este apoyo del ecosistema puede adoptar muchas formas, incluida una diversidad de fuentes de financiación. En el caso del dinero móvil, por ejemplo, los proveedores han recibido inversiones de inversores de peso, fundaciones, instituciones de desarrollo y vehículos de inversión en responsabilidad social corporativa. Lo mismo ocurre en otros sectores creados.

Ampliación de la oferta de talentos

Los creadores pueden recurrir a una mayor cantera de talentos. Las *startups* viven y mueren por la calidad de sus equipos, y puede ser difícil atraer a los mejores talentos. Las *startups* pagan menos, implican un mayor riesgo y requieren más horas. Pero las *startups* más ambiciosas —las creadoras— ofrecen una vocación superior: una oportunidad real de cambiar el mundo. Los empleados suelen estar dispuestos a trabajar por menos, a permanecer más tiempo y a trabajar más duro que en puestos comparables no relacionados con la creación. Las *startups* suelen atraer a candidatos de otros sectores, como las organizaciones sin ánimo de lucro o el Gobierno. En los capítulos 6 y 7 se analizan los matices del capital humano y en el capítulo 8 el impacto social de los innovadores de frontera.

7. A hombros de los gigantes

Los creadores no solo construyen empresas. Crean industrias. Son los gigantes sobre cuyos hombros se apoyan sus sucesores.

M-PESA no solo se ha convertido en una de las mayores fuentes de ingresos de Safaricom y de más rápido crecimiento (representa más de un tercio de los ingresos totales), sino que también ha puesto en marcha toda una serie de industrias[35]. Su siguiente empresa, M-KOPA, es una *startup* de acceso a la energía (similar a Zola). Con M-PESA como plataforma de pago, los hogares que utilizan el sistema de iluminación solar de M-KOPA pueden pagar por el uso diario o semanal. El modelo de negocio de M-KOPA nunca habría sido posible sin M-PESA, porque el cobro en efectivo de un gran volumen de pagos diarios o mensuales por suscripción es demasiado costoso. Y como ventaja, la creación de una aplicación que depende de M-PESA forjó una relación simbiótica. Los clientes de M-KOPA se convierten en mejores clientes de M-PESA: utilizan la plataforma con regularidad, enseñan a otros en su comunidad y prueban otros productos que han surgido en la plataforma.

Otro sector que ha sido reinventado gracias al dinero móvil es el de las microfinanzas. En sus inicios, una idea clave era que los pobres eran prestatarios solventes. Al colocar a los prestatarios en grupos con un fuerte sentido de responsabilidad social y responsabilidad compartida sobre el reembolso de los préstamos, los prestamistas de microfinanzas descubrieron que las tasas de reembolso eran altas.

Pero esta idea era también el mayor reto: la naturaleza presencial de poner a la gente en grupos, hacer visitas periódicas para recoger el dinero y mantener un compromiso profundo con el cliente es cara. Empresas como Tala, Branch International y la propia M-Shwari de Safaricom ofrecen ahora préstamos al consumo, basándose totalmente en la plataforma de dinero móvil. Estos prestamistas digitales de nueva generación, al igual que los de la microfinanciación, también buscan señales sociales para identificar a los prestatarios solventes. Pero lo hacen de forma totalmente digital. Aprovechando los grandes datos, como los patrones de llamadas telefónicas, el gráfico social de un cliente y los patrones de gasto, los prestamistas digitales pueden determinar la solvencia sin los gastos generales de un personal de campo, la recogida física de efectivo y la tecnología anticuada. de personal de campo, cobro de dinero en efectivo y tecnología anticuada. Esta revolución se basa en M-PESA y sus colegas creadores de dinero móvil[36].

En cuanto a OkHi, aunque Timbo se encuentra en una fase mucho más temprana de su viaje, ya está habilitando otras industrias. Entrevistó a conductores de ambulancias, lo que le inspiró para buscar una solución a los tiempos de respuesta lentos. Finalmente ha logrado su deseo: una *startup* llamada Flare ha lanzado una plataforma de ambulancias en Nairobi cuyo servicio rápido se basa en la precisión de las direcciones, facilitada por OkHi[37].

8. ¿Dónde están mis coches voladores?

Imparto una clase de MBA sobre emprendimiento en mercados emergentes. Mis alumnos me piden a menudo mi opinión sobre sus ideas de negocio. Me hacen preguntas como: «¿Será esto posible?». «¿Me estoy complicando demasiado al intentar construir esta nueva idea que nunca se ha hecho?».

Les pregunto: «¿Por qué haces esto?». Casi exclusivamente, me dicen que quieren hacer del mundo un lugar mejor. La realidad es que construir una *startup*, cualquier *startup*, es extremadamente duro y lleva mucho tiempo. Si vas a trabajar tan duro, durante una gran parte de tu vida, más vale que construyas algo significativo. O al menos inténtalo.

Lo emocionante es que la frontera nos ofrece muchos ejemplos de emprendedores que crean nuevas industrias. Timbo y Nick no están solos. Hay muchos más como ellos.

Les digo a mis alumnos que deben ser creadores. Les digo que otros han salido adelante y que deberían mirarlos para inspirarse. Tal vez el resto del Valle debería mirarlos también en busca de inspiración para sus próximos negocios y recordar por qué se metieron en este juego en primer lugar.

2
FOMENTAR EL *FULL STACK*
No confíes solo en el *software*

En el modelo clásico de Silicon Valley, las *startups* son «ligeras de activos». Se centran en una pieza de la cadena de valor y resuelven el problema de un cliente con un producto o solución innovadora, cuyo lanzamiento requiere idealmente un capital, un *hardware* o una complejidad limitados.

Si quieres crear una plataforma de intercambio de fotos innovadora y que cambie el mundo, esta estrategia es eficaz. La tecnología y el ecosistema de infraestructura existentes permiten centrarse en la interfaz de usuario y asociarse con otros para el almacenamiento, la autenticación de los usuarios y la integración en las redes sociales. Del mismo modo, incluso en el caso de empresas complicadas, como la entrega bajo demanda, muchas partes de la cadena de valor —como las direcciones de las calles, los mapas locales, el *software* de optimización de rutas y el apoyo logístico— pueden obtenerse de los proveedores de tecnología o del ecosistema existentes.

El *modus operandi* de Silicon Valley, que se basa en la utilización de activos, es posible gracias a un rico entramado de empresas que proporcionan la infraestructura necesaria para los disruptores.

Otros principios dogmáticos de las *startups* —como el imperativo de crear una *startup* ágil— animan a los empresarios a centrarse en una parte de la cadena de valor y en un producto. La idea es construir la excelencia en un área y obtener el resto del ecosistema.

Sin embargo, para la mayor parte del mundo y en particular para los creadores, independientemente de su ubicación, este modelo es inviable. Dado que el rico ecosistema de tecnologías habilitadoras suele ser inexistente o muy escaso para el tipo de negocio que están construyendo, los innovadores fronterizos a menudo tienen que construir el *full stack* vertical ellos mismos, desarrollando tanto el producto o servicio final como la infraestructura habilitadora que lo sustenta.

El *full stack* no siempre es vertical. A menudo, las empresas emergentes construyen el *full stack* horizontal, ofreciendo una gama más amplia de productos y servicios que sus equivalentes de Silicon Valley con el fin de crear un ecosistema.

1. Construir el *vertical stack*

Dos hombres que ejemplifican la construcción del *vertical stack* son Ben Gleason y Thiago Álvarez. En 2012, decidieron abordar la necesidad crítica de inclusión financiera en Brasil. Este país sudamericano tiene algunos de los tipos de interés y saldos más altos del mundo: el tipo medio de los préstamos bancarios es superior al 50 % (en comparación con el 5.5 % en Estados Unidos y el 1.75 % en el Reino Unido)[1]. Al mismo tiempo, los brasileños tienen altos niveles de deuda de tarjetas de crédito a corto plazo[2]. Muchos clientes no entienden su situación financiera de forma holística y carecen de las herramientas que les permitirían tomar medidas concretas para mejorarla.

En Estados Unidos, Mint creó un gestor digital de finanzas personales (PFM) para afrontar un reto similar. El producto atrajo rápidamente a más de 1.5 millones de usuarios y al final fue vendido a Intuit[3]. Ahora los clientes estadounidenses pueden elegir entre una gran variedad de gestores de finanzas personales, desde aplicaciones hasta productos gratuitos proporcionados por los bancos. Las empresas de servicios especializados, como Credit Karma, que ayuda a los clientes a mejorar sus puntuaciones de crédito, se centran en mejorar aspectos clave de la vida financiera del cliente.

Brasil no contaba con esta plétora de opciones. Para resolver este reto, en 2012 Ben y Thiago lanzaron Guiabolso, el primer PFM de Brasil. A simple vista, Guiabolso era muy diferente de sus homólogas estadounidenses, que estaban creciendo rápidamente (Mint y Credit Karma).

A primera vista, Guiabolso parecía una herramienta de elaboración de presupuestos. Permitía a los consumidores introducir sus hábitos de gasto para saber cuánto dinero habían utilizado y cuánto les quedaría a final de mes. Pero al igual que muchas aplicaciones en las que los clientes informan por sí mismos de sus gastos, Guiabolso se enfrentaba al reto GIGO: basura entra, basura sale (*garbage in, garbage out*). La información de la aplicación se basaba en lo que los clientes introducían. A menos que los clientes informaran de forma precisa y coherente a la aplicación, los datos que esta proporcionaba no tendrían ningún valor.

Para los gestores de fondos de Silicon Valley, resolver esto era un reto fácil. Mint obtiene los datos financieros reales directamente de las cuentas bancarias de los clientes, sin necesidad de pasar por la fase de entrada del cliente. Mint puede hacer esto porque las plataformas preexistentes, como Yodlee, conectan el PFM con los bancos.

Estas plataformas no existían en Brasil en 2012. Ben y Thiago tenían que decidir: ¿continuarían con la imperfecta herramienta de elaboración de presupuestos o apostarían el futuro de la frágil *startup* para construir ellos mismos la capa de conexión con los bancos? Decidieron apostar. Desarrollar la plataforma no fue fácil. Los bancos brasileños tienen unas características de seguridad insoportablemente variables. Tardaron más de un año en crear una plataforma estable que pudiera acceder de forma fiable a los datos bancarios. A esto se sumaron la necesidad de dar sentido a los complejos datos, crear ideas a partir de la información, construir un atractivo *front-end* para el cliente y desarrollar una estrategia para encontrar usuarios de forma fiable y conseguir que se unieran a la plataforma.

Tan pronto como Guiabolso resolvió ese problema, surgió el siguiente. Para atraer a los usuarios en torno a su mayor problema —las deudas de las tarjetas de crédito—, la aplicación tenía que ofrecer a los clientes información sobre su solvencia y su capacidad para acceder a créditos más baratos. Brasil no contaba con un equivalente a la puntuación FICO. Para la mayoría de los brasileños, la puntuación de crédito es binaria: se está en deuda o no se está en deuda[4]. Eso no es muy revelador para la mayoría de los clientes. Tampoco es útil para los bancos que toman decisiones de crédito sobre clientes que no son sus clientes.

Así que Guiabolso creó un índice de salud financiera propio. Además de informar a los clientes de si están o no en la lista negra, la aplicación les ofrece de forma proactiva una visión imparcial de su salud financiera y les proporciona las herramientas para mejorarla.

Los clientes de Guiabolso ahora entendían su salud financiera actual y aprendían formas de mejorar su solvencia. Naturalmente, lo siguiente que querían era beneficiarse de estos conocimientos. En Estados Unidos, Mint y Credit Karma ayudan a los clientes a conseguir préstamos más asequibles poniéndolos en contacto con proveedores de todo el país. Guiabolso pensó que podría hacer algo similar.

Sin embargo, una vez más, la empresa se vio bloqueada. Los bancos tradicionales de Brasil se mostraban reticentes a hacer ofertas específicas a través de la plataforma. Muchos se sentían incómodos con este nuevo método de adquisición y servicio de clientes en línea, sobre todo, porque no estaban acostumbrados a conceder préstamos a precios justos sobre la base de una puntuación de crédito a clientes con los que no tenían una relación directa. A diferencia de Estados Unidos, con su rico ecosistema de entidades de préstamo de tecnología financiera (*fintech*), Brasil no tenía ninguno.

Guiabolso tuvo que construir la infraestructura por sí mismo. Lanzó un prestamista financiero de nuevo en Brasil que concedería préstamos a través de la plataforma de Guiabolso. Abrió la plataforma a prestamistas y bancos prometedores que querían aumentar su cartera de préstamos y estaban deseosos de llegar a nuevos clientes, pero no estaban equipados para vender préstamos en un formato digital en rápida evolución. De este modo, el producto de Guiabolso es transformador, ya que ofrece a los usuarios acceso al crédito a tipos más bajos que los que los consumidores brasileños pueden obtener de otro modo en el mercado.

Guiabolso tiene más de cinco millones de usuarios en el PFM y ha distribuido más de 200 millones de dólares en préstamos. También ha recaudado más de 80 millones de dólares en financiación de capital riesgo (incluido el que yo aporté cuando trabajaba en Omidyar Network)[5].

Para lograr esta tracción, Guiabolso tuvo que crear cuatro empresas distintas para ofrecer un único producto: una plataforma para conectar con los bancos de forma digital, una aplicación para el consumidor con información valiosa para los usuarios, el índice de salud financiera y la plataforma de calificación crediticia y un producto de préstamo para poner en marcha el mercado. No fue una hazaña fácil en ningún mercado, pero fue especialmente difícil en Brasil[6].

Guiabolso puede parecer un caso excepcional. Sin embargo, muchos de los innovadores de la frontera que ha conocido hasta ahora se han enfrentado a un reto similar. En todo caso, Guiabolso lo tuvo fácil. Muchos innovadores de la frontera deben construir una infraestructura física habilitadora, en lugar de solo un *software*. Para ofrecer sus sistemas de energía doméstica, por ejemplo, Zola (*vid.* Introducción) construyó una instalación de I+D para diseñar aparatos de bajo coste, una fuerza de ventas en zonas rurales y operaciones de centro de atención telefónica centralizadas, una solución de *software* personalizada para su fuerza de ventas y un negocio de financiación interno para ofrecer a los clientes un servicio de pago por uso. Del mismo modo, M-PESA no pudo crear una red de pagos totalmente digital. En su lugar, tuvo que cultivar una red de comercios pequeños en todo el país para que los clientes pudieran depositar y retirar dinero en efectivo del sistema.

Inanc Balci, cofundador de Lazada Group, una de las principales plataformas de comercio electrónico del Sudeste Asiático, resumió la dinámica: «Es absolutamente incomprensible que para lanzar un negocio de comercio electrónico tuviéramos que crear todo un negocio de logística. Pero para nosotros era fundamental para sobrevivir»[7].

Las historias de Guiabolso, Zola y Lazada plantean, naturalmente, preguntas sobre cuándo tiene sentido crear el *full stack* y cómo deben priorizar los empresarios sus valiosos recursos.

2. Cuándo construir el *full stack*

La decisión de construir más piezas del *stack* no debe tomarse a la ligera. Requiere capital y tiempo, ambos recursos críticos para las *startups*. También aumenta las interdependencias y el riesgo porque las piezas del *stack* deben funcionar juntas sin problemas.

Para decidir cuándo y qué integrar, un innovador debe empezar por considerar una serie de preguntas.

¿Tiene el ecosistema la infraestructura que necesitas?

El proceso comienza con la identificación de lo que se necesita para que su modelo de negocio funcione y si otros en el ecosistema proporcionan las piezas necesarias con un nivel de servicio lo suficientemente alto.

Guiabolso necesitaba dos elementos clave. El primero era una aplicación para clientes o una experiencia web que proporcionara información sobre cómo los clientes utilizaban su dinero y dónde podían mejorar.

Esto era fundamental para el negocio y algo que la empresa construiría. El segundo ingrediente clave eran las interconexiones bancarias para permitir que los datos de los clientes llegaran automáticamente a la aplicación. Guiabolso habría preferido no construir esta capa. Realizó un estudio de mercado antes de determinar que no existía ninguna solución adecuada.

Algunas empresas deciden integrar verticalmente más partes de la cadena de valor de las estrictamente necesarias (por ejemplo, Apple y Tesla, que integran verticalmente el diseño del producto, la distribución y gran parte de la cadena de suministro de sus productos) pues consideran que este modelo es fundamental para su ventaja competitiva. Pero los innovadores de los ecosistemas en desarrollo a menudo se encuentran con que el *vertical stack* completa es una cuestión de necesidad, construyendo una infraestructura esencial para que el modelo principal funcione.

Los innovadores fronterizos deben evaluar las alternativas que existen en el mercado. La infraestructura disponible será diferente en las distintas regiones e industrias. Las *startups* situadas en Estados Unidos pero fuera de Silicon Valley —por ejemplo, en Detroit o Milwaukee— seguirán beneficiándose de la rica infraestructura tecnológica estadounidense. Un emprendedor que construya Lazada en Detroit podría aprovechar los ecosistemas de pago y envío establecidos en Estados Unidos. Del mismo modo, sería redundante que una nueva empresa de gestión de fondos en Europa construyera una nueva infraestructura de calificación crediticia.

En última instancia, si los innovadores pueden acceder o usar a un *stack*, o si está disponible de forma comercial con un nivel de calidad suficiente, no necesitan construirla y no deben desperdiciar recursos. Si no pueden utilizar un *stack* existente, deben explorar la siguiente cuestión.

¿Pueden otros proporcionar el *stack*?

A veces, el hecho de que el *stack* no esté disponible no significa que no se pueda acceder a ella. Los innovadores de frontera pueden permitir que otros les proporcionen el *stack*, a menudo a través de la tecnología. Sacha Poignonnec es el codirector general de Jumia, una plataforma de comercio electrónico líder en África y la primera empresa tecnológica de África que cotiza en la Bolsa de Nueva York. Sacha subraya que algunos elementos pueden externalizarse si se proporcionan las herramientas si se proporcionan las herramientas adecuadas. Cuando Jumia empezó a ampliar su plataforma de comercio electrónico, nadie proporcionaba entregas con el nivel de servicio necesario en los mercados de Jumia. Para ofrecer una logística integral en los mercados rurales africanos —con seguimiento de los artículos, estimación del tiempo de entrega y otras características que ahora son estándar en Occidente—, Jumia ofreció herramientas tecnológicas para que los empresarios locales pudieran hacer un seguimiento de las entregas, optimizar las rutas y cobrar los pagos. Jumia creó estas herramientas internamente, pero permitió que otros llenaran los vacíos. Ahora Jumia cuenta con más de ochenta y un mil socios en su sistema en catorce mercados africanos, como Egipto, Marruecos, Uganda y Nigeria[8].

Una reflexión importante es si los socios pueden escalar con usted. David Vélez, director general de Nubank, lo aprendió por las malas. Nubank es una empresa de tarjetas de crédito para el mercado de masas que opera en Argentina, Brasil y México. David lo explica:

«Cuando empezamos, trabajamos con un procesador de tarjetas de crédito de terceros, pero enseguida nos dimos cuenta de que su tecnología no era lo suficientemente sólida como para escalar. También trabajamos con un socio bancario porque inicialmente no teníamos licencia. Sin embargo, depender de ellos suponía demasiado riesgo, así que tuvimos que conseguir la nuestra. Nos enfrentamos al mismo problema con el servicio de atención al cliente. Decidimos crearlo en casa desde el principio, en lugar de depender de un tercero. Era la única forma de garantizar la calidad»[9].

En el caso de Nubank, existían soluciones locales, pero no eran lo suficientemente sólidas como para escalar con el negocio. David tuvo que construir cada una de ellas a su vez. Nubank ha recaudado más de 800 millones de dólares y ahora es una de las principales *fintech* latinoamericanas con un valor de más de 10 000 millones de dólares[10].

¿Se puede poner en escena el *full stack* a lo largo del tiempo?

Construir una *startup* es un gran reto. Tener que construir un *vertical stack* —el equivalente a la construcción de varias *startups* al mismo tiempo— a menudo resulta imposible. Algunas piezas del *vertical stack* deben construirse en tándem, pero no todas a la vez. La puesta en escena es la clave.

Para Guiabolso, el PFM fue el primer producto crucial. Esto significaba que la empresa tenía que construir las interconexiones bancarias inmediatamente. El resto, sin embargo, podía esperar. Si a los clientes no les interesaba la información del PFM o si las interconexiones bancarias no funcionaban, no importaría que la empresa pudiera crear una plataforma de préstamos. Por eso, Ben y Thiago decidieron esperar unos años antes de ofrecer productos de crédito y préstamos.

El aplazamiento puede significar que otros construyan en su lugar. Los mercados son dinámicos y otros completan constantemente las piezas del *stack*. Empresas como OkHi están construyendo diferentes piezas de la infraestructura en sus áreas, incluyendo las direcciones de las calles y la logística. Del mismo modo, plataformas como M-PESA y sus muchos replicadores en todo el mundo están creando el ecosistema de pagos. Antes de invertir en infraestructuras verticales, vale la pena investigar si otras piezas del *stack* pueden completarse con el tiempo.

En última instancia, para los innovadores de la frontera, tener que construir el *full stack* no es una opción estratégica es una realidad práctica. De hecho, la creación del *full stack* es uno de los muchos ejemplos de este libro en los que los innovadores fronterizos tienen que hacer más con menos. Si es posible, encontrar socios o permitir que otros te apoyen son opciones valiosas que debes explorar.

Esto puede parecer desalentador. Sin embargo, hay un lado positivo. Construir el *full stack* confiere también ventajas competitivas.

3. Las barreras del *full stack*

Construir el *full stack* es un arma de doble filo. Aunque al principio hace que la montaña sea mucho más alta de escalar, también hace que sea mucho más difícil para cualquier otro imitar el modelo después. Los innovadores de la frontera suelen disfrutar de tres tipos de barreras de *full stack* (una defensa natural que permite a una empresa mantener su ventaja a lo largo del tiempo): competitiva, de capacidad y técnica.

La competencia

El foco competitivo es más claro. En Brasil, para que un competidor pueda crear un PFM competitivo y un producto de préstamo con calificación crediticia sería necesario reconstruir gran parte de la infraestructura de Guiabolso. No es de extrañar que Guiabolso no tenga mucha competencia, incluso después de cinco años. Los que se mueven primero y se adelantan en el lanzamiento obtienen una ventaja significativa porque una vez que los competidores se dan cuenta de la oportunidad, aún les faltan años para poder replicar el modelo.

El necesidad de capital

Este mismo fenómeno supone un gran capital. Guiabolso ha recaudado más de ochenta millones de dólares[11]. Para otras empresas que se interesan por este ámbito, el hecho de saber que incluso la reproducción de la oferta existente requeriría una cantidad similar de capital es desalentador. La financiación de un competidor de este tipo es poco atractiva para los inversores. Los inversores de capital riesgo considerarían una propuesta perdedora invertir en el número dos que lleva varios años de retraso (sobre todo, en mercados dominados por efectos de red y en los que surgirá un ganador). Saed Nashef, cofundador de Sadara Ventures, que invierte en una Palestina con escasez de capital, explica: «El capital puede ser una poderosa ventaja. Cuando las empresas recaudan grandes rondas antes que sus competidores, se convierte en un motor para convertirse en un ganador»[12].

Esa necesidad de capital se manifiesta de otra manera, más matizada. En Brasil, por ejemplo, hay pocos inversores que lideren grandes rondas. En su tercera ronda de financiación, Guiabolso ya había recibido capital de muchos de los líderes: Kaszek Ventures (uno de los principales fondos de inversión en fase inicial de América Latina, del que se habla en el capítulo 11), la Corporación Financiera Internacional (CFI, el brazo de inversión privada del Banco Mundial), Omidyar Network (mi antiguo empleador, una empresa de inversión filantrópica global), Ribbit Capital (un inversor global en tecnología financiera) y Valor Capital (un fondo de capital riesgo transfronterizo de Brasil). Guiabolso pudo hacerlo antes de que surgiera otro competidor de forma significativa[13].

Los inversores suelen ser reacios a apoyar a dos empresas competidoras en el mismo mercado. Dado que ser *full stack* suele requerir más capital, es una oportunidad para atrapar a más inversores líderes en el espacio, lo que hace más difícil que un competidor prometedor prospere.

La ventaja técnica

Ser *full stack* también confiere una ventaja técnica. A medida que Guiabolso fue construyendo sus capacidades de interconexión con los bancos, muchos de ellos se opusieron a la idea central de la empresa. El cliente está en su derecho de compartir sus credenciales de banca por internet de solo lectura y permitir que Guiabolso acceda a la información de su cuenta. Sin embargo, muchos bancos se resistieron, creyendo, con razón, que disminuiría su relación con el cliente. Los bancos desarrollaron formas cada vez más sofisticadas de frustrar los intentos de Guiabolso de leer los datos de los clientes, pero Guiabolso se hizo cada vez más experto en conseguirlo. Los nuevos competidores que llegaran tendrían que repetir las iteraciones técnicas y estratégicas por las que pasó Guiabolso.

Del mismo modo, Fetchr (*vid.* capítulo 4), que ofrece entregas de última milla en Oriente Medio, tuvo que integrarse en una serie de plataformas de comercio electrónico; al hacerlo aprendió lo que se necesita para arreglar los errores rápidamente para ofrecer a los clientes una experiencia sin fisuras. El desarrollo de este tipo de experiencia requiere muchas iteraciones y disuade a los vendedores en línea de experimentar con otros proveedores.

Este es el reto del *full stack*. Los innovadores de la frontera suelen soportar una complejidad organizativa mucho mayor que sus homólogos de Silicon Valley. Sin embargo, esto les proporciona una mejor posición para perdurar y tener éxito a largo plazo.

4. Construir la *horizontal stack*

Hasta ahora, nos hemos centrado en el *vertical stack*, la infraestructura necesaria para permitir las funciones empresariales principales. A menudo, los empresarios necesitan ir un paso más allá. Para atraer a los clientes al sistema, tienen que ofrecer una gama más amplia de productos que sus equivalentes de Silicon Valley, ya sea directamente o a través de asociaciones. Los innovadores fronterizos hacen esto mucho antes de lo que recomienda la sabiduría convencional. Esta es el *horizontal stack*.

Gojek: el viaje completo

El tráfico en Yakarta es uno de los peores del mundo. A menudo se tarda más de dos horas en ir de un extremo a otro de la ciudad. Y cada vez es peor. En la última década, la ciudad creció hasta superar los treinta millones de habitantes, y cinco millones de coches y quince millones de motocicletas atascan las calles[14]. El número de propietarios de coches aumenta casi un 9 % cada año[15]. Menos del 25 % de los indonesios utilizan el transporte público[16].

Los *ojeks*, mototaxis de bajo coste, representan una forma de evitar este problema. Aunque estas motocicletas son menos cómodas que los coches —sometiendo a los conductores a la lluvia frecuente, la contaminación, el ruido de la carretera y un mayor riesgo de accidente— hacen algo que los coches no pueden hacer. Se mueven entre el tráfico durante los frecuentes atascos. Si quieres llegar con estilo, coge un coche, pero si quieres llegar a tiempo (y de forma asequible) coges un *ojek*.

En 2010, el mercado de *ojeks* era informal y no estaba regulado. Muchos conductores de *ojek* operaban con poca documentación, pocas normas de seguridad y escaso control. Los conductores tenían dificultades para localizar a los posibles pasajeros. A menudo hacían menos de tres o cuatro trayectos con pasajeros al día y se pasaban horas conduciendo (o atascados), con la esperanza de conseguir un cliente[17]. La demanda no podía encontrar suficiente oferta, algo que limitaba constantemente el mercado.

Nadiem Makarim quería hacer algo al respecto. Tras graduarse en la Escuela de Negocios de Harvard en 2011, puso en marcha un servicio de *ojek* taxi centralizado: un centro de llamadas físico que identificaba a los conductores y los dirigía a los clientes. Nadiem empezó con seis teléfonos personales, veinte conductores y clientes de su red personal. El negocio resolvió un problema personal para él y su familia, pero no se expandió más allá de una operación sostenible a pequeña escala durante unos años[18].

En enero de 2015, Nadiem consiguió por fin la financiación necesaria para introducir la tecnología en su pequeño centro de recepción de llamadas y puso en marcha Gojek. Su visión era formalizar toda la economía irregular *ojek* a través de una plataforma tecnológica centralizada. Gojek funciona de forma similar a la aplicación Uber, permitiendo a los usuarios llamar a un *ojek* en cualquier momento y lugar.

Para los conductores, la propuesta de valor de Gojek estaba clara. Hasta ahora, trabajaban muchas horas, pero solo hacían unos pocos viajes al día. Con Gojek, podían duplicar fácilmente sus pedidos. Aunque los precios son más bajos, los conductores ganan más dinero (y con más regularidad) gracias al flujo de pedidos fiable. Además, Gojek da a cada conductor de la plataforma un casco (a menudo por primera vez), un uniforme y acceso a una moto de alta calidad. Gojek también resultó valioso para los clientes, ya que les permitió conseguir un *ojek* cuando lo necesitaban (es importante evitar la espera en la época de lluvias) y desplazarse rápidamente a cualquier lugar de la ciudad. Los clientes también encontraron en Gojek una alternativa más segura al sistema informal. Nadiem dice que es una de las razones por las que la mayoría de los pasajeros de Gojek son mujeres[19]. Al igual que otras empresas de transporte colectivo, Gojek ofrece un precio fijo, lo que elimina la necesidad de regatear con el conductor[20].

Al final del primer mes de Gojek, había mil motoristas en la aplicación. Al final del año, la empresa tenía doscientos mil conductores en cinco ciudades y más de cuatrocientas mil descargas. La popularidad de Gojek se disparó y su marca se vio favorecida por los cascos y chaquetas verdes, casi omnipresentes en la ciudad[21].

Más productos, más servicios

Sin embargo, para ampliar su escala, Nadiem sabía que tenía que ofrecer algo más que transporte. Muchos de sus clientes no estaban bancarizados y no tenían acceso a tarjetas de crédito u otros medios de pago digitales, por lo que tenían que pagar los trayectos en efectivo. En Indonesia, el 48 % de la población no tiene un teléfono inteligente y el 33 % solo tiene un teléfono con funciones simples[22]. Gojek fue una experiencia *online* temprana para muchos clientes, lo que hizo que la plataforma fuera un lugar ideal para ofrecer una serie de servicios. Además, muchos conductores tenían tiempo libre fuera de las horas de trabajo, cuando la demanda de transporte tiende a aumentar. Para atraer a más clientes a la plataforma (y a menudo en línea por primera vez) y para atraer a los conductores durante todo el día, Gojek creó todo un ecosistema de productos y servicios.

El primer elemento fue el apoyo a los pagos digitales. La mayoría de los indonesios no estaban bancarizados o no tenían suficiente acceso a servicios bancarizados. Sin embargo, Nadiem sabía que el pago digital facilitaría la adopción del producto y mejoraría enormemente la experiencia del cliente[23]. Además, los pagos digitales representaban una oportunidad para crear un ecosistema mucho más amplio.

Inspirándose en el éxito de plataformas como WeChat, de Tencent, y Alipay, de Alibaba, que cuentan con 1100 millones y 900 millones de usuarios respectivamente, Nadiem se propuso convertir

Gojek en la principal plataforma de pagos de Indonesia. Gojek ya contaba con dos elementos clave: una red de agentes (conductores) para hacer entrar y salir el dinero en efectivo del sistema, y un ecosistema de transacciones listo (viajes)[24]. Este último es especialmente importante porque es un comportamiento que crea hábito y crea un caso de uso repetible. En 2017, Gojek adquirió Mapan, una red de ahorro comunitario; Kartuku, una empresa de procesamiento de pagos fuera de línea; y Midtrans, una pasarela de pagos, para seguir desarrollando la red[25].

Ahora los conductores de Gojek también pueden ofrecer productos y servicios financieros, un gran paso más allá de los servicios tradicionales de transporte compartido. Los conductores actúan como cajeros automáticos humanos: los usuarios depositan y retiran dinero de GoPay (el ecosistema de pago por móvil de Gojek) a través de los conductores. Los clientes pueden entonces utilizar GoPay para realizar pagos (por ejemplo, pagar facturas o transferir dinero a otros usuarios de Gojek) y acumular ahorros (manteniendo un saldo en la cuenta). Con el tiempo, se ofrecerá una mayor gama de productos financieros, como seguros y préstamos.

Gojek ha ido más allá. Para responder a la necesidad de los clientes de una mayor selección de productos en un solo destino, y para suavizar la demanda de sus conductores, la gama de servicios de la empresa incluye ahora la entrega de alimentos (GoFood), el comercio (GoMart, GoShop), los masajes (GoMassage), el envío (GoSend) y el minutos de llamadas para teléfonos móviles (GoPulsa). Nadiem espera que, un día, los clientes puedan conseguir casi cualquier cosa desde la singular plataforma de Gojek.

Nadiem pretende crear un ecosistema completo. Como él mismo explica: «Por las mañanas, llevamos a la gente de casa al trabajo. Al mediodía, les llevamos la comida a la oficina. Por la tarde, llevamos a la gente de vuelta a casa. Por la noche, repartimos ingredientes y comidas. Y entre todo esto, ofrecemos comercio electrónico, servicios financieros y otros servicios»[26].

La estrategia está funcionando. A mediados de 2019, Gojek contaba con dos millones de conductores, trescientos mil comerciantes y cien millones de transacciones mensuales en su plataforma[27]. Grandes actores como Tencent, JD.com, KKR y Sequoia Capital respaldan a la empresa. En febrero de 2018, Gojek cerró una ronda de financiación de serie E de 1500 millones de dólares. Tencent lideró la ronda, con la participación de firmas de inversión de Estados Unidos, China, Europa e Indonesia[28].

Sin embargo, Nadiem está más orgulloso de otro logro. Como explicó, Gojek se ha convertido en la mayor fuente de ingresos de Indonesia. Millones de personas reciben ingresos a través de Gojek. Nadiem subraya que para él lo más importante de esta victoria es que Gojek ha «aumentado las oportunidades de [sus] conductores»[29].

5. Abordar el *horizontal stack*

La construcción del *horizontal stack* es una formulación diferente al del *full stack*. Mientras que empresarios como Ben Gleason y Thiago Álvarez tuvieron que construir una infraestructura habilitadora solo para ofrecer su producto final, Nadiem Makarim tuvo que construir horizontalmente, ofreciendo modelos de negocio relacionados que reforzaban entre sí la oferta principal.

Para muchos innovadores de frontera, la construcción de un ecosistema de actividades es una estrategia para crear un negocio viable. Al igual que con el *vertical stack*, el *horizontal stack* debe comenzar con un examen de qué piezas del ecosistema son necesarias y en qué orden. En el caso de Gojek, esto comenzó con la creación de una oferta principal de viajes y la rápida expansión a otras categorías de productos. Vijay Shekhar Sharma, fundador de Paytm, una prestigiosa empresa tecnológica india valorada en más de 15 000 millones de dólares, lo explica: «Con el tiempo, las empresas se convierten en un ecosistema a escala. En los mercados emergentes hay que hacerlo antes para monetizar la base de clientes. En Paytm, nuestro ecosistema incluye los pagos, por supuesto, pero también el comercio *online*, una agencia de viajes digital y la gestión de la riqueza, entre otros»[30].

En algunos casos, no es estrictamente necesario construir el *horizontal stack* porque existe la oportunidad de aprovechar una base de clientes existente para captar más de un mercado incipiente, aumentando la rentabilidad del negocio y mejorando su posicionamiento competitivo al mismo tiempo. En Indonesia, Gojek tiene la oportunidad de ir mucho más allá que las aplicaciones de transporte por carretera de los mercados desarrollados. En lugar de limitarse a una categoría de producto reducida (por ejemplo, Uber y Lyft para los viajes, Instacart para las entregas), Gojek tiene una oportunidad viable de crear una superapp que le permitiría dominar varios sectores. WeChat ha adoptado una estrategia similar en China, convirtiéndose, en cierto modo, en la plataforma de facto para que los consumidores chinos accedan a productos y servicios en internet[31].

A menudo, los innovadores de frontera pueden permitir que otros proporcionen el *horizontal stack* con ellos. Gojek se asocia con otros para la mayoría de los servicios (por ejemplo, restaurantes, comerciantes y masajistas). Del mismo modo, M-PESA permite que cualquiera aproveche su plataforma de pago, incluidas las entidades financieras que ofrecen servicios de seguros, ahorros y préstamos.

Sin embargo, a veces un innovador necesita poner en marcha un ecosistema construyendo las primeras piezas internamente. Ctrip, la empresa china de viajes, comenzó como un servicio de revisión de la comunidad de viajes similar a TripAdvisor. El reto consistía en que, aun existiendo el portal *online*, era difícil reservar hoteles o comprar vuelos por internet. Como primer paso, Ctrip se asoció con hoteles y aerolíneas existentes en Shanghái y otras grandes ciudades chinas para añadirlos a la plataforma. Sin embargo, el inventario de vuelos al interior de China era limitado y, una vez que los turistas llegaban, había aún menos hoteles y actividades turísticas locales organizadas. La propia Ctrip desempeñó un papel importante en la creación del ecosistema de viajes chino, lanzando paquetes vacacionales con vuelos chárter a determinados destinos, construyendo hoteles y organizando excursiones[32]. Con el tiempo, el ecosistema floreció. Ahora la empresa tiene una capitalización de mercado de más de 24 000 millones de dólares y más de 250 millones de usuarios[33].

Los ecosistemas suelen tener potentes efectos de red. Al tiempo que otros proporcionan servicios dentro del ecosistema, la posición del innovador en el modelo no hará más que reforzarse. A medida que Gojek permite que más proveedores de servicios vendan a través de la plataforma Gojek o en tanto que más empresas utilicen M-PESA para ofrecer productos financieros, Gojek se convertirá en el estándar de facto para los clientes. Los innovadores que impulsan estos efectos de red, como M-PESA, Gojek y Ctrip, disfrutan de una ventaja duradera.

6. Ponerlo todo junto

En Silicon Valley, las mejores prácticas sugieren ofrecer un producto o servicio basado en el *software* y con pocos activos. A las nuevas empresas se les dice que se centren en el segmento en el que competirán y, con suerte, dominarán. Ofrecer una experiencia completa de principio a fin es una estrategia audaz, cara y a menudo temeraria.

De hecho, operar como un *full stack* parece intimidante. Confiere más complejidad operativa y riesgo y aumenta el tiempo probable para alcanzar la meta. Sin embargo, la estrategia también tiene claras ventajas, sobre todo, porque ofrece ventajas competitivas, de capital y tecnológicas. Del mismo modo, al construir un *horizontal stack*, los innovadores de la frontera pueden captar una mayor cuota de mercado, aumentar su relevancia para los clientes y mejorar su posicionamiento competitivo a largo plazo.

Los enfoques de *full stack* no son nuevos. Recuerdan a los de Silicon Valley hace veinte años. Para lanzar un negocio, muchas *startups* tenían que construir sus propios servidores en casa. Para crear nuevos productos, se codificaban literalmente. Los innovadores no solo construían sus productos o servicios, sino que también creaban infraestructuras y ecosistemas.

Marc Andreessen, fundador de Netscape y ahora uno de los principales capitalistas de riesgo de Silicon Valley, captó el espíritu de la época cuando afirmó que «el *software* se está comiendo el mundo»[34]. Esto parece ser cierto en Silicon Valley. Sin embargo, para los empresarios que operan en ecosistemas incipientes y en especial para los creadores, el *software* rara vez es suficiente para resolver problemas complejos o construir nuevas industrias. Quizás «las soluciones tecnológicas basadas en el *software*, que incorporan una visión más amplia del *stack*, se están comiendo el mundo» sea un eslogan más preciso, aunque menos pegadizo, para la frontera.

3
CREAR UN CAMELLO
Construir para la sostenibilidad y la resiliencia

Keith Davies, director financiero de Zoona, se encontraba en una situación delicada.

Las icónicas cabinas verde lima de Zoona salpicaban muchas ciudades africanas. La empresa estaba identificando ubicaciones, instalando sus cabinas y contratando a microempresarios locales para que atendieran a sus comunidades. La red de agentes de Zoona ofrecía a sus clientes servicios financieros básicos, como transferencias de dinero, pago de facturas, ahorros y préstamos. Keith, junto con los otros tres fundadores, se comprometió a ofrecer a los clientes de Zoona un servicio fiable y de alta calidad y a impulsar la inclusión financiera.

A primera vista, la empresa funcionaba bien. En aquel momento, su red de agentes acababa de superar las mil cabinas y atendía a más de un millón de clientes[1]. Aunque Zambia era su principal mercado operativo, la empresa se estaba expandiendo a otros mercados, como

Malawi y Mozambique. Zoona contaba con inversores internacionales, entre ellos Quona Capital y Omidyar Network[2].

Pero aquella mañana de agosto de 2015, Keith sabía que Zoona tenía problemas. Las acciones chinas, a causa de la incertidumbre macroeconómica, habían tomado un giro a peor. Se preveía que la demanda china de materiales industriales, incluido el cobre, se desplomaría[3]. Como consecuencia, Zambia, donde las ventas de cobre a China representan el 80 % de las exportaciones, vio cómo su moneda, el kwacha, caía en picado[4].

Esto fue calamitoso para Zoona. Sus ingresos eran en kwachas zambianos, pero sus costes estaban denominados principalmente en rands sudafricanos y dólares estadounidenses, y la mayoría de sus inversores (incluidos los tenedores de deuda) buscaban rendimientos en dólares estadounidenses. Al no disponer de medios eficaces para cubrir el riesgo cambiario a la escala de las necesidades de Zoona, Keith sabía que una disminución del kwacha significaba menores ingresos. Pero sin la correspondiente reducción de costes, la empresa dejaría de ser rentable y los beneficios de los inversores se desplomarían.

El kwacha bajó a 5:1 y luego superó la barrera psicológica antes inconcebible de 8:1. Pero no se detuvo ahí. Cayó aún más. El tipo de cambio llegó a 10:1, luego a 12:1 y finalmente a 14:1, la mayor depreciación de la historia del país y la peor del mundo. Terminó en 15:1, con una depreciación de casi el 80 % en tres meses, y cayó un 115 % a finales de 2015[5].

La situación de Zoona era extrema, pero, en la frontera, no era la única.

1. Mi otra inversión es un unicornio

En la tapa de mi portátil tengo una pegatina que me han dado en alguna que otra conferencia de empresas emergentes: «Mi otra inversión es un unicornio». El mito del unicornio está tan extendido en Silicon Valley que se han visto a inversores de capital riesgo con disfraces de unicornio en las jornadas de demostración (donde las *startups* presentan sus ideas), la encarnación física de este animal mítico[6].

¿Por qué es el unicornio la mascota de Silicon Valley y qué representa? Acuñado en 2013 por Aileen Lee, una inversora de capital riesgo de Silicon Valley, el unicornio representa un objetivo difícil de alcanzar —único, puro y perfecto—. refiriéndose al hito casi imposible de ser valorado en más de mil millones de dólares[7].

Los unicornios fueron una especie rara. Entre 2003 y 2013, solo se crearon treinta y nueve unicornios en Silicon Valley[8]. Históricamente, las valoraciones de miles de millones de dólares solo se concedían a las pocas *startups* con el elixir mágico de los equipos, los modelos de negocio, la rentabilidad y el momento adecuados[9].

En los últimos años, el establo de purasangres se ha vuelto mucho más grande. En marzo de 2019, había 326 unicornios en todo el mundo. Se ha creado un nuevo nivel, con 20 empresas que saltan al estatus de «decacornio»: empresas que han alcanzado más de 10 000 millones de dólares de valoración[10].

Los unicornios no son simples indicadores de un resultado final. Más bien representan una filosofía, una ética y un proceso de creación de empresas emergentes. Al igual que la danza ceremonial *haka* que los All Blacks, el equipo de rugby de Nueva Zelanda, realizan como ritual previo al partido, alcanzar el estatus de unicornio sirve como grito de guerra, uniendo a una empresa en torno a un objetivo común e incitando el miedo en los titulares a los que pretende desplazar[11].

Cuando el objetivo es ser un unicornio, el método es un crecimiento muy rápido. Las luminarias de Silicon Valley han definido el objetivo y el método de forma explícita. Paul Graham, fundador y antiguo líder de la venerable aceleradora Y Combinator, definió una *startup* como «una empresa diseñada para crecer rápido»[12]. Compara su misión con la de un mosquito: «Un oso puede resistir un golpe y un cangrejo está blindado contra uno, pero un mosquito está diseñado para una cosa: marcar. No gasta energía en defenderse... Las *startups* apuestan al todo o nada»[13], la misma estrategia que siguen los mosquitos para seguir viviendo y crecer.

Reid Hoffman y Chris Yeh encarnan por completo este enfoque en su exitoso libro sobre las mejores prácticas de las *startups* de Silicon Valley, *Blitzscaling: The Lightning-Fast Path to Building Massively Valuable Companies*. El concepto deriva de la palabra alemana *blitzkrieg*, «*blitzscaling* es dar prioridad a la velocidad sobre la eficiencia frente a la incertidumbre»[14]. Cuando se utiliza el *blitzscaling*, el crecimiento triunfa sobre la economía unitaria sostenible (los ingresos y costes asociados para un modelo de negocio, expresados sobre una base unitaria) y la rentabilidad.

Pero para muchas empresas emergentes que operan en ecosistemas donde el capital es menos fácil de conseguir y las crisis son frecuentes, una mentalidad de crecimiento exclusivo no solo es poco práctica, sino también injustificable. Los innovadores de frontera son pioneros en un modelo alternativo.

2. En la frontera, el camello sobrevive

El modelo de crecimiento a toda costa no se adapta a la realidad de la frontera. En lugar del unicornio, propongo el camello como mascota más apropiada. Los camellos viven y se adaptan a múltiples climas. Pueden sobrevivir sin comida ni agua durante meses. Sus jorobas, compuestas principalmente de grasa, los protege del calor abrasador del desierto. Cuando encuentran agua, se rehidratan más rápido que cualquier otro animal[15]. Los camellos no son criaturas imaginarias que viven en tierras ficticias. Son resistentes y pueden sobrevivir en los lugares más duros del planeta.

En este capítulo, explico cómo los camellos dan prioridad a la sostenibilidad, y, por tanto, a la supervivencia, desde el principio, equilibrando el crecimiento y el flujo de caja. Pero, antes, es importante entender la perspectiva de Silicon Valley sobre el éxito de las *startups*.

3. Escalar a través del Valle de la Muerte

Las *startups* no son empresas. En sus inicios, desarrollan un nuevo producto o servicio y aún no tienen clientes. Por lo tanto, gastan más dinero del que ganan. Con el tiempo, empiezan a vender a los clientes. Para algunas, este proceso dura unos meses. Para otras, como Magic Leap, que recaudó 1900 millones de dólares en ocho años antes de lanzar un producto, puede llevar años[16].

Incluso después de que las *startups* vendan con éxito sus productos a los clientes y generen ingresos, siguen perdiendo dinero. Los costes fijos pueden ser elevados, dada la inversión necesaria para construir la infraestructura tecnológica: la misma inversión tanto si hay un cliente como si hay miles. Por lo tanto, las ventas son demasiado pequeñas al principio para cubrir los costes operativos.

Además, las nuevas empresas gastan capital para atraer a nuevos clientes (a menudo tardan unos meses en empezar a generar ingresos).

El clásico modelo del valle de la muerte, representado en el gráfico 3.1 describe este fenómeno. Las nuevas empresas pueden tener un buen modelo de negocio, pero cuentan con un flujo de caja negativo hasta que alcanzan un volumen de ventas suficiente para mantener sus operaciones. Esta es la ironía del valle de la muerte: la empresa puede estar funcionando bien, pero sigue necesitando capital para salir del valle y sobrevivir hasta que alcance la rentabilidad.

Gráfico 3.1 Modelo clásico del valle de la muerte

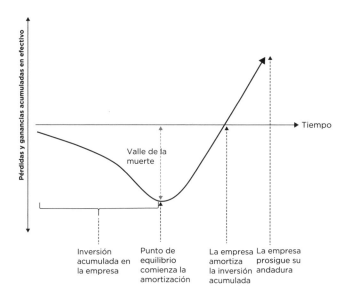

Lo que distingue a Silicon Valley en la creación de nuevas empresas es su prioridad del crecimiento sobre la rentabilidad. Esto hace que el valle de la muerte se convierta en un abismo, aumentando la necesidad absoluta de financiación de riesgo para sobrevivir y garantizando un resultado cada vez más binario de éxito masivo u olvido para la empresa. El siguiente gráfico 3.2 lo explica sucintamente.

Gráfico 3.2 Modelo del valle de la muerte de Silicon Valley

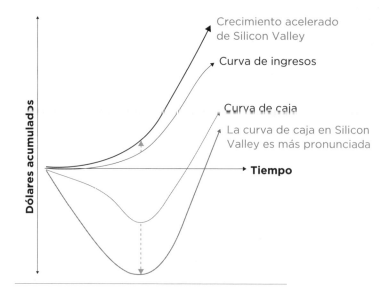

Crecimiento acelerado
de Silicon Valley

Curva de ingresos

Curva de caja

La curva de caja en Silicon
Valley es más pronunciada

Tiempo

Dólares acumulados

Las empresas emergentes de Silicon Valley recaudan e invierten enormes cantidades de capital (la curva de la parte inferior es muy pronunciada) para invertir en crecimiento, a menudo subestimando los costes para impulsar el uso. La esperanza es que la línea de ingresos se desplace hacia arriba y aumente exponencialmente, imitando una forma que mis compañeros canadienses conocen íntimamente: un palo de *hockey*.

A medida que aumenten los ingresos, y suponiendo que los costes no aumenten en la misma proporción, la rentabilidad acabará pasando de cero (la parte inferior de la curva de efectivo) y crecerá rápidamente más allá. Esta estrategia funciona bien para las empresas emergentes que consiguen llegar al otro lado: si el rápido crecimiento de los usuarios despega, pueden llegar a ser muy grandes, muy rápido.

Triunfar en este sistema se basa en una búsqueda incesante del crecimiento. En cierto modo, es la marcha forzada de Silicon Valley. Las rondas de inversión se denominan Serie A, B, C y así sucesivamente, adoptando secuencialmente la siguiente letra para la siguiente etapa en el crecimiento de una empresa.

A medida que las empresas avanzan en su crecimiento, sus necesidades de capital (para financiar la parte inferior de la curva) se hacen aún más acuciantes. Por tanto, las rondas de financiación son cada vez mayores. Sin embargo, su capacidad para captar futuras inversiones está condicionada a unos ingresos cada vez mayores y a la promesa de rentabilidad futura. Si las cosas siguen según lo previsto, las valoraciones y las empresas siguen creciendo. Pero los beneficios no les siguen necesariamente. Empresas como Lyft y Uber han salido a bolsa recientemente. Ninguna de las dos está cerca de la rentabilidad. En el primer trimestre tras su salida a bolsa y después de diez años de funcionamiento, Uber perdió 1000 millones de dólares[17]. Si el objetivo es el crecimiento, entonces el capital riesgo es tanto su talismán como su sirviente. Cuando las empresas obtienen capital riesgo, aceleran su crecimiento. Como explicó en una ocasión Josh Kopelman, de First Round Capital: «Yo vendo combustible para aviones»[18].

El capital riesgo también puede crear adicción. Si las empresas se acostumbran a funcionar con combustible a reacción, les resulta más difícil cambiar al diésel. Cuando una nueva empresa acelera su crecimiento, necesita contratar personal, invertir en nuevas infraestructuras, ampliar oficinas y gastar más en marketing, todo ello antes de que se materialicen los nuevos ingresos. La curva inferior, el valle de la muerte, se hace cada vez más profunda. Si en ese momento la empresa quiere dejar de captar capital, no puede. Aunque sus ingresos aumenten, no será rentable. Fracasará a menos que siga en el tiovivo del capital riesgo y consiga más capital.

Dado que el crecimiento es una variable clave que determina el entusiasmo de un inversor de capital riesgo, los empresarios de Silicon Valley se ven incentivados, una vez que han empezado a utilizar la gasolina del avión, a gastar de forma aún más agresiva. Esta práctica aumenta la curva de liquidez (curva inferior) y acelera el palo de *hockey* de los ingresos.

Con un poco de suerte, la *startup* llegará al otro lado. Si lo hace, estará en el camino del éxito y es posible que, incluso, se convierta en un unicornio. Los fundadores de unicornios son recompensados no solo con ganancias, sino también con fama, reconocimiento y financiación casi garantizada para su próxima empresa. Lo mismo ocurre con los inversores de capital riesgo. Dado que cada inversión individual conlleva un riesgo extremadamente alto, los inversores de capital riesgo buscan oportunidades que individualmente puedan proporcionar rendimientos superiores. Un mísero rendimiento de dos veces la inversión no mueve la aguja cuando la mitad de las apuestas de una cartera lo pierden todo.

Además, los éxitos se convierten en muescas en el cinturón del inversor. Los mejores inversores de capital riesgo están consagrados en la Lista Midas, la clasificación de los mejores profesionales del sector (aunque quizás los organizadores olvidaron cómo termina ese mito en particular)[19]. Los empleados están igualmente motivados por el crecimiento. Estas opciones solo tienen valor si aumenta el valor de la empresa. Pueden ser muy valiosas. Cuando Facebook salió a bolsa, acuñó más de mil millonarios[20]. En el caso de X (antes Twitter) fueron más de mil quinientos[21].

Sin embargo, si el éxito en Silicon Valley significa un crecimiento rápido, no alcanzar estos agresivos objetivos de crecimiento se considera un fracaso. Si no se logran avances significativos tras una ronda de inversión y los dieciocho meses de liquidez que esta proporciona, las empresas de nueva creación recurren a prórrogas o rondas puente (palabras clave para decir que no se han alcanzado los objetivos) con el fin de ganar más tiempo para alcanzar los hitos adecuados. El entusiasmo de los inversores decae y las futuras rondas de inversión tienen un precio inferior al de las anteriores, lo que diluye, en gran medida, la participación de los fundadores y directivos y disminuye sus incentivos para permanecer en la empresa. En última instancia, si una empresa sigue obteniendo malos resultados —lo que en este caso podría seguir significando un crecimiento que entusiasmaría a la mayoría de las empresas, pero más modesto que las previsiones de aumento del 100 % o el 200 % con las que los empresarios reunieron el capital— se hundirá.

McKinsey & Company, la consultora mundial, examinó los ciclos de vida de más de tres mil empresas de *software* al estilo de Silicon Valley. Su informe explica de forma concisa esta dinámica de Silicon Valley: «Si una empresa del sector sanitario creciera a un ritmo del 20 % anual, sus directivos e inversores estarían contentos. Si una empresa emergente crece a ese ritmo, tiene un 92 % de probabilidades de dejar de existir en pocos años»[22].

En un reciente artículo sobre las desventajas del capital riesgo para las nuevas empresas, *The New York Times* lo explicaba así: «Por cada unicornio, hay innumerables nuevas empresas que crecieron demasiado rápido, agotaron el dinero de los inversores y murieron, quizá innecesariamente. Los planes de negocio de las *startups* se diseñan para el mejor resultado posible, y el dinero intensifica tanto los éxitos como los fracasos. Las redes sociales están plagadas de historias de empresas que se marchitaron bajo la presión del hipercrecimiento, fueron aplastadas por los llamados V. C. tóxicos o se vieron obligadas a reunir demasiado capital riesgo, algo conocido como efecto *foie gras*»[23].

Apuntarse a la estrategia de caza de unicornios de Silicon Valley es un poco como hipotecar la casa para comprar tres viviendas nuevas. Si las cosas van bien y el mercado se mueve en la dirección correcta, las recompensas son enormes. Un ejemplo de ello son los exorbitantes beneficios de Facebook para los inversores. Sin embargo, este enfoque también aumenta la probabilidad de perderlo todo.

En Silicon Valley, esta es la estrategia por excelencia. El *burn rate* (una referencia adecuada a la cantidad de efectivo que las *startups* gastan cada mes antes de ser rentables) en las *startups* de Silicon Valley es el más alto desde 1999. Ahora hay más gente trabajando para empresas que pierden dinero que en los últimos quince años. Las actitudes también parecen estar cambiando. Como informa el *Wall Street Journal*: «En 2001 o 2009, uno no aceptaba un trabajo en una empresa que perdía 4 millones de dólares al mes. Hoy todo el mundo lo hace sin pensar»[24].

Los innovadores fronterizos nos recuerdan que existe un modelo diferente. Aunque siguen persiguiendo y logrando un crecimiento rápido, los innovadores fronterizos lo equilibran con otros objetivos.

4. Solos en una isla en la frontera

Silicon Valley tiene todo un sistema para crear e impulsar unicornios. En la frontera, las cosas no podrían ser más diferentes.

Los emprendedores suelen estar solos en una isla. En primer lugar, hay menos capital. Brasil, que disfruta de uno de los ecosistemas de *startups* más grandes de los mercados emergentes, recibió 575 millones de dólares en capital de inversión de riesgo en 2017[25].

Para ponerlo en contexto, supone apenas 2.75 dólares per cápita, frente a la friolera de 1809 dólares per cápita de Silicon Valley[26]. La falta de capital es un problema no solo para los mercados emergentes. En Estados Unidos, el 60 % de las inversiones en *startups* fuera de la Costa Oeste recibió solo el 40 % del capital[27]. Regiones como el Medio Oeste y el Sur reciben mucho menos capital per cápita. Por ejemplo, en 2016, Chicago y Austin recibieron 443 y 583 millones de dólares en capital, respectivamente, frente a los 6000 millones de San Francisco[28].

Los plazos de recaudación de fondos también son más largos. Las operaciones competitivas de Silicon Valley pasan de la primera reunión a la hoja de compromiso (contrato con la empresa de capital riesgo para invertir) en cuestión de semanas y al cierre de la inversión (tras la revisión de los documentos legales) un par de meses después. Las rondas tienden a seguir una cadencia natural, cada doce o dieciocho meses, a medida que las empresas pasan de la Serie A a la Serie D[29]. En los mercados emergentes, la mayoría de las rondas tardan meses en llegar a una oferta de acuerdo y aún más en cerrarse, lo que refleja la naturaleza global de las empresas y los inversores, y a menudo una falta de urgencia debido a la falta de competencia por las operaciones.

Este sistema conduce a un ciclo perpetuo de captación de fondos. La escasez de capital en la frontera significa que las rondas son más pequeñas y frecuentes, por lo que las empresas suelen estar infracapitalizadas, lo que lleva a tener que volver a recaudar fondos antes[30]. Un estudio de Endeavor, una organización mundial sin ánimo de lucro centrada en la iniciativa empresarial, indica que, entre los empresarios de mercados emergentes de su red, el 69 % había pasado más de seis meses recaudando fondos en el último año[31].

Al mismo tiempo, el coste del fracaso para los fundadores es considerablemente mayor en la frontera. Crear una empresa en un ecosistema emergente tiende a requerir la asunción de un gran riesgo personal. Una empresa puede tardar muchos años en acceder a financiación de capital riesgo y, mientras tanto, los sueldos no llegan y las tasas se acumulan. En muchos mercados, las deudas no se perdonan en la quiebra y pueden perseguirlo el resto de su vida. En otros lugares, la quiebra puede ser incluso ilegal[32].

A diferencia de Silicon Valley, en la frontera existe una red de seguridad limitada para los fundadores. Si las cosas no van bien, lo más probable es que la empresa no sea absorbida por un actor más grande; esto se debe a que la cultura de las adquisiciones (adquirir una empresa solo por su equipo, dando a los fundadores una salida para salvar la cara y un atractivo paquete de opciones sobre acciones en la nueva empresa anfitriona) es mucho menos frecuente. Fracasar suele significar fracasar de verdad: despedir a todos los empleados, acabar con el producto y declararse en quiebra. En muchos mercados, el fracaso puede ser una mancha negra para toda la vida. Como escribió una vez *The New York Times* sobre el ecosistema empresarial europeo, «el fracaso se considera una tragedia personal»[33]. El fracaso es mucho más doloroso financiera y personalmente en la frontera. En consecuencia, no se exhibe como una cicatriz de batalla, sino que se oculta como una mancha.

Como era de esperar, los innovadores de la frontera han desarrollado un modelo alternativo.

5. Camellos del Medio Oeste

Mike Evans y Matt Maloney fundaron Grubhub en Chicago en 2004. Su visión era permitir a los pequeños restaurantes ofrecer comida a domicilio. Grubhub se centró en la sostenibilidad desde el principio. Cobra comisiones a los restaurantes por cada venta que realiza, y los clientes pagan una tarifa de entrega. Mike y Matt se centraron en ampliar las transacciones, pero manteniendo los ingresos por encima de los costes (sobre todo las nóminas, el mayor y más fijo de los costes). Como dice Mike: «La empresa se centró en los ingresos y el flujo de caja desde el primer día, dándoles prioridad sobre las métricas de vanidad centradas en el crecimiento, como el número de usuarios o empleados[34]».

Grubhub recaudó lo que Silicon Valley podría considerar cantidades comparativamente escasas. Su ronda de Serie A fue de 1.1 millones de dólares, tres años después de empezar (ahora la media de la Serie A de Silicon Valley entre las principales empresas supera los 15 millones de dólares)[35].

Esta ronda fue seguida por una Serie B en 2009 de 2 millones de dólares y una Serie C de 11 millones de dólares en 2010. En total, la empresa recaudó 84 millones de dólares en capital riesgo (eclipsada por competidores de Silicon Valley como DoorDash, que recaudó 1400 millones de dólares)[36].

A pesar de las cantidades relativamente pequeñas de capital recaudado, Grubhub fue rentable en cada una de sus operaciones. Grubhub se puso en marcha sin inversiones externas y durante los primeros años funcionó de forma autónoma, consiguiendo alcanzar el punto de equilibrio. Recaudó cada ronda con un propósito específico. Por ejemplo, su Serie C de 11 millones de dólares fue para expandirse a tres ciudades concretas[37]. Pero Mike y Matt lo hicieron solo después de haber creado una hoja de ruta para que el equipo lo siguiera y lograra una economía propia.

En 2014, la empresa salió a bolsa en el Nasdaq. En 2018, Grubhub obtuvo unos ingresos de más de mil millones de dólares gracias a 14.5 millones de usuarios activos y ochenta mil restaurantes en mil setecientas ciudades de Estados Unidos[38]. Su capitalización bursátil actual supera los seis mil millones de dólares[39].

6. Las fosas de la muerte de la frontera

Como Mike y Matt pueden atestiguar, los innovadores fronterizos no evitan el crecimiento. Por supuesto que no. Al fin y al cabo, están intentando ampliar un negocio. Muchos de estos innovadores disfrutan de una gran red de contactos y de unas tasas de crecimiento envidiables. Sin embargo, su trayectoria de crecimiento puede no tener la misma curva exponencial perfecta de palo de *hockey* a la que aspiran las nuevas empresas de Silicon Valley.

En cambio, los innovadores fronterizos se centran en el crecimiento sostenible desde el primer día.

La curva de liquidez no se hunde tanto. El gráfico 3.3 muestra la dinámica.

Gráfico 3.3. El valle de la muerte de la frontera

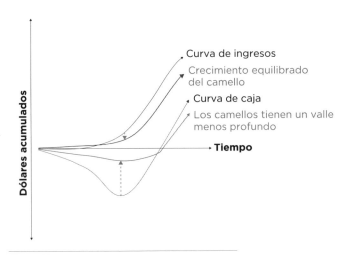

Con una estrategia de crecimiento equilibrada, los innovadores fronterizos pueden crecer a rachas controladas, optando por acelerar e invertir en crecimiento (acelerando así los ingresos y el gasto en efectivo) cuando la oportunidad lo requiere. La curva de ingresos de Grubhub presentaba múltiples olas, cada una de las cuales significaba un mini-*sprint* de crecimiento[40]. El gráfico 3.4 muestra la dinámica.

Gráfico 3.4. Las fosas de muerte de la frontera

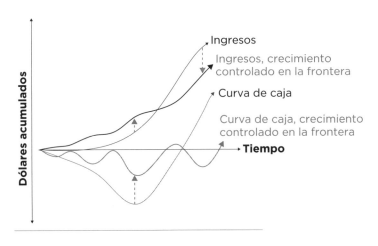

El crecimiento se logra con incrementos controlables y la rentabilidad se alcanza de nuevo en poco tiempo o está al alcance si es necesario. Por consiguiente, en lugar de enfrentarse a un único, gran e insuperable valle de la muerte, muchos camellos atraviesan algo más parecido a un valle de fosas. Las curvas no tienen por qué ser tan rítmicas como en el gráfico 3.3, y las magnitudes de las depresiones variarán, profundizándose, por ejemplo, si un innovador fronterizo reúne capital incremental para una oportunidad concreta. La distinción clave aquí es que los camellos conservan la opción de moderar el crecimiento y volver a un negocio sostenible si es necesario.

Como me dijo Monica Brand Engel, cofundadora de Quona Capital, una de las principales empresas de inversión en mercados emergentes, «el punto de equilibrio es el nuevo negro»[41]. No solo es una estrategia inteligente en lugares con escasez de capital riesgo, sino que también puede marcar la diferencia entre la supervivencia y el fracaso en caso de crisis graves (como el efecto de la caída libre de la moneda de Zambia en los ingresos de Zoona).

En Silicon Valley se argumenta que este enfoque conduce a un crecimiento lineal en lugar de exponencial, lo que produce menos beneficios que una guerra relámpago de crecimiento.

Sin embargo, no es así. Un estudio de PitchBook Data demuestra que la rentabilidad del capital riesgo en el Medio Oeste estadounidense es una de las mejores del país. Sorprendentemente, casi la mitad (el 45 %) de las inversiones de Chicago han proporcionado un múltiplo del capital invertido (el capital devuelto en relación con la inversión original) de 10 veces, en comparación con solo el 25 % en la zona de la bahía. En 2006, el MOIC medio de Chicago fue de 5.6 veces, superando al de la zona de la Bahía, que fue de 4.2 veces[42].

En paralelo, las tasas de fracaso en la frontera tienden a ser más bajas. Silicon Valley se apresura a decir que el 90 % de las empresas de nueva creación fracasan[43]. Sin embargo, un estudio de All-World Network, organización cofundada por Michael Porter, profesor de la Harvard Business School, determinó que los empresarios de los mercados emergentes tienen una mayor tasa de supervivencia[44]. Troy Henikoff, cofundador de SurePayroll, con sede en Chicago (líder estadounidense en nóminas por internet) y ahora inversor de capital riesgo en MATH Venture Partners (que invierte en Chicago), dice sobre su cartera: «Para una cartera de dieciséis empresas, cabría esperar que al cabo de tres años ya tuviéramos varios fracasos. Sin embargo, hasta ahora no hemos tenido ninguno. Como muchas empresas del Medio Oeste, nuestra cartera ha tenido una supervivencia mucho mayor»[45]. Anecdóticamente, lo mismo puede decirse de mi propia cartera de inversiones en mercados emergentes. Estos impresionantes resultados son fruto de una estrategia concertada que equilibra el crecimiento con la sostenibilidad y la resistencia. Para lograrlo, los innovadores de frontera gestionan los costes, cobran por el valor que crean desde el principio, incorporan capital en sus condiciones, comprenden las palancas de acción, diversifican el plan de negocio y adoptan una perspectiva a largo plazo.

7. Gestionar los costes

Los innovadores de frontera gestionan los costes a lo largo del ciclo de vida de sus empresas. Como Grubhub, gestionan la curva de costes para sincronizarla mejor con la curva de crecimiento. Las nuevas contrataciones deben justificarse por el aumento de los ingresos y las operaciones. Las inversiones en marketing deben escalarse a un ritmo adecuado. Los niveles de gasto se modulan para que la empresa no se hunda demasiado en el agujero de la curva de costes. Como explica Jason Fried, fundador de Basecamp, otra empresa de éxito con sede en Chicago: «Como *startup* tecnológica, hay pocas excusas para no ser una *startup* rentable. Gran parte de ello es la gestión de la estructura de costes. Sin embargo, la gestión de costes no es algo de lo que se oiga hablar lo suficiente [en Silicon Valley]. Si no se gestionan costes [e invertir solo en crecimiento], no estás construyendo un negocio. Estás construyendo un instrumento financiero, lo que no es saludable»[46].

También ayuda el hecho de que los innovadores fronterizos suelen disfrutar de una importante ventaja de costes. Para las *startups*, el mayor coste es el de personal, sobre todo al principio. En San Francisco, el coste de la vida se ha disparado, al igual que los salarios (al menos para los trabajadores del sector tecnológico). El coste actual de contratar a un desarrollador de *software* en Silicon Valley es el doble del salario medio de Toronto, siete veces el de São Paulo y ocho veces el de Nairobi[47]. Por supuesto, no solo los salarios, sino también el alquiler y otros costes operativos son mucho más baratos en estas últimas ciudades.

La combinación de aprovechar esta ventaja de costes y gestionar niveles de gasto significa que incluso cuando los innovadores se enfrentan a rondas más pequeñas, el capital puede llegar más lejos. Una base de menor coste disminuye la profundidad de la curva de efectivo. Esto significa que, por una inversión similar, una empresa emergente en una zona de costes más bajos dispone de una mayor autonomía (tiempo para operar antes de quedarse sin liquidez). Esto les da más tiempo para aumentar sus ingresos y su capacidad de sostenibilidad, y aumenta su resistencia a las crisis.

8. No hay comida gratis

Los empresarios que trabajan en mercados más duros y menos desarrollados no comparten la obsesión de Silicon Valley por ofrecer productos gratuitos o subvencionados en aras del crecimiento. Cobran a sus clientes por sus productos.

En Silicon Valley los empresarios están dispuestos a subvencionar su producto. *Vanity Fair* lo explica así:

> «Las empresas de nueva creación ofrecen créditos gratuitos para atraer a nuevos usuarios que, de otro modo, no se sentirían atraídos por el servicio o ni siquiera lo conocerían. Pueden permitirse subvencionar estos servicios gracias a la afluencia de capital riesgo que han recibido. Y como el aumento de usuarios suele ser prueba suficiente de que su concepto funciona —independientemente de que los nuevos usuarios se queden o no—, estas *startups* pueden volver a los inversores y recaudar más dinero, continuando el ciclo hasta que su financiación se agote o encuentren una forma de reducir su dependencia para subvencionar la captación de clientes»[48].

Sin embargo, este enfoque puede ser contraproducente. Por ejemplo, las empresas emergentes de comida a la carta que suministran ingredientes envasados se han enfrentado a dificultades para conseguir que los nuevos usuarios a los que atrajeron con productos gratuitos se conviertan en suscriptores recurrentes[49]. Del mismo modo, en el sector de los viajes en coche se ha acusado a la financiación de capital riesgo de saturar el mercado, apoyar a empresas imitadoras y llevar a los consumidores a optar por las opciones más baratas en un mercado rápidamente mercantilizado[50]. Muchos economistas del comportamiento han documentado además problemas persistentes con los productos subvencionados o gratuitos: los usuarios no valoran adecuadamente el producto y, más tarde, es difícil hacer que paguen por lo que antes obtenían gratis[51].

En la frontera, los innovadores cobran por el valor que ofrecen desde el principio. Mike Evans, de Grubhub, explica la dinámica de forma sencilla: «Estoy construyendo un negocio, no un *hobby*. Las empresas generan ingresos y los pasatiempos no»[52].

Los innovadores de frontera entienden que el precio de un producto no es un obstáculo para su adopción, sino una de sus características, que refleja su calidad y su posicionamiento en el mercado. En los mercados emergentes, las soluciones tradicionales son inexistentes o tan poco funcionales que los clientes están dispuestos a pagar —a menudo incluso más— por productos fiables, seguros y eficientes. A pesar de sus bajos ingresos, los clientes no buscan productos gratuitos. Buscan algo que responda a sus necesidades, les trate con dignidad y, sobre todo, que funcione. Zoona anuncia su producto como: «Fácil, rápido y seguro», y no como gratuito o barato[53]. Al fin y al cabo, dirige un negocio de transferencia de dinero para personas que no tienen mucho dinero. Para atraer clientes, los innovadores tienen que ofrecer una solución por la que merezca la pena pagar y sean recompensados si lo hacen.

9. Consumir menos capital y controlar los plazos

El enfoque de un innovador fronterizo para equilibrar el crecimiento con la sostenibilidad le ofrece muchas más opciones que las empresas emergentes al estilo de Silicon Valley. La profundidad de la curva inferior —el agujero del flujo de caja— no es tan profunda. Por ello, los innovadores fronterizos reducen su dependencia del capital riesgo.

Captar menos capital riesgo puede ser mejor para cualquier tipo de empresario. Al reunir capital, los empresarios venden partes de sus empresas. Con suerte, a través del crecimiento, la valoración aumentará incrementará el valor total del pastel. Como los camellos venden menos partes de sus empresas a los inversores, los fundadores tienen una mayor parte del pastel a la salida, junto con un mayor control de la empresa en todo momento.

Tomemos el caso de Qualtrics. La empresa fue fundada en 2002 por Ryan Smith, Scott Smith, Jared Smith y Stuart Orgill en Provo, Utah, como empresa de investigación en línea. Inicialmente, su objetivo era ayudar a escuelas y empresas a recabar opiniones de sus alumnos y clientes mediante encuestas en línea eficaces. La empresa funcionó en el sótano de la familia durante unos años. Para financiar su crecimiento, los fundadores utilizaron los beneficios de la empresa. Aunque muchos inversores de capital riesgo se acercaron a ellos, rechazaron las inversiones a medida que la empresa crecía. Al final, consiguieron capital riesgo una década más tarde, en 2012, pero lo hicieron a su manera, cuando no lo necesitaban. Para entonces, Qualtrics ya era una empresa multimillonaria[54].

En la actualidad, Qualtrics opera en doce países y presta servicios a más de once mil clientes (incluido el 75 % de las empresas de Fortune 100). En noviembre de 2018, Qualtrics fue adquirida por SAP por 8000 millones de dólares[55]. Los fundadores seguían siendo propietarios de la mayoría de la empresa en el momento de la salida.

La creación de empresas de éxito sin capital riesgo es poco frecuente, pero no inédita. Qualtrics está en buena compañía. Empresas como Atlassian, Mailchimp y RXBAR han crecido de forma similar. Curiosamente, todas ellas se crearon fuera de Silicon Valley: en Australia, Atlanta y Chicago, respectivamente.

Algunos innovadores fronterizos gestionan sus necesidades de capital modulando el crecimiento. Basecamp ha adoptado un enfoque extremo para ambas cosas. Desde todos los puntos de vista, esta empresa con sede en Chicago es un éxito: lleva veinte años creciendo, tiene millones de usuarios desarrolladores de *software* y gana millones de dólares en ingresos. Y lo ha conseguido sin obtener capital. Parte de su enfoque consiste en gestionar el crecimiento: si un producto requiere un número de empleados superior al objetivo máximo de cincuenta personas, la empresa cierra el producto, aunque tenga éxito, para seguir siendo pequeña[56]. David Heinemeier Hansson, cofundador de Basecamp y creador de Ruby on Rails, señaló: «¿Por qué es inevitable el crecimiento? No garantiza la longevidad ni promete beneficios. ¿Y no son esas las dos principales preocupaciones económicas de una empresa? ¿Permanecer y ganar dinero? Cuando miro [Basecamp] puedo satisfacer fácilmente esas exigencias económicas básicas: seguimos aquí y seguimos ganando mucho dinero»[57].

Por supuesto, con esto no pretendo sugerir que los empresarios deban evitar el capital riesgo (revelación total: soy inversor de capital riesgo). De hecho, la gran mayoría de los camellos dependen de la inversión externa. Sin embargo, los camellos pueden permitirse el lujo de elegir si quieren obtener capital riesgo (u otros tipos de capital), de quién y en qué condiciones. Como Mailchimp o Basecamp, pueden optar por no obtener capital riesgo. O, como Qualtrics o Atlassian, pueden optar por recaudar dinero para un fin concreto o en un momento determinado. En el capítulo 10, descubrirás cómo los inversores de capital riesgo también se están replanteando el modelo y adaptándolo para que se ajuste mejor a las necesidades de los innovadores.

10. Comprender los resortes de la acción

En la frontera, las amenazas existenciales podían llegar en cualquier momento y desde cualquier lugar. El desplome del kwacha zambiano fue una de esas amenazas existenciales para Zoona.

Los innovadores fronterizos son conscientes de estos riesgos, por lo que se aseguran de prepararse al máximo. Conocen los resortes necesarios para actuar y las formas de reaccionar en tiempos de crisis. En el caso de Zoona, Keith Davies había invertido demasiado en un modelo financiero detallado que preveía muchos factores económicos sobre la vitalidad de las casetas de Zoona, así como las consiguientes necesidades de efectivo del negocio en múltiples escenarios. Como explica Keith: «Pudimos comprender con confianza y mostrar a nuestros inversores y socios una serie de posibles resultados y cómo le iría a nuestro negocio en cada uno de ellos»[58].

Cuando llegó la crisis, Zoona actuó con rapidez. Evaluó el impacto de la devaluación masiva en el negocio y, a continuación, llamó a los inversores y elaboró un plan de acción que incluía la reorganización de la empresa, la ralentización de las inversiones en *booth* y la modulación de varias líneas de costes. Como medida provisional, la empresa recibió una pequeña inyección de capital y realizó un seguimiento activo de la evolución de la situación[59].

Este enfoque ayudó a Zoona a sobrevivir a la crisis monetaria. Sin embargo, no fue ni mucho menos el último reto de la empresa.

11. No pongas todos los huevos en la misma cesta

En planificación financiera se nos enseña a no poner todos los huevos en la misma cesta, sino a diversificar activos y geografías. Sin embargo, los emprendedores están hiperconcentrados, a menudo, con los ahorros de toda su vida y sus medios de subsistencia están entrelazados con sus empresas. En Silicon Valley, las *startups* operan como mosquitos, con un enfoque singular. Los innovadores fronterizos suelen adoptar una estrategia más sensata desde el punto de vista financiero, que refleja la complejidad de sus ecosistemas al incorporar la diversificación a su combinación geográfica y de productos.

Tomemos el caso de Frontier Car Group (FCG), un mercado de coches usados, líder en los mercados emergentes. En palabras de su cofundador, Sujay Tyle: «Repartimos nuestro riesgo por todo el mundo. Al principio lo redujimos a cinco mercados (México, Nigeria, Turquía, Pakistán e Indonesia), que sirven de centros regionales. Si funcionan, nos expandiremos. Si no, tenemos una cartera»[60].

Algunos mercados, como Turquía, tuvieron dificultades. Otros, como Nigeria, se enfrentaron a crisis monetarias. En consecuencia, FCG cambió el nivel de inversión por zonas geográficas. En Nigeria, la empresa limitó la exposición hasta que la moneda se estabilizó, y en Turquía cerró la operación. También redobló la apuesta por lo que funcionaba. Su punto geográfico más fuerte era México y, desde esa plataforma de lanzamiento, ahora ha entrado en cuatro mercados de América Latina. En el verano de 2018, la plataforma transaccional de FCG había vendido cincuenta mil automóviles y se había expandido a ocho mercados[61]. Hasta el momento, FCG ha recaudado cerca de 1000 millones de euros. 170 millones de dólares, incluida una Serie C en mayo de 2018 liderada por Naspers[62].

Del mismo modo, VisionSpring, una empresa social global que ofrece gafas a los pobres, incorporó la diversidad a su combinación de negocios y mercados. VisionSpring tiene tres líneas de negocio: ventas a mayoristas, ventas a través de intermediarios y ventas directas (en asociación con organizaciones locales sin ánimo de lucro para la distribución). Opera en seis mercados. Esto significa que hay dieciocho negocios, cada uno con un nivel diferente de madurez y escala. Las más maduras apoyan a las demás[63].

Estos enfoques son sinérgicos con otros temas tratados en este libro. En el capítulo 2 aprendimos cómo los innovadores fronterizos pueden operar en un *stack horizontal*, ofreciendo múltiples líneas de productos que se refuerzan a sí mismas, y en el capítulo 5 exploraremos cómo los innovadores fronterizos operan en múltiples mercados. Como se verá, estas estrategias son enfoques proactivos del crecimiento y a menudo reflejan los ecosistemas incipientes en los que operan los innovadores fronterizos. También son estrategias de diversificación implícitas.

Hay pruebas de que la estrategia de diversificación es eficaz para crear resiliencia en los mercados emergentes. Una investigación publicada en *Harvard Business Review* explica que «los grupos empresariales muy diversificados pueden adaptarse especialmente bien al contexto institucional de la mayoría de los países en desarrollo. [Pueden añadir valor imitando las funciones de varias instituciones que solo están presentes en las economías avanzadas. Los grupos de éxito actúan como mediadores eficaces entre las empresas que los componen y el resto de la economía»[64]. En los mercados en los que hay menos recursos judiciales para los clientes perjudicados, una marca de confianza ayuda. Tras forjarse una reputación de éxito en un segmento del mercado, las empresas multilínea aprovechan esta confianza en otros lugares.

Del mismo modo, en los mercados con mercados de capitales limitados, los actores diversificados financian de forma cruzada las empresas para apoyar a las de alto potencial. En mercados con formación limitada, las empresas multilínea pueden conservar a sus mejores talentos y ofrecerles una valiosa experiencia en toda la organización. En relación con esto, esta estrategia también ayuda a los innovadores a mitigar la inflexibilidad del mercado laboral (por ejemplo, es difícil despedir a la gente cuando cambian las necesidades del negocio) permitiéndoles reequilibrar el capital humano con una gama más amplia de actividades[65].

Aunque el estudio se centraba especialmente en los grandes grupos diversificados —como los *chaebols* de Corea, los grupos de América Latina o las casas de negocios de la India—, la lógica es la misma para los innovadores fronterizos. En entornos operativos especialmente difíciles, las empresas con múltiples líneas de negocio llenan vacíos institucionales. Como se vio en el capítulo 2, el planteamiento de crear múltiples negocios a menudo no es una opción, sino una necesidad, dada la falta de infraestructura local.

Sin embargo, el enfoque de cartera puede ir demasiado lejos. Una de las razones por las que Silicon Valley desaconseja esta estrategia para las empresas emergentes es que crear empresas emergentes de rápido crecimiento es extremadamente difícil y requiere una enorme cantidad de esfuerzo y dedicación. A menudo requiere la metafórica concentración del 110 %. Como le dirá cualquier fundador, crear una empresa ya es bastante exigente. Repartirse demasiado entre varios proyectos es una receta para la mediocridad en cada uno de ellos. En su extremo, esta dinámica se presenta en determinados ecosistemas en desarrollo como un fenómeno denominado emprendimiento de cartera, por el que los emprendedores ponen en marcha una serie de subempresas no relacionadas entre sí. Esta práctica, a menudo resultado del miedo al fracaso (más que de una clara estrategia de resiliencia), se manifiesta cuando los empresarios cubren sus apuestas para salvar la cara en caso de que alguna de las empresas fracase. Sin embargo, también conduce a una baja probabilidad de gran éxito en cualquiera de los negocios[66].

Por lo tanto, la lección no debería consistir en construir la diversificación porque sí o de manera *ad hoc*. Se trata más bien de construir una cartera estratégicamente, y cuando sea necesario. Una cartera de actividades puede reforzarse y equilibrarse a sí misma. Autorreforzarse significa que el éxito y el aprendizaje de un área (por ejemplo, una nueva buena práctica de Frontier Car Group para gestionar el fraude) apoyan al resto de la empresa. El autoequilibrio permite gestionar el riesgo si alguno de los segmentos no funciona o se enfrenta a riesgos particulares, sin amenazar al conjunto (en el caso de Zoona, la crisis monetaria fue especialmente difícil porque la empresa acababa de empezar a expandirse fuera de Zambia).

Por supuesto, esta estrategia sirve, sobre todo, para contrarrestar ecosistemas extremadamente difíciles. Suele ser más compleja desde el punto de vista operativo y requiere más recursos. Por ello, en mercados comparativamente estables, como los de Estados Unidos, puede ser aconsejable una estrategia más concentrada.

12. Una visión a largo plazo

Los innovadores de frontera se centran en la sostenibilidad frente al crecimiento a toda costa. En consecuencia, tienen una visión más a largo plazo del éxito.

El análisis de las empresas emergentes en Asia, África y América Latina sugiere que el tiempo medio hasta la salida es de más de trece años y los tiempos de salida pueden prolongarse mucho más allá[67]. Esto es aproximadamente el doble de los tiempos de salida en Silicon Valley, donde el tiempo medio hasta la salida es de seis a ocho años (aunque los unicornios, ahora, tienden a permanecer privados más tiempo en Silicon Valley)[68].

Ryan Smith, de Qualtrics, lo explica: «No es un juego de cinco años. Es un juego de veinte años. Al principio, teníamos un buen negocio, pero nuestro gran avance se produjo entre los años trece y diecisiete, cuando pasamos a la empresa». Para Smith, era fundamental dar tiempo a las nuevas iniciativas para que maduraran: «Todas las apuestas de éxito que hicimos parecían terribles cuando empezamos. Todo tardó más de lo que esperábamos. La capacidad de esperar y la flexibilidad para seguir adelante fueron cruciales»[69].

Esta dinámica es especialmente cierta en los mercados emergentes. Cuando asesoro a fundadores que operan en mercados en desarrollo, sugiero que la estrategia número uno sea la supervivencia. Esto le da tiempo para evolucionar el modelo de negocio, encontrar un producto que resuene entre los clientes y desarrollar una máquina que pueda funcionar a escala. Puede haber competencia. La carrera no siempre consiste en ver quién llega primero al mercado. Se trata de quién sobrevive más tiempo. Achmad Zaky, cofundador y consejero delegado de Bukalapak, una empresa emergente indonesia valorada en 1000 millones de dólares, resumió este enfoque (y añadió un animal a nuestra colección) cuando bromeó: «Somos como cucarachas. No temen comerse nada. Pueden sobrevivir a una explosión nuclear. Simplemente sobreviven»[70].

Una perspectiva a más largo plazo disminuye la disyuntiva entre crecimiento y riesgo y permite resistir. Como señala Mike Evans: «Tardamos diez años en salir a bolsa. Podríamos haberlos reducido a ocho dando prioridad al crecimiento sobre la rentabilidad. Pero habríamos multiplicado por siete el riesgo. Elegimos la sostenibilidad»[71]. Grubhub tardó más de lo que podría haber tardado en salir a bolsa, pero lo hizo con una mayor capacidad de recuperación; la empresa fue capaz de absorber los riesgos y los retos por el camino.

Supuestamente, Albert Einstein dijo una vez: «El interés compuesto es la fuerza más poderosa del universo». Una visión a largo plazo da a los innovadores de frontera la oportunidad de hacer crecer sus ideas hasta la madurez y cosechar los beneficios económicos de ese crecimiento.

13. Por qué es importante

Los titulares de las noticias nos hacen creer que el capital riesgo abunda y solo busca un hogar. No hay más que ver los 100 000 millones de dólares del Vision Fund de SoftBank. Parece que la estrategia de caza de unicornios es imparable, al menos por ahora.

Pero eso no viene al caso.

En comparación con las empresas emergentes al estilo de Silicon Valley, los innovadores fronterizos operan en ecosistemas más difíciles, con muchos menos recursos disponibles, mucho más riesgo de sufrir perturbaciones externas y muchas más desventajas en caso de fracaso. Sus modelos de negocio reflejan estas realidades.

A pesar de los esfuerzos de los innovadores de frontera y del uso de todos los consejos del libro, estos retos siguen siendo amenazas existenciales incluso para las mejores empresas. Tras superar con éxito la crisis monetaria de Zambia, Zoona se diversificó en nuevos mercados y experimentó un período de crecimiento. Recientemente, sin embargo, un cambio repentino y sísmico en el panorama competitivo puso patas arriba sus supuestos económicos unitarios, obligándola a ajustar su plan de negocio y a buscar una nueva ronda de capital riesgo de inversores recelosos de los mercados en los que Zoona opera. Como hizo en 2015, está sacando el camello que lleva dentro y afrontando estos nuevos retos, otro asalto en el interminable combate de boxeo por la supervivencia en la frontera.

Pero la historia de Zoona no es exclusiva de la frontera. Algunas zonas de Silicon Valley también se enfrentan a una ardua batalla para conseguir capital, sobre todo, si sus modelos de negocio no encajan en el molde estándar; por ejemplo, el sector de las tecnologías limpias sigue siendo una oveja negra[72]. Sabemos, por supuesto, que los buenos tiempos nunca duran y que la economía estadounidense también es susceptible de sufrir sacudidas.

Algunos sectores de Silicon Valley se están dando cuenta. Un movimiento llamado Zebras Unite (sí, otro nombre alternativo para las *startups* que no son unicornios) se centra en concienciar sobre la variedad de *startups* para las que la estrategia de crecimiento de Silicon Valley no es adecuada. El movimiento cuenta ya con más de cuarenta delegaciones y mil quinientos miembros en todo el mundo[73].

De hecho, parece que crear empresas sostenibles y resistentes es una buena idea para empresarios de todo tipo y condición.

4
POLINIZACIÓN CRUZADA
Conecta ideas y redes de todo el mundo

Silicon Valley se nutre del estereotipo del universitario de veintidós años que abandona los estudios y crea una empresa en un garaje, combinando la pasión juvenil y una dosis de agallas para desafiar a industrias ancestrales.

El estereotipo es una leyenda. Los fundadores de las empresas tecnológicas más exitosas del mundo corroboran esta tendencia: Apple (Jobs, veintiuno; Wozniak, veintiséis), Microsoft (Gates, veintiuno) y Facebook (Zuckerberg, veinte)[1].

Pero la juventud tiene un coste. Silicon Valley es conocido por sus *tech bros*, los jóvenes guerreros a menudo acusados de crear productos y servicios para hacer las tareas que mamá ya no hace por ellos.

Esto no debería sorprendernos. Un empresario crea empresas basándose en su experiencia vital. Y la experiencia de un joven de veintidós años es corta, local y a menudo miope. En la frontera, la experiencia vivida por un innovador típico es más larga y abarca geografías, sectores e industrias. Esta diversidad de experiencias explica los problemas que deciden abordar y los enfoques únicos que emplean.

1. El camino menos transitado

Idriss Al Rifai no es ajeno a los retos. Creció en Iraq, pero cuando empezó la primera guerra, su familia huyó a París. Ahora habla con un inconfundible acento francés. A los dieciocho años, Rifai se dedicó profesionalmente al baloncesto, llegó a representar a Francia en su selección nacional, donde jugó junto a Tony Parker. Reflexionando sobre por qué dejó el baloncesto, Idriss bromeó: «Yo no era Tony Parker». Más tarde se incorporó a las Fuerzas Especiales francesas, donde dirigió operaciones en Chad, la República Democrática del Congo, Malí y Somalia. Finalmente fue reclutado para convertirse en asesor del ministro de Defensa de Francia.

Sin embargo, Idriss siempre había soñado con volver a Oriente Medio y montar su propio negocio. Para equiparse, cursó un MBA en la Universidad de Chicago y luego se incorporó a la oficina de Dubái del Boston Consulting Group.

Al instalarse en su nueva vida en Dubái, Idriss se dio cuenta de que le faltaba la infraestructura empresarial crítica que había visto en otros lugares. Su nuevo trabajo le exigía adquirir artículos de todo el mundo, pero a menudo no conseguía que le entregaran los paquetes. El conductor no aparecía o se perdía, o el paquete se retrasaba por cualquier otra razón. Como en Nairobi, en algunas partes de la ciudad no había direcciones.

La infraestructura de reparto existente en Dubái no podía hacer frente al crecimiento de los mercados de comercio electrónico. Por un lado, los Emiratos Árabes Unidos se enfrentaban a una grave escasez de conductores. Para complicar las cosas, el comercio electrónico tenía que depender de que los clientes pagaran sus artículos contra reembolso, porque grandes franjas de la población no tenían acceso a productos financieros (como en muchos mercados emergentes).

El sistema era frágil y poco fiable. Cuando los clientes pedían artículos por internet, los comerciantes esperaban que tres variables jugaran a su favor: primero, que la dirección existiera; segundo, que los clientes aceptaran la entrega (al no haber pagado todavía, los clientes podían rechazar los paquetes si cambiaban de opinión); y tercero, que los clientes tuvieran dinero en efectivo para pagarla. Si algún aspecto no salía según lo previsto, los conductores no podrían completar la entrega y el comerciante asumiría el coste de las devoluciones. Como era de esperar, esto suponía una enorme carga para los agentes del comercio electrónico.

Para resolver este reto, Idriss fundó Fetchr, una empresa de logística de última milla para Oriente Medio. Mediante una aplicación, los consumidores pueden saber mejor cuándo se entregarán los paquetes y estar preparados para aceptarlos. Los conductores pueden ser mucho más eficaces gracias a la planificación de viajes y la optimización de rutas.

2. No es el típico empresario de Silicon Valley

Aunque la historia personal de Idriss es excepcional, ilustra cualidades clave que comparten muchos innovadores fronterizos.

Al igual que Idriss, los innovadores fronterizos suelen contar con una dilatada experiencia; rara vez crean su empresa a los veintidós años. De hecho, la edad media de fundación entre las principales empresas emergentes de América Latina, África y el Sudeste Asiático es de treinta y un años[2]. Idriss tenía unos treinta años cuando puso en marcha Fetchr[3]. Los emprendedores de los mercados emergentes, además, suelen tener más experiencia educativa y empresarial. Un análisis de las carteras de más de cuarenta aceleradoras de todo el mundo reveló que los emprendedores de los mercados emergentes tienen 1.65 títulos universitarios de media (frente a 1.45 en los mercados desarrollados) y trabajaron en una media de 2.8 empresas antes de fundar sus nuevas organizaciones (a menudo dependían del consejero delegado o director ejecutivo en funciones anteriores)[4].

No es solo la edad lo que importa, sino lo que los innovadores fronterizos hacen con sus años adicionales. Muchos de los innovadores fronterizos de más éxito han vivido y trabajado en varios países. De los diez unicornios (término que seguiré utilizando aquí como métrica de valoración y no como respaldo de la filosofía) creados en el Sudeste Asiático en los últimos diez años, ocho tenían fundadores que habían estudiado, vivido o trabajado en el extranjero[5]. No es sorprendente que exista una sobrerrepresentación similar en América Latina, donde más de la mitad de los fundadores de unicornios latinoamericanos habían trabajado o estudiado en el extranjero[6].

Incluso aquellos que no tuvieron experiencias globales a una edad temprana las cultivaron más tarde. Entre una muestra de fundadores de unicornios líderes en América Latina, India, Sudeste Asiático y África Subsahariana, el 23 % pertenece a becas globales o programas de desarrollo de liderazgo, como Endeavor o el Foro Económico Mundial, y el 22 % se unió a aceleradoras globales[7].

Los innovadores de frontera son, por tanto, polinizadores cruzados. Establecen puentes de información entre zonas geográficas, industrias y sectores para crear nuevos modelos de negocio o soluciones. No es de extrañar, al menos para los que no viven en el Valle, que ser un polinizador cruzado impulse el rendimiento.

3. Los polinizadores cruzados acceden a la cadena de suministro de la innovación

La innovación se mueve en flujos globales integrados. La cadena de suministro de *la innovación* describe el fenómeno por el cual las mejores ideas atraviesan los continentes y mejoran con sucesivas oleadas de adaptación[8]. Los polinizadores cruzados aprovechan la cadena de suministro de la innovación para encontrar múltiples fuentes de inspiración para sus modelos.

Los viajes compartidos, por ejemplo, empezaron como una innovación promovida por Uber y Lyft en San Francisco. Las empresas emergentes exportaron rápidamente el modelo a todo el mundo y lo adaptaron, a veces, de forma significativa para reflejar las necesidades locales. Gojek, la aplicación de viajes compartidos del capítulo 2 que ahora es el operador local dominante en Indonesia, no se limitó a reproducir Uber. Más bien, el enfoque de Gojek mejoró el modelo de transporte compartido, maximizando la participación de los conductores a lo largo del día, no solo transportando personas, sino también entregando alimentos, paquetes e incluso servicios financieros.

La estrategia de Gojek también se inspira en China. El ecosistema tecnológico chino rivaliza con Silicon Valley en muchos aspectos. En pagos, Ant Financial (la filial de tecnología financiera de Alibaba, valorada en 150 000 millones de dólares) gestiona la mayor plataforma de pagos móviles del mundo, Alipay. Para pagar o enviar dinero a través de Alipay, los usuarios aprovechan la red social y los códigos QR únicos (un gráfico legible por ordenador que incorpora información sencilla o un enlace en línea). WeChat, de Tencent (archirrival de Alibaba), ha creado todo un ecosistema de productos y servicios: pagos, transporte, compras y reparto de comida en su red social. Ambas son omnipresentes en las principales ciudades chinas[9]. Replicando la funcionalidad de WeChat y Ant, Gojek evolucionó su modelo para incluir una plataforma de pago como parte de una súper-*app* más amplia: una plataforma para gobernarlos a todos, con la ambición de ofrecer a los consumidores todos los servicios posibles en un solo lugar.

El intercambio multidireccional de ideas continúa y, en este caso, ha cerrado el círculo. Algunos de los recientes lanzamientos de productos de Uber, como Uber Eats y su tarjeta de crédito Uber, parecen más afines al modelo del Sudeste Asiático[10]. Con estos datos están en mejores condiciones para concebir modelos innovadores.

Un enfoque consiste en centrarse en lugares superconductores como Silicon Valley. Por eso, aprender del Valle sigue siendo valioso. Como me dijo J. F. Gauthier, CEO de *Startup* Genome: «Habla con diez capitalistas de riesgo globales experimentados en Silicon Valley. Probablemente hayan conocido a un subconjunto significativo de las *startups* de su sector a escala mundial. Habla con cincuenta y probablemente conocerás a una buena parte del ecosistema»[11]. Esto se debe a que muchos innovadores de todo el mundo también han venido a Silicon Valley y han conocido a los mismos capitalistas de riesgo.

Por supuesto, Silicon Valley es solo uno de los muchos centros que importan. China está emergiendo como líder mundial y, sin duda, algunos de los modelos pioneros en comercio electrónico y tecnología financiera eclipsan lo que estamos viendo en Estados Unidos. Kenia sigue siendo el lugar al que acudir para innovar en banca móvil con teléfonos no inteligentes. Toronto y Montreal son centros de inteligencia artificial. Minneapolis es un próspero centro de atención sanitaria. Tel Aviv es líder en seguridad. Londres es líder en tecnología financiera. Si usted es un innovador de frontera que intenta comprender las tendencias líderes que pueden catalizar su negocio o identificar las amenazas emergentes para su organización naciente, las ubicaciones superconductoras le ayudarán a encontrar respuestas rápidamente.

Los polinizadores cruzados combinan su propia experiencia vivida con múltiples ideas para concebir sus modelos de negocio. Para Idriss Al Rifai, la creación de Fetchr requería una comprensión de lo que era posible, tanto por tener experiencia de primera mano sobre los problemas como por unir ideas de múltiples industrias. Idriss se inspiró en los eficientes sistemas de entrega en el último kilómetro de los que son pioneros los mayores actores del comercio electrónico en Occidente.

En mercados con direcciones limitadas, Fetchr aprovechó los avances realizados por empresas de transporte compartido de mercados emergentes que habían perfeccionado la optimización de rutas y direcciones vinculadas al GPS para sus flotas a la carta. La solución también requería conocimientos de los servicios financieros de los mercados emergentes —sobre todo, modelos de cobro en efectivo— para facilitar las entregas a los no bancarizados. Por último, Idriss se enfrentaba a una grave escasez de conductores, por lo que tuvo que elaborar una estrategia de inmigración que desarrolló en estrecha consulta con expertos que prestaban apoyo a empresas de construcción de la región que también sufrían escasez de capital humano. Hacer todo esto simultáneamente requería tanto la precisión de una operación militar como la competitividad de un atleta profesional. Para idear su solución, Idriss también empleó las habilidades estratégicas de resolución de problemas que adquirió en consultoría y aprovechó sus conocimientos adquiridos trabajando en lugares remotos del mundo, así como su experiencia con la burocracia gubernamental.

Del mismo modo, el modelo de Zola combina múltiples innovaciones tecnológicas y de modelo de negocio. Sus sistemas solares domésticos, dirigidos a los 800 millones de africanos que viven sin conexión a la red, se venden en régimen de pago por uso en lugar de comprarse en firme, lo que hace que el programa sea más asequible. El modelo de financiación requiere la capacidad de un prestamista para evaluar el crédito. En mercados donde la mayoría de los consumidores carecen de calificación crediticia, esto fue posible gracias a los avances en la calificación crediticia de datos alternativos que estaban ganando fuerza en otros mercados emergentes. Si los clientes no pagan, los sistemas solares pueden apagarse a distancia. Los avances en las tecnologías de telefonía móvil y en el internet de las cosas (IoT) de Silicon Valley y de otros lugares permitieron a Zola colocar chips en los dispositivos, controlarlos y diagnosticarlos a distancia. Las propias unidades se hicieron asequibles en gran medida gracias a las economías de escala en la producción mundial de paneles solares y baterías, en su mayor parte procedentes de China. Por último, el predominio de las pequeñas transacciones exigía pagos digitales, lo que significaba integrar el dinero móvil, una innovación nacida en África. Idear este complicado modelo exigía combinar múltiples tecnologías y conocimientos en un todo coherente.

Para crear empresas de éxito, los innovadores fronterizos equilibran la comprensión de estas tendencias globales con el arraigo en el mercado local y las necesidades de sus clientes. En las dos secciones siguientes explorarás estas dinámicas conjuntas.

4. Los polinizadores cruzados aprovechan los escasos recursos

La experiencia de los polinizadores cruzados puede proporcionarles acceso a una red mundial que reporta importantes dividendos. En ninguna parte es esto más evidente que en el acceso a los dos recursos más preciados de la innovación: el capital y el talento. Como se verá a lo largo de este libro, en muchos mercados hay escasez de uno u otro y, a menudo, de ambos. Los mejores innovadores de frontera son capaces de aprovechar sus redes mundiales para idear soluciones a estos retos[12].

Idriss aprovechó su red global para encontrar capital en todo el mundo. Hasta ahora, Fetchr ha recaudado más de 100 millones de dólares de las principales empresas de capital riesgo de Silicon Valley, inversores europeos y empresas locales de capital riesgo.

Del mismo modo, Zola aprovechó la red global de su fundador para atraer inversiones de diversos agentes de todo el mundo, incluidos inversores de impacto de Nueva Zelanda, organizaciones de desarrollo mundial, empresas europeas e inversores de capital riesgo de Seattle, San Francisco y Londres.

La red de un polinizador cruzado también le da acceso a fuentes propias de talento. En el próximo capítulo, analizaré cómo los innovadores de frontera se posicionan para ser multimercado desde el principio y, en el capítulo 6, aprenderás cómo esto se traduce a veces en organizaciones y equipos distribuidos.

5. Combinar la polinización cruzada con el contexto local

La perspectiva de un polinizador cruzado aporta ideas y recursos únicos a un problema. Por supuesto, para crear una empresa con éxito es necesario combinar esta perspectiva con un conocimiento profundo y matizado del problema local que se está resolviendo. Unir ambas perspectivas hace que surja la magia.

Mi ejemplo favorito procede del mundo de la búsqueda de pareja en línea en la India. En 1996, Murugavel Janakiraman, que había estado trabajando en Silicon Valley, observó el auge de las noticias y los clasificados en línea. Inspirado por estas plataformas, puso en marcha como pequeño proyecto paralelo un sitio web básico de noticias para ofrecer un foro a la comunidad tamil de la India y de todo el mundo.

Cuando Murugavel puso en marcha el sitio, se sintió consternado al ver el escaso tráfico de usuarios. Sin embargo, la sección matrimonial, que se añadió *a posteriori*, fue sorprendentemente activa[13]. Al mismo tiempo, tuvo la suerte (en retrospectiva) de ser despedido de su puesto en Silicon Valley durante la crisis de internet del año 2000. Murugavel decidió redoblar sus esfuerzos. Volvió a la India para dedicarse a tiempo completo a la sección matrimonial.

Fue entonces cuando nació BharatMatrimony (la marca insignia de Matrimony.com).

A medida que las nuevas generaciones de indios se trasladaban del campo a la ciudad y al extranjero, el proceso tradicional de búsqueda de pareja concertada se iba desmoronando. Al vivir lejos de sus padres y su familia, los solteros necesitaban otra solución para encontrar marido y mujer.

Los servicios digitales de citas proliferan en todo el mundo. Sin embargo, lo que funcionaba en otros lugares debía adaptarse al singular contexto local indio. Mientras Murugavel construía Matrimony.com, sus colegas de otros lugares se sentían confundidos por las características que estaba implementando, pensando que eran exageradas o inútiles, incluso a veces destructivas. Por ejemplo, las familias desempeñan un papel clave en el mundo matrimonial indio. Para que el sitio ofreciera una solución creíble, no solo tenía que ayudar a los usuarios a encontrar posibles parejas, sino también permitir que los padres tuvieran un papel activo en el proceso[14]. En solo el 60 % de los casos, los hijos adultos son los usuarios principales (a menudo en consulta con sus padres). En muchos casos, los padres son los usuarios principales en nombre de sus hijos[15].

Murugavel tuvo que adaptar aún más el producto a peticiones específicas. Los padres precavidos querían algo más que leer sobre la situación laboral, la educación y los ingresos del pretendiente; querían la validación de estas afirmaciones. Por eso, Murugavel creó un servicio adicional que valida los títulos de los usuarios a través de la plataforma[16]. Matrimony.com también tradujo el sitio a múltiples dialectos locales y creó submarcas para las personas que querían centrar su búsqueda dentro de su comunidad, religión o preferencia lingüística. Y como las familias indias valoran los encuentros físicos con la familia presente, una experiencia únicamente en línea era insuficiente. Matrimony.com creó trescientos locales físicos para facilitar el proceso.

En la actualidad, Matrimony.com tiene más de cuatro millones de usuarios, organiza más de mil matrimonios al día y cotiza en la Bolsa Nacional de la India. Hay quince dominios lingüísticos para distintas regiones de la India, cada uno con su propio idioma y matiz cultural[17].

Murugavel es un polinizador cruzado que combinó las mejores prácticas de Silicon Valley con su conocimiento único del mercado local.

Mudassir Sheikha, cofundador y consejero delegado de Careem, el gigante de viajes compartidos de Oriente Medio (que conocerás en el capítulo 11), me explicó: «Cuando Careem se expandió a Irak, tuvimos que adaptarnos al hecho de que el país desconecta internet y los datos durante los exámenes nacionales de secundaria para que no se filtren las preguntas. El equipo local ideó el truco de permitir a los pasajeros hacer sus reservas antes de que se produjera este apagón»[18].

Tanto para Murugavel como para Mudassir, adaptarse al contexto local era el único camino posible para ampliar la escala.

6. La frontera y Silicon Valley deben mejorar

El gran éxito de los polinizadores cruzados se basa en la diversidad: diversidad de experiencias, culturas y visiones del mundo. Pero, a menudo, solo los miembros más privilegiados de la sociedad pueden adquirir un conjunto de aptitudes y una red que abarque todo el mundo. De este modo, la diversidad sigue siendo limitada en gran parte del panorama de la innovación, tanto en Silicon Valley como en la frontera.

En el capital riesgo estadounidense, el 90 % de los responsables de la toma de decisiones (a nivel de socios, principalmente) son hombres[19]. Menos del 20 % de las *startups* tecnológicas tienen siquiera una mujer fundadora, y las *startups* lideradas por mujeres recibieron menos del 2 % del capital disponible en 2018[20]. No se trata solo de género. En Estados Unidos, el 1 % de los fundadores respaldados por empresas de riesgo eran negros, el 2 % latinos y el 3 % de Oriente Medio (independientemente del género)[21]. Del mismo modo, la mayoría de los innovadores de frontera, en particular los que alcanzan escala y ganan atención internacional, son hombres.

Lamentablemente, este libro es un ejemplo de esta carencia. A la hora de buscar entrevistados, entré en contacto con muchas menos mujeres, tal vez porque no buscaba lo suficiente o porque no corregía el sesgo de mis fuentes de confianza con suficiente ahínco. En cualquier caso, este desequilibrio de género desgraciadamente también está documentado en este texto. Espero que cuando escriba la segunda parte, el sector haya dado pasos significativos en la dirección correcta. Para liberar de verdad el talento empresarial del mundo, necesitamos un entorno que permita triunfar a todos los géneros y personas de todas las procedencias. Tampoco podemos ser pasivos y sentarnos a esperar a que se den estas condiciones. Para empezar, las iniciativas en materia de diversidad, equidad e inclusión son cada vez más populares y sofisticadas en el mundo empresarial y en el de las organizaciones sin ánimo de lucro. Resolver esto en los niveles más altos es fundamental. Las investigaciones realizadas por Kauffman Fellows indican que las empresas emergentes con al menos una mujer en sus equipos fundadores contratan a dos veces y media más mujeres que sus homólogas menos diversas[22].

Hay algunos puntos brillantes interesantes en el desequilibrio de género del panorama de los fundadores en el mundo árabe. Como señala *MIT Technology Review*, más del 25 % de las *startups* de Oriente Medio están fundadas o dirigidas por mujeres[23]. Hala Fadel, cofundadora de Leap Ventures, con sede en Beirut, afirma que esto se debe a que la región carece de un legado dominado por hombres en este campo. Como hay tan pocas salidas profesionales para las mujeres y la tasa de desempleo suele ser muy alta, crear empresas tecnológicas, a menudo desde casa, es una oportunidad atractiva para ellas[24].

Aunque los innovadores fronterizos aportan una mayor diversidad étnica y cultural (y, en ocasiones, de género) al mundo de la innovación tecnológica, la dramática desigualdad económica de sus países de origen suele posibilitar su éxito como polinizadores cruzados. Acceder a la educación internacional o trabajar en puestos exigentes en consultoras o bancos de inversión mundiales suele ser un reflejo de privilegio. Convertirse en fundador es en sí mismo un reflejo de un cierto nivel de oportunidades y de la capacidad de asumir riesgos financieros. En muchos mercados, el capital institucional es escaso y el capital inicial suele ser inexistente. El capital inicial depende a menudo de la familia y los amigos. En la mayoría de los mercados emergentes, con clases medias vacías, la obtención de capital inicial requiere contactos adinerados.

La prevalencia de nuevas empresas en el África subsahariana fundadas por expatriados de Europa y Norteamérica también plantea importantes cuestiones sobre el privilegio de los blancos. En estos mercados, los expatriados blancos a menudo disfrutan de un acceso comparativamente más favorable al capital y a las redes, a pesar de que los locales tienen un conocimiento mucho más profundo de sus propios problemas y oportunidades. Llamar la atención sobre este desequilibrio no pretende socavar o infravalorar los hercúleos esfuerzos de los fundadores expatriados, sino que representa un esfuerzo por abrir un espacio de diálogo constructivo para cambiar el *statu quo*.

Como dijo en una ocasión el paleontólogo estadounidense Stephen Jay Gould: «De algún modo, me interesan menos el peso y las circunvoluciones del cerebro de Einstein que la casi certeza de que personas de igual talento han vivido y muerto en campos de algodón y fábricas de explotación»[25]. La innovación en la frontera se beneficiará inmensamente del talento de personas de todos los estratos económicos y de todos los géneros. Potenciar a esas personas como colaboradores y líderes será transformador en todas partes.

7. Inmigrantes. Los polinizadores cruzados por excelencia

Lin-Manuel Miranda lo dijo mejor que nadie en su musical *Hamilton*: «¡Los inmigrantes, hacemos el trabajo!»[26]. Los inmigrantes son los polinizadores cruzados por excelencia, ya que aportan la experiencia vital de otro país u otra geografía. Como Murugavel e Idriss, y como Xavier Helgesen de Zola, los repatriados y los inmigrantes han tenido un éxito desproporcionado a la hora de ampliar innovaciones y poner en marcha ecosistemas[27].

Por definición, los *repatriados* son ciudadanos de un país que deciden regresar tras haber pasado una parte importante de su carrera profesional en el extranjero (mucho más de un título escolar o una única experiencia laboral internacional).

Los inmigrantes son ciudadanos de diversos países que se establecen en otros. En la frontera, los repatriados suelen formar parte del primer grupo de empresarios de éxito. Por ejemplo, en la India, gran parte de los líderes de la primera oleada de empresas emergentes de Bangalore eran *boomerangs*, es decir, repatriados que habían pasado mucho tiempo en otros lugares, a menudo en Silicon Valley[28].

En los tiempos que corren, la inmigración se ha convertido en un tema candente en Estados Unidos y a escala internacional. Sin embargo, los datos son inequívocos, tanto en Estados Unidos como en la frontera de la innovación: los inmigrantes desempeñan un papel central en la innovación tecnológica. Entre 1995 y 2005, los inmigrantes cofundaron el 52 % de todas las nuevas empresas tecnológicas de Silicon Valley (y representan el 25 % de todo el tejido empresarial de Estados Unidos en general)[29]. Según un estudio reciente de la National Foundation for American Policy, más del 50 % de los unicornios con sede en Estados Unidos fueron fundados por inmigrantes. Estas cincuenta empresas tienen una capitalización bursátil colectiva de casi 250 000 millones de dólares, lo que, para que nos hagamos una idea, supera a los mercados bursátiles de Argentina, Colombia e Irlanda.

Además, más del 80 % de las empresas unicornio estadounidenses tienen un inmigrante en un puesto ejecutivo clave[30]. Esto incluye algunas de las empresas más conocidas del mundo, como Houzz, Instacart, Palantir Technologies, Robinhood, Stripe, Uber, WeWork y Zoom. Por supuesto, también incluye al niño de oro de Silicon Valley, Elon Musk, cofundador de cuatro unicornios —Tesla, Solar-City, PayPal y SpaceX— y que recientemente ha lanzado Neuralink y The Boring Company. Musk nació en Sudáfrica y emigró primero a Canadá y después a Estados Unidos.

Nuestro aprendizaje sobre los polinizadores cruzados proporciona otro contraargumento a la preocupante narrativa antiinmigración que está impregnando la política en Estados Unidos y en todo el mundo. Como me dijo una vez Jeremy Johnson, cofundador de Andela y 2U: «En la Estatua de la Libertad se lee: "Dadme vuestras abatidas, vuestras pobres, vuestras amontonadas muchedumbres que ansían respirar libremente". Esto es lo más excepcional que hacemos [en Estados Unidos]»[31].

Ponerse en la piel de los innovadores fronterizos ayuda a Silicon Valley a cuestionar y reevaluar sus propios estereotipos.

Sí, Jobs, Gates y Zuckerberg eran jóvenes cuando crearon sus empresas, pero las investigaciones de la Oficina Nacional de Investigación Económica sugieren que son casos atípicos y no la media. El fundador medio de una *startup* tecnológica, en el momento de su fundación, tiene cuarenta y dos años y, entre las más exitosas (el 0.1 %), la edad media es de cuarenta y cinco años[32]. Los estudios indican que, cuando los fundadores de una *startup* trabajan en una empresa durante veinte años o más, es más probable que sea una de las mejores en su ecosistema local de *startups*[33].

Incluso entre los fundadores de las empresas de mayor éxito, el rendimiento mejora con la edad. Los múltiplos quinquenales (el precio que pagaría un inversor por un dólar de ingresos o beneficios) alcanzaron su máximo cuando llegaron a la mediana edad Bill Gates (treinta y nueve), Jeff Bezos (cuarenta y cinco) y Steve Jobs (cuarenta y ocho)[34].

Los fundadores con más experiencia son los que suelen ampliar las empresas con éxito. Los inmigrantes ocupan un lugar central. Para hacer realidad la promesa de innovación, tanto en Silicon Valley como en la frontera, se necesita una representación más diversa en cuanto a género, economía y otros aspectos. Al fin y al cabo, la inspiración requiere combinar una serie de ideas para crear algo nuevo y aumentar la diversidad de esas ideas es de lo que trata la polinización cruzada.

5

NACER GLOBAL

Apunta al mundo desde el primer día

Si preguntas en Silicon Valley, encontrarás a mucha gente que puede darte una guía paso a paso para crear una empresa. Si aún no te encuentras allí, el primer paso más obvio (y a menudo tácito) es trasladarse a Silicon Valley. Te ofrece acceso a una cultura única y te acerca al talento, los clientes y los compradores.

Una vez allí, resulta inquietantemente sencillo seguir los precedentes y las mejores prácticas a la hora de tomar una serie de decisiones empresariales, en apariencia, complejas. ¿Dónde debe establecerse la empresa? En Silicon Valley. ¿Dónde y cómo debe constituirse? Como sociedad anónima de Delaware.

¿Cómo debe formarse el equipo técnico? Localmente, a partir de los talentos disponibles. Los mejores informáticos se licencian en Stanford, a cuarenta minutos en coche.

¿Dónde debe probarse el producto y dónde pueden encontrarse los primeros clientes? Si los clientes son empresas (B2B), el primer objetivo debería ser el mercado empresarial local de California (incluidas otras empresas emergentes del Valle). Si los clientes son particulares (B2C), es fácil encontrarlos entre los residentes locales amantes de la tecnología. Los primeros en adoptarlo, tanto empresas como consumidores, se concentran en la bahía de San Francisco.

¿Dónde debe escalar el mercado? Estados Unidos es una economía de 21 billones de dólares y el mayor mercado de tecnología y software del mundo[1]. Para la mayoría de los nuevos empresas que buscan un nicho al que dirigirse, Estados Unidos es suficientemente grande. Solo California, la quinta economía más grande del mundo, es un punto de partida grande.

Estas decisiones pueden ser sencillas para los empresarios de Silicon Valley. Pero para todos los demás, no hay respuestas obvias a estas preguntas.

Los innovadores fronterizos no comparten la miope visión local de Silicon Valley. Construyen sus *startups* de otra manera: «nacen globales». Nacer global tiene tres dimensiones: el fundador, la empresa y el equipo. En el capítulo 4, exploramos cómo los innovadores fronterizos nacen como polinizadores cruzados globales. La segunda dimensión, tratada en este capítulo, es la forma en que los innovadores fronterizos construyen empresas que pueden vender en múltiples mercados y captar oportunidades globales. La tercera dimensión, tratada en el capítulo 6, es la forma en que construyen equipos distribuidos, aprovechando el talento de dondequiera que esté más disponible.

1. Fundamental para el éxito en la frontera

Entre las *startups* de mayor éxito en la frontera (en especial, entre los países o geografías más pequeños), la expansión a múltiples mercados está directamente relacionada con el éxito. De los diez unicornios creados en el Sudeste Asiático en los últimos diez años, siete escalaron rápidamente a escala internacional. De los tres que permanecieron locales (por ahora), dos tenían su sede en Indonesia, el mayor mercado del Sudeste Asiático, con más de 264 millones de personas[2]. Tal vez simbólicamente, cuando Garena, un unicornio tecnológico del Sudeste Asiático, solicitó una OPV en 2017 en el

Nasdaq, para reflejar su presencia panregional, cambió su nombre oficial a Sea (ahora también su símbolo de cotización)[3].

Las empresas emergentes fronterizas se expanden a otros mercados al principio de su ciclo de vida. En la muestra del Sudeste Asiático, la empresa emergente media entró en su segundo país en el cuarto año y en su siguiente mercado en uno o dos años más[4], entre una muestra de las empresas tecnológicas más valiosas, el 64 % se había lanzado a un segundo mercado al cuarto año[5].

Nacer global es cada vez más un imperativo de las fronteras, como bien saben los fundadores de UiPath. Fundada por Daniel Dines y Marius Tirca, UiPath es el primer unicornio de Rumanía. UiPath ofrece automatización robótica de procesos (RPA) que, mediante inteligencia artificial, permite a los ordenadores aprender tareas repetitivas y, con el tiempo, automatizarlas. Por ejemplo, una compañía de seguros que necesita transcribir las reclamaciones físicas de sus clientes a su sistema interno de evaluación puede utilizar RPA para automatizar el proceso y liberar a su personal para que trabaje en las tareas de mayor valor de la evaluación de reclamaciones. Del mismo modo, un contable que necesita categorizar los gastos particulares de los clientes de forma repetitiva puede utilizar RPA para automatizar la tarea.

Daniel y Marius abrieron el negocio original en 2005, centrándose en el mercado rumano. Una década después, UiPath seguía siendo una subempresa y principalmente una consultora. Pero en 2015, los fundadores decidieron cambiar de estrategia, ofrecer una plataforma tecnológica y enfocarse a nivel mundial. Se asociaron con Ernst & Young para distribuir la solución de UiPath al ecosistema corporativo de Ernst & Young[6]. Una vez que UiPath comenzó la apertura global, se expandió con rapidez más allá del embrionario ecosistema rumano, convirtiéndose en una potencia global[7]. Tres años después de su modelo de plataforma, UiPath operaba en dieciocho países. La empresa cuenta ahora con más de mil empleados y ha recaudado más de mil millones de dólares en capital de importantes empresas de capital riesgo como Accel, Sequoia y Google's CapitalG[8].

UiPath es quizá la empresa de ventas a empresas de más rápido crecimiento de todos los tiempos[9]. Un factor clave, como explica Daniel, fue su capacidad para dominar las ventas globales desde el momento en que los fundadores decidieron internacionalizarse[10].

2. Lo viejo es nuevo

Aunque el fenómeno de nacer global es nuevo en las *startups,* se ha documentado como estrategia en industrias más tradicionales. En 1993, McKinsey & Company publicó un informe en el que se documentaba el auge de las pyme —pequeñas y medianas empresas, por lo general, con menos de 100 millones de dólares de ingresos— con vocación internacional[11].

En aquella época, la estrategia de crear un modelo de ventas multimercado desde el principio iba en contra de la sabiduría convencional. La mejor práctica consistía en internacionalizarse gradualmente, empezando por el mercado nacional y vendiendo a través de intermediarios con el paso del tiempo[12]. Si se veía que había suficiente tracción, las empresas podían crear una filial internacional, que, a menudo, se situaba en los lugares culturalmente más próximos[13]. Con el suficiente éxito, podían convertirse en grandes vendedores en el extranjero.

McKinsey descubrió una generación de pyme que habían nacido globales. Como demostraron su informe y décadas de investigación académica posterior, existía —y funcionaba— un enfoque diferente para crear empresas de éxito[14].

Lo que está ocurriendo ahora en la frontera es un rechazo similar de la sabiduría convencional. Los innovadores de la frontera están vendiendo en múltiples mercados desde el principio de su andadura. De hecho, dominar esta estrategia es fundamental para su éxito.

3. Impulsores del modelo multimercado

Para los innovadores de frontera hay varias razones entrelazadas por las que nacer global es cada vez más un imperativo estratégico.

La primera es una evaluación realista del mercado al que se puede llegar. El tamaño del mercado total al que puede dirigirse una empresa es un parámetro clave para que los inversores de capital riesgo evalúen el potencial de una nueva empresa. Por desgracia, en muchos mercados emergentes (aunque no en todos), el TAM local es demasiado pequeño para que la empresa alcance un tamaño significativo. Sin embargo, para los empresarios estratégicos, cuanto menor sea el mercado local, mayor será el mercado total. Los empresarios de Estonia o Singapur se ven obligados a pensar a escala mundial, mientras que las empresas emergentes de la India y Brasil suelen centrarse en el mercado local. Como observa Daniel: «Ser de esta remota parte de Europa nos ayudó a pensar a lo grande»[15]. Tener un mercado local pequeño permite a las *startups* no solo vender en múltiples mercados, sino también empezar desde cualquier parte.

Nacer global también puede funcionar como una estrategia de aprendizaje. Ayuda a los innovadores a mejorar el producto principal, evolucionar el modelo de negocio y beneficiarse de las economías de escala. Divyank Turakhia, fundador de la empresa de tecnología publicitaria global Media.net, con sede en Dubái (que vendió en 2018 por 900 millones de dólares a un consorcio chino), lo explica: «Los diferentes mercados tienen diferentes márgenes y diferentes perfiles de riesgo. Algunos pueden parecer a primera vista menos atractivos en relación con otros que pueden estar creciendo más rápido y tener márgenes más altos. Pero estar presente en ellos ahora sigue teniendo sentido a medida que se aprende sobre los mercados y se establecen relaciones»[16]. Al expandirse por los mercados, toda la organización se ve obligada a mejorar y construir una oferta de productos que sea competitiva en todas partes. Con el tiempo, esto genera economías de escala. Divyank afirma: «A medida que actualices tu tecnología y tus productos, obtendrás mayores márgenes en aquellos en los que hoy no eres tan competitivo»[17].

En última instancia, ser una empresa multimercado se traduce en una ventaja ofensiva. Los innovadores fronterizos que nacen globales pueden apostar primero por los mercados más atractivos, aumentando el coste para los segundos. Cuando Zola, que conociste en la introducción, se expandió de África Oriental a África Occidental en Costa de Marfil y Ghana, estaba apostando por los mercados más atractivos. Hay otras empresas emergentes que ofrecen una solución de sistemas solares domésticos similar a la de Zola. Pero si sus competidores también quisieran expandirse, podría tener más sentido que buscaran en otra parte.

Las empresas emergentes nacidas en todo el mundo pueden a menudo superar a las que solo operan en un mercado. Pueden confiar en los beneficios de algunos mercados para concentrar recursos y luchar en los mercados más competitivos. Además de las ventajas de costes que les confieren las economías de escala mundiales y el aprendizaje del que se han beneficiado, las empresas emergentes nacidas en todo el mundo se encuentran en una posición única para ganar[18].

En muchos sentidos, seguir siendo local no es una opción. Otras empresas de otros lugares acabarán entrando en escena. Por eso, para los innovadores fronterizos, nacer global es a menudo un requisito para sobrevivir.

Como suele decirse, la mejor defensa puede ser un buen ataque.

4. No sirve para todo

A estas alturas del debate, nacer global puede parecer una estrategia natural. Sin embargo, su aplicación tiene matices. Muchas *startups* lo han aprendido por las malas.

Uber se expandió a gran velocidad por todo el mundo. Entró en Singapur en 2013 y en China en 2014[19]. Sin embargo, al parecer tan rápido como se expandió, empezó a replegarse a sus zonas geográficas principales. En 2016, tras gastar más de 2000 millones de dólares y sin beneficios a la vista, Uber abandonó China y vendió sus operaciones locales al operador nacional DiDi por 7000 millones de dólares[20]. En el sudeste asiático ocurrió algo similar y Uber vendió sus operaciones a Grab (respaldada a su vez por DiDi).

¿Por qué algunos modelos parecen destinados a ser globales y otros no? Tres factores explican por qué algunos actores llegan a dominar los mercados a escala mundial mientras que otros siguen siendo más regionales o locales.

La naturaleza de los efectos de red

El primer factor de éxito se centra en la naturaleza de los efectos de red. Los efectos de red reflejan el fenómeno de que el valor de un servicio o producto aumenta a medida que más personas lo utilizan. Algunas empresas emergentes tienen efectos de red globales, mientras que otras tienen efectos de red más regionales o incluso locales.

Google, por ejemplo, se ha convertido en un estándar mundial en motores de búsqueda, en parte porque las búsquedas en internet tienen efectos de red global. El valor de la información no es regional. Los usuarios estadounidenses obtienen mayor valor de la plataforma cuando se catalogan conocimientos de Europa o Asia. El valor de la información es global y, por tanto, los ganadores han tendido a disfrutar de monopolios globales. Facebook disfruta de una dinámica similar. Las relaciones no son solo locales, sino también internacionales (sobre todo, entre los universitarios donde empezó la empresa), por lo que el valor de la plataforma aumenta globalmente.

En cambio, hay modelos de negocio que tienen efectos de red regionales o locales. El transporte compartido es uno de ellos. Aunque hay trotamundos que valoran tener una sola aplicación que puedan utilizar para pedir un coche en cualquier ciudad, para la inmensa mayoría de los usuarios el valor de la aplicación de transporte es local. Por supuesto, hay efectos de red: cuantos más conductores haya en la aplicación, más usuarios querrán unirse a ella y viceversa. Sin embargo, estos efectos de red son localizados. Esa es una de las razones por las que es improbable que surja un ganador global en el sector de los viajes compartidos. Los operadores locales, ya sea Gojek en Indonesia, 99 en América Latina o Careem en Oriente Medio, están igualmente capacitados para crear los efectos de red adecuados para dominar sus mercados locales o regionales.

Intensidad de recursos

El segundo factor que predice el éxito de los modelos globales está relacionado con la intensidad de los recursos. Cuando hay una mayor intensidad de recursos, es más probable que surjan ganadores globales, mientras que los modelos que tienen menos recursos tienen más probabilidades de ser locales o regionales. La computación en nube es un buen ejemplo. Amazon Web Services (AWS), así como Microsoft Azure y Google Cloud, han acumulado posiciones de liderazgo, disfrutando en conjunto de aproximadamente el 50 % del mercado mundial[21]. Estos actores globales dominan porque ofrecer un producto de computación en nube es extremadamente intensivo en recursos. Amazon y Google tienen que comprar, mantener y dotar de personal a granjas de servidores y crear *software* para gestionarlos y protegerlos. El presupuesto de capital de Amazon para esto ha sido de miles de millones de dólares a lo largo de los años. Esto conduce a las clásicas economías de escala: la inversión de alto coste fijo puede repartirse entre una base de clientes más amplia, a precios progresivamente más bajos, consolidando a su vez las economías de escala. Estos mercados tienden hacia monopolios globales.

Lo mismo ocurre con las nuevas empresas de *hardware*. Estas suelen requerir inversiones de capital mucho mayores por adelantado para poder someterse a pruebas de seguridad y fabricar los productos a escala. Sin embargo, una vez que funcionan, suelen disfrutar de monopolios sostenibles. No es de extrañar que SpaceX, de Elon Musk, sea solo una de las pocas empresas espaciales de éxito (y que ahora envíe cargas útiles al espacio para Gobiernos y empresas de todo el mundo).

Una dinámica similar existe en determinados mercados en los que se requiere el acceso a talentos limitados y altamente especializados. Por ejemplo, en el mercado de la inteligencia artificial, los recursos más preciados son los científicos de datos y los conjuntos de datos. Hay escasez de talento disponible especializado en aprendizaje automático e inteligencia artificial. Las mejores empresas tienen la tecnología más avanzada y los mayores conjuntos de datos. Esto, a su vez, atrae a los mejores actores. Los mejores jugadores cimentan y aceleran la ventaja tecnológica. Es probable que esta situación dé lugar a algunos ganadores mundiales.

En cuanto a los servicios de taxi, no requieren muchos recursos de entrada. Claro, el gestor de la aplicación debe pagar mucho para contratar conductores y atraer pasajeros con el tiempo. Sin embargo, se trata de una inversión comparativamente mucho menor que el desarrollo tecnológico real que una empresa como SpaceX tendría que acometer para un nuevo cohete. Por lo tanto, es mucho más fácil y barato para los competidores locales lanzarse y ganar cuota en el negocio de los servicios de taxi.

Complejidades locales

El tercer factor para predecir si las *startups* se convertirán de verdad en globales está relacionado con las complejidades locales —y, en algunos casos, con las dinámicas de veto— que existen en determinados mercados o industrias. Por ejemplo, empresas como Facebook y Google gozan de posiciones de liderazgo en casi todo el planeta.

La excepción más flagrante es, por supuesto, China. Esto se debe a un foso normativo, porque los sitios web de las empresas han sido bloqueados por la normativa china (y el gran cortafuegos controlado por el Gobierno). En su lugar, han florecido alternativas locales. Baidu se ha convertido en el líder local de búsquedas y Tencent tiene una plataforma dominante en mensajería.

Por supuesto, una prohibición gubernamental absoluta es una barrera excepcional. Pero también existen complejidades mucho más sutiles. Muchos sectores tienen normativas locales especializadas que dificultan la portabilidad transfronteriza de modelos. Los servicios financieros son un buen ejemplo. La mayoría de los países imponen normas estrictas a las instituciones que quieren convertirse en custodios de los ahorros de sus ciudadanos o proporcionarles productos de crédito o seguros. Por eso, históricamente, la tecnología financiera ha sido un juego local, aunque esto está cambiando lentamente[22].

5. Estrategias para innovadores fronterizos

Cada sector es único. Antes de internacionalizarse, los innovadores fronterizos deben evaluar la dinámica de su sector en particular y comprender la probabilidad de que un modelo global, regional o local gane el mercado.

Suponiendo que la intensidad de los recursos sea alta, los efectos de red sean globales y las complejidades locales limitadas, los innovadores fronterizos deberían escalar lo más rápido posible para captar responsablemente la mayor cuota global posible antes de que lo haga otro. Si ocurre lo contrario, es decir, si existen barreras normativas, una baja intensidad de recursos o más efectos de red regionales, entonces los innovadores de frontera deben centrarse en sus mercados regionales o locales. El gráfico 5.1 ilustra estos principios.

La mayoría de los mercados se encuentran en algún punto intermedio, por ejemplo, mercados con una gran intensidad de recursos. pero pocos efectos de red global o viceversa.

Gráfico 5.1 Ganadores locales frente a ganadores mundiales

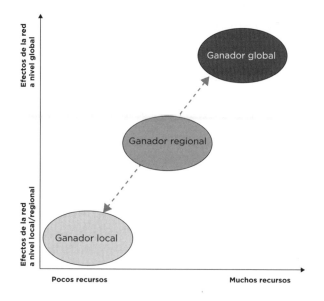

Comprender esta dinámica es fundamental para determinar su estrategia. En última instancia, cualquier curso de acción será una apuesta educada.

Si la decisión es nacer global, entonces algunas estrategias son esenciales para el éxito. Entre ellas, priorizar y luego escalonar la expansión, desarrollar un producto que se localice con facilidad y crear una organización que funcione en todos los mercados. Analicemos cada una de ellas.

6. Nace la Selección Global de Mercados

Ser una empresa multimercado no significa adoptar un enfoque de escopeta y expandirse al azar de Mauricio a Mongolia o de Botsuana a Bali. El primer paso para un emprendedor es determinar la estrategia de selección, priorización y puesta en escena del mercado. Los innovadores de frontera empiezan a plantearse estas cuestiones desde el primer día y las van perfeccionando con el tiempo. Una pregunta clave al principio es si algunos mercados son de prueba y otros son imprescindibles.

Mercados de pruebas

Broadway es famoso por probar sus espectáculos en mercados pequeños antes de llevarlos al gran escenario. Del mismo modo, utilizar laboratorios de mercado puede ser una estrategia poderosa. SkyAlert, que opera un sistema de alerta temprana de terremotos, adoptó este enfoque. En la mayoría de los terremotos, la gente no muere por las sacudidas, sino por quedar atrapada o aplastada bajo edificios que se derrumban. Tecnológicamente, es posible percibir y distribuir una alerta temprana, porque un seísmo se siente primero cerca del epicentro y desde allí viaja hacia el exterior. A través de su red de sensores distribuidos, SkyAlert promete a sus usuarios adelantarse a la evacuación de los edificios y puede colaborar con las empresas para automatizar los protocolos de seguridad (por ejemplo, el cierre del gas).

SkyAlert empezó en Ciudad de México, que Alejandro Cantú, su director general, describe como su laboratorio de innovación. Las primeras versiones se centraron más en la investigación y el desarrollo que en la comercialización. Desarrollar SkyAlert en Ciudad de México era mucho más asequible que en otras grandes ciudades para la innovación de productos. Los salarios eran más baratos. El coste de adquisición era más barato. México fue la primera base de operaciones y el campo de pruebas de Cantú, pero, para escalar, buscará en otros lugares, empezando por Estados Unidos[23].

Mercados que hay que ganar

Para algunos innovadores fronterizos, hay determinados mercados que son imprescindibles, mercados sin los cuales nunca alcanzarán escala. En el Sudeste Asiático, Indonesia suele ser una pieza clave. En Oriente Medio, como me explicó Fadi Ghandour, cofundador de Aramex e inversor en muchas de las principales *startups* locales, a quien conocerás en el capítulo 11: «Para triunfar en la región hay que ganar Arabia Saudí. Es el mayor mercado»[24]. Ned Tozun, consejero delegado de d.light, lo explica de forma similar para el mercado mundial de las linternas solares: «Teníamos que abrirnos paso en la India. Hay otros mercados menos sensibles al precio. Pero India es el más sensible a los precios y uno de los más grandes. Teníamos que ganar la India. De lo contrario, perderíamos el mundo»[25].

El mercado imprescindible no siempre es un lugar. En algunos sectores, puede tratarse de un conjunto concreto de clientes ancla (por ejemplo, para triunfar en el mercado del transporte marítimo hay que asociarse con uno de los pocos grandes conglomerados mundiales del transporte marítimo) o de un subsegmento de alto perfil del mercado. Es crucial identificar estas dinámicas del sector y dirigirse a estos mercados imprescindibles.

Es fundamental elaborar un plan de expansión desde el principio. En el caso de Zola, sus decisiones sobre la expansión de mercados estaban respaldadas por un detallado análisis cuantitativo. Los ejecutivos de Zola clasificaron los posibles nuevos mercados en función de una serie de criterios que incluían factores como el tamaño del mercado (p. ej., el gasto total en energía, el tamaño de la población), el nivel de corrupción, los riesgos macroeconómicos (p. ej., la estabilidad política, la inflación, la facilidad para hacer negocios), la capacidad de pago (p. ej., el PIB per cápita y la penetración del dinero móvil, que es clave para obtener el reembolso digitalmente), la demografía de los clientes (p. ej., el acceso a la red, la densidad de población rural frente a la urbana, cada una de las cuales tiene comportamientos de captación de clientes únicos), el comportamiento de los consumidores (p. ej., quién sería propenso a probar nuevos productos), la logística (p. ej., la penetración de las carreteras, los impuestos de importación), la facilidad para hacer negocios (p. ej., el tiempo que se tarda en abrir una filial, la sencillez de la contratación) y la cultura (p. ej., el idioma que se habla y la importancia de las conexiones locales).

A menudo, lo más sensato es expandirse desde un mercado ancla establecido a mercados similares de la región. La expansión a otros países es mucho más fácil si están próximos, no solo física, sino también cultural y administrativamente. Zola consideró muchas opciones para un segundo mercado y, al final, se decidió por Ruanda, que estaba físicamente cerca, era fácil hacer negocios y tenía una geografía en la que el equipo ya tenía experiencia operativa. A partir de ahí, la empresa decidió que era importante tener un puesto de avanzada en África Occidental, así que se dirigió a Costa de Marfil, un mercado pequeño en sí mismo pero un punto de apoyo en otra región.

Los innovadores fronterizos deben hacer un esfuerzo concertado para planificar cómo ampliarán su empresa en los distintos mercados. Por supuesto, el plan no debe ser inamovible. Las cosas cambian. Sin embargo, es fundamental saber qué mercados pueden servir de prueba, si hay mercados en los que hay que ganar y cómo podría ser la expansión con el tiempo. Estas decisiones determinan los planes de contratación, la obtención de capital y, por supuesto, el desarrollo del producto.

7. Construir un producto adaptable y localizarlo

Al igual que los emprendedores de éxito de todo el mundo, los innovadores de frontera piensan en crear grandes productos que los clientes valoren. Sin embargo, a diferencia de la mayoría de sus homólogos de Silicon Valley, incorporan una mentalidad global al desarrollo de sus productos desde el principio. Los productos se construyen con una arquitectura que puede modularse para diferentes precios, adaptarse a los idiomas locales y ajustarse para reflejar las distintas necesidades de los clientes. Si se ejecuta bien, esta flexibilidad inherente permite a las *startups* escalar globalmente a un ritmo rápido.

Zola demuestra esta adaptabilidad del producto. El producto básico es un sistema solar doméstico, que acopla un panel solar a una caja de carga (instalada dentro de la casa) y añade diversos aparatos compatibles de alta eficiencia (p. ej., luces, ventiladores, radios). Si el cliente quiere ampliar su sistema, solo tiene que conectar un nuevo panel solar a la caja y añadir otros aparatos de mayor intensidad, como ventiladores o televisores.

Este enfoque en productos y clientes fue decisivo para el crecimiento de Zola. Mientras que Ruanda y Tanzania comparten frontera y tasas de electrificación y demanda de productos similares, Costa de Marfil y Ghana son más ricos por término medio y tienen tasas de electrificación más altas[26]. En África Occidental, los clientes buscaban sistemas no para la iluminación básica, sino como respaldo de la red, o para alimentar una gama más amplia de aparatos como televisores. Estos sistemas tenían que ser más potentes. La arquitectura flexible de Zola, que exigía una inversión inicial considerable (mucho más que si se limitara a ofrecer un sistema de talla única), permitió que su modelo se vendiera con éxito en los mercados de Costa de Marfil y Ghana sin una reingeniería completa.

Algunos innovadores fronterizos van un paso más allá y descentralizan una parte del equipo de desarrollo de productos, lo que permite a los distintos mercados adaptar el producto básico a la demanda y las necesidades locales. En el caso de Frontier Car Group, que vimos en el capítulo 3, el desarrollo tecnológico está centralizado en Europa, pero los distintos países tienen flexibilidad para adaptar los productos a las necesidades del mercado local.

Crear un producto flexible es esencial para escalar en los mercados. También lo es crear un equipo flexible.

8. Construir una organización capaz de crecer en todos los mercados

Lanzarse en mercados diferentes es una empresa difícil que requiere un equipo de liderazgo experto. A la hora de desarrollar sus equipos, las empresas suelen tratar de combinar una experiencia interna de expansión mundial con estrategias de propiedad localizadas.

Algunos innovadores fronterizos forman un equipo de especialistas para ayudar a construir nuevas zonas geográficas y llevar la cultura más allá de las fronteras. Mientras que el equipo principal se centra en garantizar que el producto o servicio de la empresa resuene en el territorio actual, estos equipos de especialistas destacan en la ampliación transfronteriza al tiempo que preservan las ventajas únicas de la organización.

Matt Flannery no es ajeno a la creación de operaciones globales. En 2004, cofundó Kiva, una organización sin ánimo de lucro que ofrece préstamos de microfinanciación a particulares en mercados emergentes. En la actualidad, Kiva cuenta con más de tres millones de prestatarios y casi dos millones de prestamistas, opera en más de ochenta países y ha financiado más de 1200 millones de dólares en préstamos (con una tasa de reembolso sorprendentemente alta del 97 %)[27].

Uno de los primeros obstáculos en el crecimiento de Kiva fue la limitada disponibilidad de capital: el crecimiento del número de prestatarios requería un crecimiento proporcional de los prestamistas. Esta constatación inspiró a Matt para fundar Branch, que ofrece microcréditos a consumidores de mercados emergentes. A través de una aplicación, y aprovechando datos digitales alternativos, Branch ofrece a sus usuarios, principalmente clientes no bancarizados de países en desarrollo, acceso a crédito con tipos más bajos que los disponibles en el sistema informal. Branch se lanzó en 2015 y ya cuenta con más de cuatro millones de clientes. Ha concedido más de quince millones de préstamos y ha distribuido más de 500 millones de dólares[28].

A medida que se expande a nuevos mercados, Branch envía pequeños equipos *swat* para hacer despegar el negocio local. Branch confía la expansión global a estos equipos. Al igual que los equipos *swat* de élite de la policía que les da nombre, se trata de equipos de alto rendimiento, normalmente jóvenes compañeros de equipo sedientos de una experiencia global que ya han pasado un tiempo significativo en las oficinas locales comprendiendo el negocio. Sus directrices son claras: registrar la empresa en el nuevo mercado, conseguir un abogado local, asegurar un espacio de oficinas, registrar la aplicación, conseguir los primeros clientes y encontrar líderes locales para las nuevas operaciones.

En Branch, la última responsabilidad de los equipos *swat* es contratar e integrar a un líder local. Para ello, el equipo busca candidatos con una mezcla de espíritu emprendedor, dotes de liderazgo y fuerte alineación cultural con el resto de la organización. Los equipos de especialistas son responsables de dejar tras de sí una cultura cohesionada y global arraigada en el nuevo equipo directivo local.

Los líderes locales deben dirigir la operación en última instancia. Un producto rara vez debe copiarse y pegarse de una región a otra; a menudo requiere una combinación de adaptación local, posicionamiento adecuado y relaciones con los agentes del ecosistema. Para adaptarlo a las necesidades locales hace falta experiencia local.

9. Nacer global: lo esencial

Para los innovadores fronterizos, nacer global es a menudo una necesidad más que una elección. Su mercado local puede no ser lo bastante grande para sostener la empresa a escala. Al adoptar un enfoque multimercado, los innovadores fronterizos pueden tener una gran oportunidad a partir de mercados regionales fragmentados.

Una estrategia global nata no es solo un movimiento ofensivo para captar cuota de mercado, sino también defensivo. Si no te globalizas, tu competencia lo hará, y vendrá por ti. Como vimos en el capítulo 3, los innovadores fronterizos se centran en la resistencia creando una cartera de actividades, y una manera clave de lograrlo es atendiendo a múltiples mercados.

Como dijo Louis Pasteur: «El azar favorece a la mente preparada»[29]. En este caso, la creación de una organización nacida global favorece a los preparados. Como vimos en el capítulo 4, es fundamental fomentar una mentalidad y red globales y polinizadas entre el equipo directivo. En el capítulo 6, exploraré cómo los innovadores de frontera crean equipos distribuidos, aprovechando lo mejor de múltiples ecosistemas.

En la próxima ola de innovación tecnológica, los empresarios no buscarán en Silicon Valley las mejores prácticas para gestionar operaciones dispersas desde una fase temprana. En su lugar, aspirarán a emular a los emprendedores de la frontera, que llevan años haciéndolo.

6

CREAR UN EQUIPO DISTRIBUIDO
Aprovecha el talento de todo el mundo

Los empresarios de ecosistemas emergentes se enfrentan a una decisión difícil: ¿Deben ir allí donde están los clientes pero donde encontrar el personal adecuado será más difícil? ¿O deben buscar lugares donde sea más fácil formar equipos, pero que estén más alejados de la base de clientes?

Zola se enfrentó exactamente a este dilema. Cuando sus fundadores, Xavier Helgesen, Erica Mackey y Joshua Pierce, se plantearon lanzar su plataforma, se dieron cuenta de que no había un lugar «natural» para poner en marcha el negocio. Por un lado, tenía sentido quedarse en Londres, que tiene conexiones fáciles con toda África. Por otro, la reserva de talentos tecnológicos en Londres era mucho menor en comparación con la riqueza de ingenieros de Silicon Valley especializados en baterías y paneles solares.

Y luego estaba la opción de Tanzania. Erica habla suajili con fluidez y antes había dirigido una gran organización sin ánimo de lucro que opera en toda África Oriental. El equipo sabía que, en los primeros días, sería importante estar cerca de sus clientes y comprender a fondo sus retos, así como entablar relaciones con las principales partes interesadas locales. Tanzania era, por tanto, un primer mercado lógico. El país había madurado para la electrificación: menos del 15 % de los tanzanos tenían acceso a la red en 2010[1]. También contaba con uno de los ecosistemas de dinero móvil de más rápido crecimiento, que es una infraestructura crítica para gestionar los pagos. En tercer lugar, y lo más importante, Erica conocía bien el país y disponía de una red local.

Pero por cada ventaja, Tanzania tenía un inconveniente igual. Es un país grande (más del doble que California) y escasamente poblado, con infraestructuras y carreteras deficientes, lo que encarece la distribución. Su ecosistema de empresas emergentes es casi inexistente, con un número limitado de programadores y poco capital riesgo.

En muchos sentidos, Silicon Valley tenía más sentido. El producto de Zola requeriría una importante innovación tecnológica y San Francisco contaba con un incipiente sector tecnológico de energías limpias con una gran base de talento. Además, el equipo contaba con una sólida red de contactos. Pero Silicon Valley está a diez horas de diferencia horaria y veinticuatro horas de viaje de Tanzania. La distancia no es solo física: la vida de las *startups* en San Francisco es radicalmente distinta de la realidad tanzana de apagones, caídas de tensión y carreteras sin asfaltar.

Los fundadores de Zola decidieron construir sus operaciones de forma distribuida. Combinaron la distribución local sobre el terreno en África con la fabricación en Asia, la logística europea y la investigación y el desarrollo en Silicon Valley. Empezaron en Tanzania para desarrollar el producto cerca de los usuarios. Cuando tuvieron un producto básico, crearon un equipo de I+D con sede en San Francisco para acceder a los mejores talentos en energía solar y baterías de empresas como Tesla.

A medida que Zola fue construyendo su cadena de suministro, estableció estrechas relaciones con empresas asiáticas para abastecerse del *hardware* de sus sistemas solares. Cuando Zola se expandió por África, creó un equipo de operaciones en Ámsterdam, que comparte huso horario y buenas conexiones de transporte con sus mercados actuales y futuros. En resumen, Zola creó una organización distribuida desde el principio y ha redoblado ese enfoque cada año que pasa.

Cada vez más, los innovadores fronterizos no eligen una única ubicación. En su lugar, están construyendo las tuberías de sus organizaciones de forma distribuida por todo el mundo.

1. La distribución como estrategia

La distribución se refiere a una estructura organizativa en la que el equipo está disperso en múltiples ubicaciones.

Esta estrategia contradice la sabiduría convencional de Silicon Valley que sugiere que la integración de ingeniería, desarrollo de productos y estrategia son esenciales para estimular la creatividad. Steve Jobs ejemplificó esta ética, llegando incluso a colocar los baños de la oficina en un lugar central para catalizar la interacción espontánea entre departamentos. Cuando Marissa Mayer tomó las riendas de Yahoo, una de sus primeras directrices fue prohibir el trabajo a distancia. Aunque sin duda hay razones válidas para evitar estar distribuido, los tiempos están cambiando[2].

2. Modelos de las organizaciones distribuidas

No existe un modelo único para las organizaciones distribuidas. En su forma más simple, una organización distribuida puede situar al equipo de desarrollo tecnológico y al equipo de ventas en diferentes zonas geográficas. En el extremo, una organización puede optar por crear sus equipos a distancia y ni siquiera tener oficinas formales o centrales.

El gráfico 6.1 muestra una serie de opciones, que exploraremos a continuación[3].

Gráfico 6.1 Tipos de organizaciones distribuidas

Única localización física	Tierra y Lunas	Separar operaciones de atención al cliente y tecnológicas	Estructuras multipolares	Operación 100 % remota

Menos distribuidas ← ———————————————— → **Más distribuidas**

Los modelos de la Tierra y la Luna son quizás los más centralizados entre las opciones distribuidas. Una sede dominante (Tierra) tiende a ser el centro de la organización. A medida que la organización entra en una nueva fase o mercado, se lanza una Luna o centro. Es decir, en este esquema, una sede principal (la Tierra) actúa como el núcleo central de la organización. A medida que la organización avanza hacia una nueva fase o mercado, se establece una Luna o centro adicional, funcionando de manera independiente pero aún conectada a la sede principal, como satélite que orbita alrededor de su planeta principal. Este enfoque permite una estructura central sólida, pero con la flexibilidad de expandirse y diversificarse a medida que se abordan nuevas oportunidades o desafíos.

Peek Travel es un ejemplo de esta estrategia. La empresa se fundó en San Francisco para ofrecer un mercado de actividades similar al de OpenTable, que permite a los clientes reservar mesa directamente en los restaurantes. Con el tiempo, Peek evolucionó hasta ofrecer una solución de gestión de reservas para restaurantes. Para venderla, creó un equipo de ventas especializado y lo lanzó en Salt Lake City. Esto se convirtió en una Luna con una función especializada. Con el tiempo, la empresa lanzará otras lunas para otras funciones especializadas. Del mismo modo, Gojek (*vid.* capítulo 2, tiene operaciones centralizadas en Indonesia, pero cuenta con oficinas de distribución independientes en todos sus mercados.

Un segundo modelo de equipos distribuidos implica separar las operaciones orientadas al cliente del desarrollo de los productos y la tecnología. Algunos se refieren a este enfoque como *reverse offshoring* especialmente cuando las operaciones centradas en el cliente se encuentran en mercados en desarrollo y el desarrollo tecnológico está en otro lugar[4]. La empresa Branch (*vid.* capítulo 5) encarna este enfoque. Ofrece productos y servicios de micropréstamos en mercados emergentes, pero centraliza el desarrollo de productos en San Francisco. De manera similar, Frontier Car Group (*vid.* capítulo 3) tiene su desarrollo de productos y tecnología en Alemania, con oficinas locales de ventas en varios países.

Algunas empresas van un paso más allá y construyen un modelo *multipolar*, en el que distintas regiones gestionan diferentes funciones básicas. El modelo de Zola refleja esta estructura. Fetchr (*vid.* del capítulo 4) construyó un modelo multipolar similar. Como el talento tecnológico es limitado en Dubái, Fetchr formó un equipo de ochenta personas en Jordania y China. Sus ventas y el servicio al cliente están en Egipto. A veces, los modelos multipolares son centros autosuficientes, cada uno con sus propias funciones. Cimpress y Globant, que veremos más a delante, emplean este modelo[5]. Cada ubicación separada goza de relativa autonomía y autosuficiencia.

Por último, algunas empresas son totalmente remotas, más parecidas a una red plana. Basecamp, InVisionApp y Zapier, todas con sede formal en Estados Unidos, tienen empleados en todo el mundo. Aunque las empresas remotas pueden tener una sede central (como Basecamp, en Chicago), solo lo son de nombre; el equipo es libre de trabajar desde cualquier lugar.

Cuando me refiero a un equipo distribuido, me refiero a la ubicación de los empleados y a la especialización de las oficinas regionales. Un tema relacionado, pero distinto, es el de la toma de decisiones; algunas empresas distribuidas están centralizadas, con el poder radicado en un lugar concreto, mientras que otras están descentralizadas, con la autoridad para tomar decisiones delegada en toda la organización.

Por regla general, a medida que las empresas están cada vez más distribuidas, la toma de decisiones también se descentraliza. Sin embargo, esto depende en gran medida de la dinámica interna de la empresa, del tipo de producto que construye y de los mercados a los que sirve. Por lo tanto, las recomendaciones sobre la toma de decisiones descentralizada no entran en el ámbito de este capítulo.

3. Ventajas de las estructuras distribuidas

Los innovadores fronterizos crean equipos distribuidos porque les confieren ventajas únicas. Gracias a los modelos distribuidos, estos innovadores recurren a una reserva diversa de capital humano, gestionan los costes, suelen aumentar la integración de los equipos y preparan los cimientos para futuras expansiones.

Aprovechar la diversidad de talentos

Una de las principales ventajas de los equipos distribuidos es la flexibilidad que ofrece para aprovechar los mejores talentos con independencia de su ubicación. Algunas regiones cuentan con centros de excelencia particulares. Construir de forma distribuida permite a las organizaciones aprovechar estos ecosistemas. Por ejemplo, aunque hay escasez de programadores de aprendizaje automático en la zona de la bahía, Toronto y Montreal se están convirtiendo en centros neurálgicos. Abrir una oficina en estas ciudades puede aprovechar ese filón.

Ciertas regiones también son conocidas por sus habilidades conductuales. Peek construyó su división de ventas internas en Salt Lake City antes incluso de recaudar su serie B. Ruzwana Bashir, CEO de Peek, explicó: «Para encontrar el mejor talento con el mayor rendimiento de la inversión, elegimos Salt Lake City. En un radio de dos horas, hay varias universidades importantes con programas dedicados a las ventas. Sus estudiantes han trabajado con muchas de las grandes empresas tecnológicas locales»[6].

De hecho, muchas empresas orientadas a las ventas escalan con éxito fuera de Salt Lake City. Dalton Wright, socio de Kickstart Seed Fund, afirma que la experiencia en ventas de la ciudad «se basa en parte en la resistencia, la fuerza y la experiencia de sus residentes». Muchos jóvenes mormones van a misiones de dos años y, como cualquier misionero, reciben rechazos todo el día, todos los días. De sus misiones traen una mentalidad imperturbable e implacable y muchos se convierten en ejecutivos y vendedores líderes en empresas tecnológicas de rápido crecimiento»[7]. Peek es una de las muchas empresas, como Qualtrics, Podium y MasteryConnect, que confían en la experiencia en ventas de Utah.

Construir una estructura remota es posiblemente la forma más extrema de aprovechar el talento global. Zapier, una *startup* de Missouri que ofrece automatización para sitios web, fue una de las pioneras. Sus 250 empleados trabajan a distancia en veinte estados y diecisiete países. Wade Foster, cofundador y CEO de Zapier, explica que esta estrategia tiene grandes ventajas:

«Tienes acceso a una fuente de talento mundial. Si te limitas a cincuenta kilómetros de tu sede, vas a tener dificultades para contratar. Y esto se ve ahora en la barrera donde Google, Facebook, Apple, ponen precio a cualquier otro empleador porque pueden permitírselo... El reto del Área de la Bahía es muy muy competitivo. Pero cuando te abres al trabajo a distancia, puedes trabajar con gente de todo el mundo, y eso hace que sea mucho más fácil encontrar gente estupenda»[8].

En el primer año desde la introducción de su paquete de deslocalización, las solicitudes de empleo de Zapier han aumentado un 50 %, y la retención también ha aumentado significativamente[9].

La creación de equipos remotos (y de equipos distribuidos en sentido más amplio) está asociada al aumento de la diversidad. Según un estudio de Remote.co, una asociación del sector, las empresas remotas tienen un mayor porcentaje de mujeres líderes: alrededor del 28 % de las empresas remotas tienen mujeres fundadoras, presidentas o consejeras delegadas (en comparación con el 5.2 % de las empresas del S&P 500 que tienen consejeras delegadas)[10]. El estudio atribuye este hecho a varios factores, como una mayor flexibilidad laboral, la capacidad de equilibrar múltiples responsabilidades y la disminución de los prejuicios (trabajar a distancia oscurece las nociones preconcebidas de cómo es un líder)[11].

Gestión de los costes laborales

A menudo, la razón principal de la distribución es acceder a una reserva de talento más amplia, más allá del mercado nacional. Crear empresas distribuidas es también una forma eficaz de gestionar la mano de obra y otros costes.

El Área de la Bahía tiene los alquileres más altos de Estados Unidos y, como era de esperar, también algunos de los salarios más elevados. En muchos lugares de Estados Unidos y del mundo, el talento tecnológico es mucho más asequible. En Silicon Valley, el ingeniero medio cuesta 124 000 dólares, pero en Chicago el coste es de 90 000 dólares, y en Cleveland se acerca a los 75 000 dólares[12]. La ventaja del coste solo aumenta en lugares como Canadá, que también se benefician de una moneda más barata[13].

El abaratamiento de la mano de obra puede repercutir profundamente en la viabilidad de una *startup*, como se explica en el capítulo 3. Las primeras rondas de capital riesgo están orientadas a ayudar a los fundadores a encontrar un encaje entre el producto y el mercado. Esto a menudo implica aprender y pivotar. El mayor coste para las empresas emergentes en esta fase son los salarios para apoyar el desarrollo tecnológico. Para un tamaño de ronda similar, los salarios más bajos significan que los innovadores tienen muchos más meses para experimentar, lo que aumenta la probabilidad de encontrar con éxito un modelo de negocio sostenible. Esta ventaja aumenta a medida que la empresa crece.

Los modelos distribuidos también pueden ayudar a los empleados a dar lo mejor de sí mismos. Tomemos el caso de InVision, fundada por Ben Nadel y Clark Valberg en 2011. InVision proporciona a los usuarios herramientas para investigar, diseñar y probar productos. La empresa cuenta con más de cinco millones de usuarios, entre ellos el 100 % de las 100 empresas de Fortune, como Airbnb, Amazon, HBO, Netflix, Slack, Starbucks y Uber[14].

InVision creó una organización remota desde el principio, en parte para aprovechar mejor una plantilla global. Un análisis interno atribuye a este enfoque la posibilidad de que los empleados de InVision disfruten de un mejor equilibrio entre trabajo y vida privada. Pueden evitar largos desplazamientos y trabajar desde un entorno que les permite evitar distracciones o estar más presentes en casa[15]. De este modo, los modelos distribuidos generan empleados más felices y productivos. InVision vale ahora casi 2000 millones de dólares y ha recaudado más de 350 millones[16].

Más integración, no menos

El sector tecnológico desafía la noción jobsiana de que la conectividad en la oficina es insustituible. Jasper Malcolmson construyó su empresa Skylight de forma distribuida desde el principio. Skylight no tiene sede oficial ni oficinas de ningún tipo. En opinión de Jasper: «Al estar distribuidos, estamos aún más conectados»[17].

En su casa, el escritorio de Jasper tiene dos pantallas, junto con un micrófono de alta resolución y altavoces de alta fidelidad. Estos son estándar para todos los empleados. En su pantalla izquierda, ve una serie de transmisiones en vivo de sus colegas trabajando. Cada vez que desea hacer una videollamada, hacer una pregunta o simplemente saludar, hace doble clic en el rostro de un colega para abrir un enlace de micrófono en vivo. «Las oficinas abiertas disminuyeron las barreras para la comunicación en la oficina. De muchas maneras, a través de la tecnología, las hemos reducido aún más», reflexionó Jasper[18].

La distribución alerta a las empresas enseguida sobre anomalías o desafíos, como fallos en la comunicación o falta de colaboración, y las obliga a reaccionar y adaptarse rápidamente. Kevin Fishner, jefe de personal de HashiCorp, una empresa distribuida valorada en casi 2 mil millones de dólares, explica:

«Existe la idea popular de que una empresa a distancia es diferente de una empresa normal o como quieras llamarla. No es necesariamente diferente, pero hace que sus puntos débiles sean más evidentes. Todas las empresas tienen problemas de comunicación, colaboración y alineación. Hacer que estos retos sean más evidentes puede ser un punto fuerte, ya que te permite verlos y solucionarlos con mayor rapidez. Por supuesto, hay que solucionarlos para que esto sea un punto fuerte»[19].

Una estructura distribuida no significa renunciar a la conectividad en persona. Al contrario, las empresas distribuidas estructuran la interacción en persona. Esto incluye retiros periódicos, videoconferencias semanales en directo y una plataforma de comunicación digital integrada que haga hincapié en las interacciones en directo.

Formación para ampliar mercados

Estar distribuido, a menudo, es una consecuencia natural de ser multimercado. A medida que las empresas se expanden geográficamente, es natural que construyan múltiples oficinas en todo el mundo. Pero las cosas también van en sentido contrario, ya que la distribución confiere una ventaja sorprendente. Construir una organización distribuida desde el principio obliga a las empresas a crear y gestionar la comunicación a través de las geografías, a confiar más autonomía a los colegas distantes y a fomentar una cultura compartida en toda la organización. La expansión internacional requiere exactamente el mismo conjunto de habilidades. Muchos empresarios confirmaron que crear un equipo distribuido los preparó para escalar internacionalmente.

Por supuesto, crear una organización distribuida de éxito no es tarea fácil. En la siguiente sección, explorarás varias estrategias para el éxito.

4. Construir eficazmente una organización distribuida

Los mejores innovadores de frontera aplican estrategias relativas al tipo de personas que contratan, los incentivos que ponen en marcha, las herramientas tecnológicas que emplean y los procesos internos y la cultura de la empresa. Analicemos cada uno de estos aspectos.

Contratación para equipos distribuidos

Construir de forma distribuida, en teoría, significa que cualquiera puede ser tu empleado. La realidad es que no todo el mundo será apto para trabajar a distancia o en una oficina satélite.

Los innovadores fronterizos suelen seleccionar a los candidatos en función de su independencia demostrable. Por ejemplo, Zapier se centra en los empleados que tienen un defecto para la acción y son capaces de impulsar los resultados de forma independiente, según el CEO Wade Foster[20]. Jason Fried, CEO de Basecamp, subraya la importancia de los empleados que son grandes comunicadores, en particular, a través de la comunicación escrita, ya que termina siendo un formato clave[21].

La contratación se complica aún más a medida que se amplía el alcance global de una organización. Los innovadores de frontera buscan contratar a candidatos que prosperen en distintas culturas y geografías. Para Matt Flannery, consejero delegado de Branch y fundador de Kiva, es primordial contratar a candidatos que valoren la cultura y el impacto globales. Según Matt, esto significa dar prioridad a quienes hayan viajado mucho. Me gustan los candidatos que han ido más allá de los típicos lugares turísticos. Una candidata me dijo hace poco que había vivido y trabajado en Guatemala. Eso indica un sentido de la aventura, pero también un buen corazón. Alguien centrado en el impacto. La contratamos[22].

La capacidad de trabajar en un contexto distribuido también puede ponerse a prueba en el proceso de contratación. La contratación puede realizarse íntegramente por videoconferencia (aunque el candidato sea local). Muchos innovadores fronterizos piden a los candidatos que realicen tareas para comprobar cómo colaboran con otros a distancia. El capítulo 7 se centra más en cómo contratan los innovadores fronterizos mediante pruebas de carácter y comportamiento. Un ejemplo es la comprobación del rendimiento de los candidatos en un contexto distribuido.

Incentivar la distribución

Los innovadores fronterizos evitan los beneficios tradicionales de Silicon Valley. En su lugar, utilizan la compensación y los incentivos para reforzar valores como la conectividad global. Branch ofrece a sus empleados la opción de trabajar desde cualquiera de sus muchas oficinas mundiales y paga los vuelos entre las distintas ubicaciones. De este modo, los compañeros de equipo se integran mejor en todas las geografías, conocen a sus colegas de todo el mundo y tienen cierto conocimiento de los distintos mercados locales. Matt considera que la cultura global de Branch es un catalizador clave para que la empresa itere rápidamente y se adapte a los contextos locales.

Basecamp ofrece a sus empleados bonos anuales de vacaciones para que tengan la oportunidad de conectar con sus familias y viajar, saliendo de sus lugares remotos. Como explica Jason: «Animamos a nuestros empleados a viajar. No se trata de viajes de trabajo, sino de viajes personales. Esto es más genuino»[23]. InVision ofrece a sus empleados remotos una tarjeta de crédito precargada para pagar cafés y almuerzos con el fin de animarlos a salir durante su jornada laboral[24].

Reinventar los procesos y la cultura

Adoptar un enfoque distribuido requiere incorporarlo tanto a la estrategia como a la cultura de la empresa, como hizo Globant. Fundada en 2003 en Buenos Aires, Globant es un proveedor de TI y *software* y una empresa que cotiza en la Bolsa de Nueva York valorada en más de 3000 millones de dólares, con más de 400 millones en ingresos y una plantilla de casi diez mil personas en cuarenta oficinas[25]. Como explica Martín Migoya, CEO y cofundador de Globant: «Construimos una organización distribuida desde el principio. En nuestro segundo año, abrimos nuestra segunda oficina. En el tercero, abrimos una tercera. Al cuarto año, empezamos a abrir varias oficinas al año»[26].

Para gestionar una organización distribuida, Martín quería nuevas herramientas. «Un nuevo tipo de empresa necesita un nuevo tipo de sistema operativo», afirma[27].

Globant reinventó los procesos de la empresa en torno a su estructura organizativa. Para reforzar los valores, Globant creó Star Me Up. La plataforma permite a cualquier persona de la empresa o a sus clientes dar estrellas a los empleados por hacer cualquier cosa que esté en consonancia con los valores de la empresa. Por un lado, sirve como mecanismo de *crowdsourcing* para los mejores empleados. Por otro, según Martín, es un potente motor de predicción de bajas. Los empleados que no son usuarios activos de la herramienta son los que tienen más probabilidades de marcharse, por lo que se les puede contratar de forma proactiva.

Del mismo modo, Martín creía que un proceso de evaluación anual tradicional no funcionaría en un contexto distribuido. Lo reemplazó con un sistema interno llamado Better Me. A través de esta plataforma, los empleados reciben evaluaciones después de cualquier interacción, ya sea en persona o de forma remota. Globant también ha experimentado con un Tinder interno para ideas que permite a los empleados de todas las oficinas de la empresa proponer nuevas ideas o procesos. Las sugerencias más prometedoras se elevan a la alta dirección.

Otras empresas han visto valor en las herramientas de Globant para organizaciones distribuidas. Star Me Up y Better Me tienen más de dos millones de usuarios en diversas empresas[28].

Integración estructural

La interacción diaria es de vital importancia para el éxito de los equipos. Por ello, la conectividad está estructurada en el tejido de las organizaciones distribuidas. En Zola, la diferencia horaria entre San Francisco y Tanzania es de diez horas. Para crear el mayor solapamiento posible, los equipos de San Francisco empiezan muy temprano y los de Tanzania trabajan hasta tarde. Para fomentar una conexión personal, las llamadas son videoconferencias.

InVision ha formalizado este solapamiento. Los empleados trabajan en el horario central del equipo, con un solapamiento de al menos cuatro horas en la franja horaria comprendida entre las 10.00 y las 18.00 horas EST. Aunque los empleados pueden estar en cualquier parte, al menos trabajan parte del día a las mismas horas[29].

Las empresas remotas también intentan recrear digitalmente las interacciones informales de los «enfriadores de agua». Globant utiliza una plataforma interna de intercambio de fotos estilo Instagram para que el personal comparta momentos culturales en toda la empresa. Zapier creó una serie de canales basados en el chat en su comunicación interna y empareja regularmente a los empleados con colegas aleatorios de la empresa para tomar un café virtual. HashiCorp instituyó una ruleta del chat para estimular nuevas relaciones dentro de la empresa[30].

La comunicación interna debe hacerse de forma que sea accesible para todos. Los anuncios del equipo pueden hacerse por videoconferencia (aunque haya una sala de reuniones física donde se haga el anuncio) y grabarse para que los vean los demás.

Por supuesto, la distribución no debe minimizar la importancia del tiempo cara a cara frecuente. Mark Frein, antiguo director de personal de InVision, ha descubierto que «el tiempo en persona es importante. La gente se acostumbra a la idea de coger un avión para trabajar en un acuerdo, pero la mayoría de las reuniones pueden hacerse por vídeo. Cuando reunimos a la gente, nos centramos en que se conozcan y creen lazos fuertes». Los equipos distribuidos con éxito encuentran tiempo para este tipo de conexión en persona. InVision celebra un retiro anual para toda la empresa, así como reuniones individuales de equipo[31]. Para Branch, esto significa un retiro anual en África. Basecamp, que es totalmente remoto, celebra un retiro dos veces al año[32].

Invertir en tecnología

Construir una cultura descentralizada es más fácil que nunca en nuestro mundo globalizado de alta tecnología. Las barreras lingüísticas disminuyen a medida que aumenta el número de personas multilingües, incluido el inglés. Los servicios de traducción digital han mejorado notablemente y ahora suelen ser gratuitos. La calidad de las videoconferencias ha mejorado y los costes se han reducido tanto que algunas personas afirman que las conferencias a distancia son preferibles a reunirse en el mismo espacio físico[33].

En la actualidad existen diversas herramientas que facilitan el trabajo a distancia, pero para ello es necesario invertir proactivamente en tecnología[34]. Jasper Malcolmson, de Skylight, calcula que cada instalación para un nuevo empleado cuesta unos cuantos miles de dólares. Esto incluye varias pantallas, internet de banda ancha, una cámara, un micrófono y otras configuraciones de oficina. También incluye una serie de suscripciones como Zoom Rooms.

Pueden parecer cifras absolutas elevadas. Sin embargo, palidecen en comparación con los gastos de oficina.

5. Modelos distribuidos: La clave del futuro de Silicon Valley

En 2018 y 2019, la decisión de Amazon de expandirse desde su única base en Seattle, junto con su proceso de múltiples etapas para seleccionar la nueva ubicación, dominó las redacciones de tecnología. La primera etapa de la saga fue la convocatoria de candidaturas de ciudades estadounidenses. Más de doscientas se presentaron, ansiosas por los cincuenta mil nuevos puestos de trabajo y los cinco mil millones de dólares de inversión en construcción prometidos[35]. Stonecrest, Georgia, incluso ofreció crear una ciudad adyacente llamada Amazon.

La empresa decidió repartir el premio entre Long Island City (Nueva York) y Crystal City (Virginia), hasta que las reacciones del público la obligaron a retirarse de Nueva York[36].

El acalorado drama en torno a la segunda sede de Amazon ilumina una tendencia más amplia. El aumento de los costes ha hecho que Silicon Valley y otros grandes ecosistemas de *startups* sean cada vez más caros. Incluso los ingenieros de *software* bien pagados no pueden permitirse estudios en San Francisco[37]. Muchos se están marchando: las encuestas en San Francisco informan de que un asombroso 46 % de los residentes tiene intención de marcharse en los próximos años[38]. Sin embargo, el talento sigue siendo el recurso más crítico para las empresas. En respuesta, incluso venerables instituciones de Silicon Valley están considerando la posibilidad de desplegar equipos distribuidos en diferentes lugares[39].

Startups estadounidenses como Automattic, Basecamp, GitHub, GitLab, InVision y Zapier ofrecen modelos de éxito de empresas que confían en grandes equipos distribuidos. El informe *State of Remote Work Report* de Buffer pone de relieve un cambio de actitud: hoy en día, el 90 % de los empresarios afirma que apoyan el trabajo a distancia[40]. El trabajo a distancia va en aumento; el informe *Internet Trends 2019 Report* de Mary Meeker muestra que el 5 % de la población activa estadounidense trabaja a distancia (casi el doble del 3 % en 2000), lo que representa más de ocho millones de estadounidenses. Casi el 50 % de la población activa estadounidense ha pasado al menos algún tiempo trabajando a distancia[41].

Boris Wertz, socio fundador de Version One y socio del consejo de Andreessen Horowitz, resume esta tendencia: «Entre las empresas de nuestra cartera con sede en Silicon Valley, no hay ni una sola empresa más allá de la categoría A que no cuente con un equipo distribuido»[42].

6. La triple amenaza

En los tres últimos capítulos se han explorado tres aspectos de la naturaleza global nata de muchos innovadores fronterizos y sus empresas: polinización cruzada, multimercado y creación de equipos distribuidos. La combinación de estos tres enfoques puede conducir a un resultado poderoso y exitoso.

Por ejemplo, Robert Keane. Originario de Buffalo (Nueva York), Robert era un polinizador cruzado. Tras una carrera internacional trabajando en varios países, en 1994 fundó Bonne Impression, una imprenta asociada con Microsoft, en el segundo dormitorio de su apartamento de París, justo después de graduarse en la escuela internacional de negocios INSEAD. En aquella época, el coste de impresión de material de marketing para las pequeñas empresas era astronómico: un mínimo de cinco mil folletos costaba 1000 dólares[43].

Pero el crecimiento se estancó cuando Robert agotó la cartera de clientes de Microsoft. Se dio cuenta de que ampliar la empresa con su modelo de negocio actual iba a ser difícil, si no imposible.

Robert vio otra opción. Imaginó la publicación en línea a través del navegador, que permitiría a las pequeñas empresas diseñar y encargar sus impresiones a través del comercio electrónico, una oferta muy adelantada a su tiempo. La publicación en el navegador complementaba otra tecnología innovadora por la que los algoritmos agregarían de forma automática muchas tiradas pequeñas individuales para reducir radicalmente el coste de producción de cada tirada. Robert tenía que decidir si abandonaba la estrategia de marketing directo por catálogo y apostaba por este nuevo modelo de distribución basado en internet.

Decidió apostar y la empresa despegó. En 1999, Robert rebautizó primero Vistaprint, vendió el negocio de consultoría en Europa y trasladó la empresa a Boston. «Siempre pensamos en global. En este caso, nos replegamos para ser aún más globales», explica[44].

Robert creó al mismo tiempo una organización distribuida y una estrategia de ventas multimercado. La sede central y el desarrollo tecnológico se ubicaron en Boston (dada la mayor concentración de desarrolladores) y el equipo de atención al cliente se centró en Jamaica (para clientes ingleses) y Túnez (para hablantes de lenguas románicas). El primer desarrollo logístico se realizó en los Países Bajos. Canadá fue el primer centro de producción, aprovechando su proximidad y conectividad con Estados Unidos. El siguiente centro de producción, situado en Alemania, atendía al creciente negocio europeo. Esta estructura distribuida era económica y permitía a Vistaprint —ahora denominada Cimpress— aprovechar los mejores talentos de centros especializados y las diferencias de costes entre regiones.

Cimpress sobrevivió a la quiebra de las puntocom, a pesar de que muchos de sus competidores, que habían reunido mucho más dinero, no lo hicieron. Robert atribuye la supervivencia de su empresa a «la suerte de no haber reunido suficiente capital, lo que nos obligó a recortar hasta que el flujo de caja fue positivo»[45]. La empresa sobrevivió a sus competidores más derrochadores y mejor financiados.

En la actualidad, Cimpress opera en más de veinte países y más de la mitad de sus ingresos proceden de fuera de Estados Unidos, incluidos Europa, Asia y Australia[46]. Es una empresa que cotiza en el Nasdaq, con una valoración multimillonaria y más de doce mil empleados en todo el mundo[47].

Cimpress adoptó un enfoque de ventas multimercado y se construyó de forma distribuida. Robert atribuye su éxito en parte a su experiencia global y a la cultura multicultural e internacional que creó. Según reflexiona, las actitudes han cambiado claramente. «Cuando empezamos, crear una cadena de valor realmente global como pequeña empresa emergente era muy poco habitual. Hoy es más común, incluso en Silicon Valley»[48].

Como Robert, cuando los innovadores fronterizos dan el salto de fe de polinizarse mutuamente, nacer globales y adoptar una estructura distribuida, da sus frutos.

7
CREAR EQUIPOS A
No contrates solo a jugadores A

En Silicon Valley, una especie de mitología impregna las historias sobre fundadores. La lucha de Jobs y Wozniak contra IBM para inventar el ordenador personal se ha convertido tanto en leyenda como en historia. La cruzada personal de Elon Musk para librar al mundo de la dependencia de los combustibles fósiles a través de SolarCity y Tesla, poblar Marte a través de SpaceX y resolver la congestión metropolitana con Boring se acerca a lo fantástico en alcance y visión. La historia de Mark Zuckerberg y sus amigos construyendo Facebook está inmortalizada en *La red social*, una película que recaudó más de 200 millones de dólares[1].

Estos fundadores singulares son las leyendas sobre las que se construye Silicon Valley.

Pero en sus esfuerzos pioneros, nunca estuvieron realmente solos. Cada una lideraba un pequeño ejército. Apple tiene ahora ochenta mil empleados, Tesla treinta y ocho mil, SpaceX seis mil y Facebook veinticinco mil[2]. El talento, quizá incluso más que el capital, es el recurso crítico para el éxito de una *startup*, incluso las asociadas a fundadores legendarios.

Tan crucial es este recurso que las *startups* de Silicon Valley no tienen recursos humanos. En su lugar, tienen capital humano. Los principales pensadores de Silicon Valley abarcan toda la gama de los mejores enfoques para crear y hacer crecer equipos. Las estrategias aceptadas se han convertido en una especie de ciencia y libros, artículos, talleres y clases siguen tratando el tema hasta la saciedad.

Una idea central se ha convertido en dogma: contratar solo a los mejores. Todos los jóvenes fundadores del Valle saben que contratar a los más experimentados y cualificados —aquellos que ya han demostrado su excelencia en una función concreta en una *startup* en una fase similar de desarrollo— aumenta las probabilidades de éxito. Por ejemplo, para cualquier marca minorista de venta directa al consumidor, hay un montón de profesionales que han desarrollado una estrategia SEO (optimización de motores de búsqueda), que implica garantizar que un sitio web concreto tenga la clasificación más favorable en Google y otros motores de búsqueda, o que han calculado el gasto óptimo en marketing, hasta llegar a una salida exitosa y miles de millones de dólares en ventas. Según las mejores prácticas de Silicon Valley, los fundadores deben reclutar a estos candidatos especializados inmensamente cualificados para sus puestos y, al hacerlo, crear una cultura de rendimiento, desbloqueando así un ciclo que se autoperpetúa y por el que la empresa atraerá a más personas de alto rendimiento con el tiempo.

Esta idea se basa en la riqueza de la cantera de talentos de Silicon Valley. Cada año, Stanford y Berkeley gradúan a 1500 estudiantes de ingeniería cada una, y rellenan y amplían las filas de los más de 150 000 informáticos y desarrolladores de *software* que trabajan en California[3]. Las empresas de Silicon Valley también tienen un acceso sin parangón a graduados con experiencia en el ámbito empresarial. Solo Stanford cuenta con 130 clases sobre iniciativa empresarial, muchas de las cuales se centran en la innovación tecnológica[4].

Las trayectorias profesionales y las funciones están bien definidas en las *startups*: se han consolidado las especializaciones en ingeniería, junto con categorías laborales concretas que abarcan la gestión de proyectos, el marketing de productos, el diseño de productos y las operaciones empresariales. Google, Facebook, X, Uber y Yahoo cuentan con programas específicos de formación y rotación de gestores de productos[5]. Los gestores de productos tienen su propia organización: la Silicon Valley Product Management Association reúne a más de cinco mil miembros de la comunidad de gestión de productos de Silicon Valley[6].

Pero aquí está el problema, en Silicon Valley, las empresas y los empleados ven sus relaciones como asuntos a corto plazo. Los índices de retención son de los más bajos de Estados Unidos. Más del 13 % de la plantilla cambia cada año y en determinadas categorías laborales, como el diseño de usuarios, la tasa supera con creces el 20 %, lo que se traduce en una corta permanencia de los empleados[7]. A los empleados se les enseña que el desarrollo profesional es autodirigido. Los empleados aprenden que el desarrollo profesional es autodirigido. Rotan por distintas empresas, observan las mejores prácticas y las incorporan a sus siguientes empresas, al tiempo que crecen como líderes.

Para mantener el compromiso de los empleados, la principal herramienta de retención de Silicon Valley es económica: las opciones sobre acciones. Mediante estos instrumentos ampliamente distribuidos y bien comprendidos, los empleados pueden participar en el crecimiento de la empresa al poseer el derecho a comprar acciones a un precio predeterminado y ver cómo aumenta su valor a medida que la empresa crece. Esta ventaja puede crear una riqueza considerable. Es famoso el caso de la masajista a tiempo parcial de Google —que también fue una de las primeras contratadas que ganaba 450 dólares a la semana— se hizo millonaria gracias a sus opciones sobre acciones[8]. Sin embargo, el valor de una opción sobre acciones se basa en el crecimiento. Si las empresas no crecen, no tienen valor. Como hay tantas oportunidades de empleo en el Valle, si una empresa concreta no parece ser un cohete espacial, el atractivo de otra gran idea ganará a un jugador con talento.

Como en Silicon Valley abundan los candidatos, la elevada rotación de empleados se considera una molestia, pero está integrada en el modelo de negocio. En su libro *The Alliance*, Reid Hoffman, Ben Casnocha y Chris Yeh sugieren que las *startups* de Silicon Valley deberían pensar en los empleados como si estuvieran en períodos de servicio. Los empleados y las *startups* están en una alianza temporal. La empresa alinea sus necesidades con las motivaciones profesionales actuales de los empleados. En la concepción de los autores, solo unos pocos períodos son fundacionales; las funciones a más largo plazo que proporcionan continuidad se reservan sobre todo a los empleados veteranos[9].

Esta situación crea un modelo de capital humano centrado en reponer constantemente las filas de un equipo de mercenarios de élite.

En la frontera, sin embargo, contratar a la versión de Silicon Valley de los jugadores A —esos candidatos que ya han estado allí, ya lo han hecho— no es un objetivo realista. No hay suficientes. Por ello, los innovadores de la frontera adoptan estrategias únicas para crear equipos A en ecosistemas emergentes y ofrecer a sus contratados carreras atractivas y a más largo plazo.

1. El equipo A de una gran ciudad

Un grupo de mi juventud, los Weakerthans, compuso una vez una canción irónica sobre nuestra ciudad natal común, titulada *One Great City*. ¿Su estribillo? «Odio Winnipeg».

Hacia allí nos dirigimos.

Joshua Simair es consejero delegado de SkipTheDishes, una empresa emergente de Winnipeg dedicada al reparto de comida a domicilio. Joshua creció en Prince Albert, una ciudad obrera de treinta y cinco mil habitantes en el norte de Saskatchewan, la provincia canadiense adyacente a Manitoba. Joshua estudió en la Universidad de Saskatchewan, en la «gran ciudad» de Saskatoon (trescientos mil habitantes), donde se graduó entre los primeros de su promoción.

En un mundo extrañamente pequeño, Joshua, como yo, dejó su *alma mater* de las praderas canadienses para cursar un programa de intercambio universitario en Rouen (Francia). Después, ambos nos trasladamos a grandes ciudades para trabajar en banca de inversión en el Royal Bank of Canada (él a Londres y yo a Toronto). Joshua recuerda haberse sentido fuera de lugar durante la mayor parte de su carrera: «Cuando trabajaba en banca de inversión, me sorprendía lo pulidos, inteligentes y seguros que eran mis compañeros. Tenían un rendimiento tan alto que yo me sentía intimidado. En mi instituto, si no te drogabas eras el chico bueno. Cuando me mudé a Londres, vendí mi coche para comprarme el traje»[10].

En 2011, Joshua decidió aplicar su aprendizaje de la innovación metropolitana para crear un negocio con sentido para las praderas canadienses. «Trabajando en las grandes ciudades como Londres y Toronto, vi a gente que ahorraba tiempo en todas partes», explica. «En entornos urbanos densos, pedían comida, la recogían o se la llevaban a domicilio, y se iban a casa para pasar más tiempo con sus familias o trabajar en sus negocios. En las pequeñas ciudades canadienses no existían las mismas opciones»[11]. Joshua decidió ampliarlas. Junto con su hermano y otros cofundadores, creó SkipTheDishes y estableció su sede en Winnipeg (Manitoba). SkipTheDishes se asociaba con restaurantes para ofrecer reparto a domicilio en ciudades pequeñas de Estados Unidos y Canadá.

Desde el principio, Joshua supo que encontrar capital humano sería uno de sus mayores retos. Por un lado, aunque en Winnipeg abundan los talentos, en la ciudad se han creado pocas empresas emergentes. Por lo tanto, hay un número limitado de profesionales con experiencia que ya han hecho crecer empresas como SkipThe-Dishes. Todos los nuevos empleados necesitarían formación. Las limitaciones de talento se ven agravadas por el riesgo constante de fuga de cerebros a los grandes centros económicos.

2. El desafío del talento fronterizo

Winnipeg es como muchas partes de la frontera: la perspectiva de contratar solo tecnólogos experimentados al estilo de Silicon Valley es un sueño lejano.

Esta escasez de experiencia no refleja una falta de capacidad inherente, inteligencia o empuje por parte de la gente de la frontera. De hecho, algunas de las personas con más talento que conozco son de mi ciudad natal. La capacidad y el mérito están distribuidos uniformemente por todo el mundo. Por desgracia, las oportunidades no lo están.

La disponibilidad de talentos formados y experimentados es un problema casi universal para los innovadores fronterizos. En una encuesta, más de la mitad de los innovadores fronterizos señalaron que la contratación y la retención de talentos representan sus retos más acuciantes, el doble que los que seleccionaron la disponibilidad de capital[12]. En un estudio similar de más de seiscientos emprendedores en ecosistemas emergentes, más del 60 % respondieron que su incapacidad para acceder al nivel adecuado de talento tendría un impacto crítico en sus negocios. Resulta significativo que el 75 % de los emprendedores con *startups* de rápido crecimiento (que necesitan nuevos talentos a un ritmo más rápido) señalaran la falta de talentos disponibles como el obstáculo más importante para sus negocios. La investigación indica que este es el único reto que se agudiza con el tiempo a medida que crece el tamaño del equipo[13]. Las *startups* viven y mueren por la calidad de su talento. En muchos mercados hay una enorme escasez de oferta. Pensemos en los ingenieros informáticos: actualmente, la Universidad de Manitoba, en Winnipeg, cuenta con un total de doscientos estudiantes de ingeniería informática, muchos menos de los que Joshua calcula que necesita el ecosistema[14].

Encontrar talento en ingeniería no es el único reto de capital humano al que se enfrentan los innovadores de frontera. La escasez de personal en funciones operativas clave, como finanzas y ventas, suele dar lugar a necesidades insatisfechas en toda la empresa[15]. Esto se ve agravado por el hecho de que, sin una cultura de *startups*, los mejores candidatos buscan trabajo en empresas más estables (que también pagan más). En los mercados emergentes, también puede ser un reflejo de un ecosistema de formación laboral limitado. En Kenia, aunque las universidades producen la envidiable cifra de 800 000 licenciados al año, solo unos 70 000 encuentran trabajo en la economía formal; las oportunidades de recibir el tipo de formación en el puesto de trabajo y aprendizaje que se ofrece en los mercados más desarrollados son escasas[16]. La misma dinámica se aplica en los ecosistemas de innovación emergentes de todo el mundo: simplemente hay muchos menos jefes de producto, ejecutivos de marketing o analistas de operaciones o de la cadena de suministro con experiencia.

Una solución es hacer que los candidatos se trasladen desde otro lugar. Esto también puede suponer un reto. Amanda Lannert, CEO de Jellyvision, con sede en Chicago, afirma: «Los candidatos que se plantean trasladarse para trabajar en una *startup* se fijan en el ecosistema. Si hay pocas alternativas locales en caso de que las cosas no funcionen, aumenta la percepción de riesgo del candidato»[17]. Por supuesto, las *startups* con sede en Winnipeg, como las de Chicago, tienen un obstáculo adicional a la hora de contratar a personas de fuera: el invierno. A menudo hace más frío en Winnipeg que en el Polo Norte o incluso en la superficie de Marte[18]. No es de extrañar que Joshua considere Winnipeg «uno de los lugares más difíciles para contratar y de donde contratar»[19]. Sin embargo, superó estos retos y, en ocasiones, los convirtió en ventajas. SkipTheDishes tiene ahora pedidos de comida que superan los mil millones de dólares al año y se ha convertido en uno de los mayores empleadores de Winnipeg, con tres mil empleados en cinco oficinas de la ciudad (y esto sin contar la fuerza de reparto, mucho mayor). La mayoría de los empleados originales de Joshua crecieron junto a la empresa y permanecieron en ella hasta su salida, una hazaña notable para las empresas de nueva creación. La empresa fue adquirida recientemente por 200 millones de dólares por Just Eat[20].

3. Estrategias para crear y ampliar equipos punteros

Los innovadores de frontera como Joshua utilizan cinco estrategias clave para crear y ampliar los mejores equipos. Ponen a prueba el comportamiento y las capacidades de los candidatos, desarrollan una cantera de talento propia, aprovechan las opciones de distribución global, adoptan una mentalidad de crecimiento para la retención y la formación y reflexionan críticamente sobre la compensación y las ventajas.

Moneyball: probando candidatos en la frontera

El equipo de béisbol profesional Oakland Athletics (A's) de 2002 es famoso por su innovadora estrategia de contratación de jugadores. Con un limitado presupuesto salarial de solo 44 millones de dólares (aproximadamente el 40 % del presupuesto de los Yankees de Nueva York), el club californiano se encontraba en considerable desventaja para reclutar jugadores. Sin embargo, en lugar de recurrir a una red de ojeadores, como era habitual en aquella época, los A's se basaron en estadísticas imparciales. El porcentaje de bases y el porcentaje de bateo (una media de bateo ponderada) eran las métricas más correlacionadas con los jugadores que anotaban carreras. Los A's basaron sus criterios de decisión en estas dos métricas, descubriendo así talentos infravalorados y en ocasiones ignorados. Al final, el equipo llegó a los *playoffs* en 2002 y 2003 e inspiró un método totalmente nuevo de contratación de jugadores que se ha convertido en una norma del sector[21].

Desde el punto de vista filosófico, los innovadores de frontera adoptan un enfoque similar. Van más allá de los enfoques tradicionales de contratación y evaluación para encontrar diamantes en bruto.

Esto es en parte un reflejo de la realidad práctica. En la frontera, el filtrado tradicional de currículos y las técnicas de contratación basadas en entrevistas pueden ser ejercicios de frustración e inutilidad. Allí donde los ecosistemas de las *startups* son incipientes y hay menos candidatos capacitados, contratar a alguien con el currículum perfecto simplemente no es un objetivo práctico. En los mercados en desarrollo con un elevado desempleo, las ofertas de empleo se ven desbordadas por las solicitudes. En Tanzania, por ejemplo, las ofertas de empleo de Zola reciben constantemente cientos, si no miles, de solicitudes, aunque pocos candidatos tienen experiencia directamente aplicable. Allí donde existen grandes mercados informales, los currículos suelen estar cargados de experiencia profesional difícil de comparar o calibrar.

En la frontera, los innovadores se centran en el carácter, el comportamiento y las aptitudes demostradas, más que en el currículum perfecto. Joshua explica: «Nos centramos en personas de alto rendimiento, personas que ganaron competiciones de atletismo, matemáticas, oratoria, ajedrez o cosas así. Intentamos descubrir las joyas ocultas»[22].

En el extremo, algunos innovadores fronterizos institucionalizan estrategias de contratación automatizadas a gran escala basadas en capacidades y aptitudes demostradas.

Conozca a Mark Essien, fundador de Hotels.ng, una destacada *startup* nigeriana que ofrece la principal plataforma de reservas en línea del país. El mayor obstáculo para Mark no era conseguir hoteles para la plataforma, sino encontrar compañeros de equipo. Históricamente, el equipo de capital humano de Mark tenía la imposible tarea de cribar interminables pilas de currículos. Los candidatos sin currículos brillantes nunca tenían la oportunidad de demostrar su valía. Muchos de los mejores candidatos de Lagos, la capital de Nigeria, ya habían sido descubiertos y trabajaban en *startups* o grandes empresas líderes. Al mismo tiempo, los mejores candidatos de las ciudades más pequeñas de Nigeria no tenían las redes, conexiones o pedigrí adecuados para ser descubiertos.

Así que Mark puso en marcha HNG Internship, unas prácticas en línea que sirven como mecanismo de filtrado digital que puede llegar mucho más allá de la capital de Nigeria. La empresa criba a los candidatos sin conocerlos, mediante un proceso de selección imparcial, basado en tareas y de múltiples rondas.

El proceso comienza cuando Hotels.ng publica un trabajo en el gestor de tareas de prácticas. El reclutador asigna a los posibles candidatos una serie de problemas informáticos a través de Slack (un programa de chat digital). Los candidatos que superan una ronda de pruebas pasan a la siguiente fase. Los que suspenden son eliminados. Con el tiempo, los problemas se vuelven más difíciles y la lista se va reduciendo. Cuando se ha eliminado al 95 % de los candidatos, se entrevista a los últimos y se contrata a un subconjunto.

El programa es solo de tarde y no pretende ser absorbente para los candidatos, que probablemente tengan otras responsabilidades que atender a tiempo completo. Hotels.ng también quiere asegurarse de que nadie abandone por motivos económicos. Por ello, paga a todos los candidatos un estipendio a medida que progresan.

Mark ha forjado alianzas para financiar su programa a mayor escala, por ejemplo, con Gobiernos estatales de Nigeria y diversas empresas. Cree que, con el tiempo, esta plataforma estructurada de pruebas de candidatos podría convertirse en una norma del sector. La primera promoción de becarios tuvo setecientos solicitantes. La última promoción se multiplicó casi por seis, hasta alcanzar los cuatro mil. Hotels.ng contrató a los veinticinco mejores, en su mayoría de fuera de Lagos. Dada la demanda de trabajadores de Hotels.ng, es probable que estas cifras sigan aumentando.

Para puestos técnicos, como informáticos o contables, un enfoque de evaluación basado en las competencias como este funciona bien. Sin embargo, la evaluación del rendimiento potencial en el trabajo es más difícil y matizada para las funciones basadas en el trabajo en equipo, que implican creatividad, relaciones y estrategia.

También en este caso los innovadores de frontera tienen una solución. Son pioneros en la aplicación de modelos basados en el comportamiento para conocer el carácter, la aptitud, la competencia y el rendimiento previsto de un candidato.

Paul Breloff y Simon Desjardins, ambos antiguos inversores en empresas fronterizas, observaron que, universalmente, la contratación representaba el cuello de botella más importante en toda su cartera.

Fundaron Shortlist para resolver este reto. Shortlist es una plataforma de selección de personal centrada en la contratación basada en competencias. La empresa ha creado más de mil módulos digitales para evaluar el rendimiento de los candidatos en entornos de trabajo reales simulados. Cuando un candidato solicita un puesto de trabajo, se encuentra con un escenario personalizado basado en la empresa, el sector y la función a la que opta, y realiza tareas que arrojan luz sobre sus capacidades y niveles de motivación.

Shortlist está muy solicitada entre las empresas emergentes de la frontera. Ahora tiene más de seiscientos clientes en África e India. Y eso después de apenas tres millones de dólares de financiación[23].

Construir la cartera de candidatos

La contratación basada en las capacidades y el comportamiento asume que el talento local está fácilmente disponible. A veces, ya sea porque operan en ecosistemas incipientes o porque ya han agotado las fuentes de talento disponibles, los innovadores fronterizos van un paso más allá y construyen y forman activamente a su cantera.

Los ejecutivos de Shopify, una empresa canadiense de comercio electrónico con sede en Ottawa, se dieron cuenta de que la empresa había agotado sus canales de contratación tradicionales. El director de tecnología Jean-Michel Lemieux quería aumentar el número de candidatos, así que en 2016 Shopify lanzó el Dev Degree. En colaboración con la Universidad Carleton de Ottawa, la empresa creó un título académico integrado en el trabajo. Reflejando las palabras de Benjamin Franklin: «Dímelo y lo olvidaré, enséñamelo y lo recordaré, involúcrame y lo aprenderé», el Dev Degree combina la educación tradicional con la experiencia práctica en el puesto de trabajo[24]. Durante cuatro años, los estudiantes completan una licenciatura con honores en ciencias de la computación y obtienen más de cuarenta y quinientas horas de experiencia laboral práctica —el doble de un programa típico basado en cooperativas o prácticas— en una de las empresas tecnológicas más exitosas de Canadá. Cada semestre, los estudiantes asisten a tres clases y trabajan en Shopify durante veinticinco horas a la semana. Los estudiantes reciben créditos académicos por la experiencia laboral, siempre y cuando completen un informe de prácticas en el que reflexionen sobre lo que han aprendido después de cada trimestre. Además, Shopify cubre el coste de la matrícula de cuatro años y paga a los estudiantes un salario por el tiempo que trabajan[25].

El nuevo programa de Shopify tiene un doble objetivo. Por un lado, Shopify es capaz de crear una cantera de talento propia, encontrando, probando y atrayendo a los mejores de la clase de forma orgánica. Por otro lado, este programa beneficia a todos los estudiantes participantes y al ecosistema de las *startups* en general al ofrecer lecciones prácticas accesibles y asequibles en primera línea de una empresa tecnológica de talla mundial.

Aunque todavía está en pañales, el programa parece funcionar. La primera cohorte del programa (en sí misma un pequeño piloto de ocho estudiantes) se graduó en 2020 (las cohortes posteriores son de veinticinco cada una y pronto serán mucho mayores). Todos los estudiantes que se gradúan reciben una oferta para trabajar en Shopify a tiempo completo. Sorprendentemente, la diversidad de género en el programa es mucho más equilibrada que en los programas tradicionales de ingeniería. En las cohortes recientes, el 50 % de los candidatos son mujeres, frente a menos del 20 % de media en las titulaciones de informática[26].

Shopify predice que, entre los candidatos que contrate del programa, la incorporación será más rápida, puesto que los estudiantes ya conocen el puesto y la empresa[27]. Como explica Jean-Michel: «La industria tecnológica está revolucionando otras industrias, pero los programas universitarios prácticamente no han cambiado. Cuando contratamos a ingenieros informáticos, que han pasado cuatro años aprendiendo en la escuela, tenemos que invertir otro año entero en formarlos para las aplicaciones del mundo real. En este programa, los estudiantes ya han estado trabajando codo con codo con nosotros y se pondrán manos a la obra»[28].

Otras universidades ya están buscando implementar programas similares. A finales de 2018, Shopify amplió el programa a una segunda universidad: la Escuela de Ingeniería Lassonde de la Universidad de York[29].

Para Shopify en Ottawa, el principal cuello de botella de talento era la falta de programadores. En otros lugares, el cuello de botella puede ser diferente, pero un enfoque similar de creación de tuberías es posible.

Para Bridge International Academies, una empresa emergente que gestiona una red de más de quinientas escuelas privadas de muy bajo coste en múltiples mercados emergentes, que atienden a más de cien mil alumnos, su cuello de botella era la escasez de profesores. Su modelo único de «escuela en una caja» ofrece clases centralizadas, operaciones escolares habilitadas tecnológicamente y apoyo administrativo. Para aumentar su reserva de profesores, creó una academia, el Bridge International Training Institute. El plan de estudios, de ocho semanas de duración, forma a los candidatos en una combinación de aspectos teóricos de la enseñanza, experiencia práctica en las aulas e instrucción sobre cómo trabajar dentro del modelo Bridge. Bridge también ha implantado un modelo similar para otras funciones de la organización, como los responsables de contratación[30].

Del mismo modo, para Zola, la disponibilidad de personal formado en ventas y servicios en el África rural supuso un cuello de botella de capital humano para su operación de rápido crecimiento. Zola creó una academia similar, que ofrecía un campamento de entrenamiento en mejores prácticas empresariales, de ventas y de servicio en Tanzania, donde la empresa contrataba a los mejores graduados.

La construcción de la canalización es a menudo otra manifestación de tener que construir la pila completa, como se exploró en el capítulo 2.

Mirar al mundo en busca de talento

Los innovadores de frontera deben aprovechar los mejores talentos allí donde surjan. Esto a menudo significa buscar talento más allá de la ubicación actual.

La inmigración (tanto nacional como internacional) es una herramienta poderosa. Para Joshua Simair, de SkipTheDishes, los cambios repentinos en el panorama político transformaron Winnipeg en un lugar estratégico de contratación. Después de que la administración

Trump de Estados Unidos suprimiera el programa de visados para emprendedores de la era Obama (y adoptara una política exterior agresivamente antiinmigración), muchos países de todo el mundo crearon nuevos programas de visados acelerados, percibiendo la oportunidad de reclutar talentos que, de otro modo, podrían haber aterrizado en Estados Unidos. SkipTheDishes pudo aprovechar un programa de inmigración canadiense diseñado para atraer inmigrantes a las provincias más pequeñas: las cuotas se asignan por provincia y Manitoba tenía muchas plazas disponibles. Joshua reclutó a inmigrantes potenciales y los trajo a Manitoba a través de este programa.

El enfoque de SkipTheDishes no es único. Shopify contrató a los mejores ingenieros que descubrió en concursos de todo el mundo. Idriss Al Rifai, de Fetchr, creó todo un equipo de inmigración para aumentar el tamaño de su cartera de conductores, contratando a conductores de Pakistán, India, Filipinas y Nepal y llevándolos a Dubái y Arabia Saudí.

En paralelo, como se analiza en el capítulo 6, los innovadores de frontera pueden aprovechar una estrategia distribuida para crear equipos en múltiples geografías. Empresas como Basecamp, InVision y Zapier han llegado al extremo y se han vuelto totalmente remotas.

Adoptar una perspectiva global del talento, ya sea trasladando a los candidatos o creando un modelo distribuido, es una forma eficaz de aumentar la reserva de talento disponible.

No se agite y queme: retenga y crezca

Silicon Valley acepta la elevada rotación de empleados como un subproducto necesario de su estrategia de contratar solo a jugadores de primera. Quizá porque los innovadores de frontera invierten mucho más en encontrar y formar a los candidatos, tienen una visión a más largo plazo de la relación. Brittany Forsyth, vicepresidenta sénior de Recursos Humanos de Shopify, lo explica: «A diferencia de las empresas de San Francisco, donde hay una abundante oferta de talento y, como resultado, la gente se mueve de una empresa a otra, para nosotros, nuestra estrategia es trabajar con los empleados a largo plazo. Queremos que sepan que aquí pueden hacer el trabajo de su vida. Queremos que sepan: si invierten en nosotros, nosotros podemos invertir en ustedes»[31].

En muchos ecosistemas fronterizos, los empleados son más leales que los del Valle.

Chris Gladwin es fundador de Cleversafe, que se vendió a IBM en 2015 por 1300 millones de dólares[32]. Chris reflexionó sobre el ecosistema de Chicago: «Una de nuestras principales ventajas era una retención de empleados mucho mayor. Sin duda, es diferente que en la zona de la Bahía. Hemos experimentado una retención media de diez años»[33].

Parte de esta retención es estructural. Dado que los innovadores de frontera operan en ecosistemas incipientes, los empleados (como los propios innovadores) tienen menos opciones, por lo que es más probable la dependencia y la alineación mutuas para una relación a largo plazo.

Los creadores y los atletas multimisión que conocerás en el capítulo 8 pueden aprovechar sus poderosas visiones para encontrar y contratar empleados alineados con la misión. Estos empleados permanecen un 50 % más que en otras empresas y es más probable que se conviertan en empleados de alto rendimiento[34]. En entrevistas con líderes de cientos de empresas emergentes, el sentimiento unánime fue la importancia de la pasión. Dar a los empleados la oportunidad de canalizar su pasión impulsa la retención. Esta tendencia será cada vez más importante a medida que la generación del milenio represente una mayor parte de la mano de obra. Un estudio reciente de tres mil profesionales en Estados Unidos descubrió que más del 85 % de los *millennials* aceptarían un recorte salarial para trabajar en una empresa alineada con su misión (frente a solo el 7 % entre los *baby boomers*)[35].

Los innovadores fronterizos también adoptan un enfoque proactivo para retener y promocionar a los empleados a largo plazo. David Levine es consejero delegado de Mr Beams, una empresa emergente con sede en Cleveland (Ohio) que fue adquirida por Ring, y, después, se vendió a Amazon por 1000 millones de dólares. David incorporó el desarrollo personal de los candidatos en el proceso de contratación de empleados clave[36]. Recuerda que, para una de las primeras contrataciones de líder de producto, Ryan Hruska, elaboró una presentación en PowerPoint en la que explicaba la visión de la empresa, los cambios que realizaría con el tiempo y cómo evolucionaría su función. Ryan empezó como ingeniero de producto. Con el tiempo, dirigiría y lanzaría algunos productos y evolucionaría hasta convertirse en director de producto. Como explica David: «Ryan consiguió todo lo que se decía en la presentación de PowerPoint y mucho más. Ryan lleva casi cinco años en la empresa (ahora Ring) y ahora es director de producto»[37]. David lo considera uno de los futuros líderes de la empresa.

Para ayudar a sus empleados a crecer, los innovadores de frontera buscan institucionalizar los campos de formación y conectar a sus empleados con mentores. Adalberto Flores, consejero delegado de Kueski, un prestamista líder en inclusión financiera en México, viaja periódicamente a San Francisco para reunirse con inversores y otras empresas. En cada visita, invita a sus empleados de alto rendimiento a acompañarle. A través de su red, Adalberto les ayuda a conocer a sus homólogos en las *startups* de Silicon Valley.

La propia Brittany Forsyth es un ejemplo característico. Cuando se incorporó a Shopify en 2010, era la vigesimoprimera empleada; en aquel momento la empresa era una *startup* en fase inicial en Ottawa que aún no había recaudado una Serie A. La contrataron como directora de oficina. Tenía experiencia en capital humano, así que empezó a echar una mano. En cuanto la empresa obtuvo su Serie A y empezó a contratar, el papel de Brittany pasó a ser el de capital humano. Para ayudar a Brittany a crecer, Shopify la animó a hacer cursos, buscar mentores y viajar a otros ecosistemas. Ahora, como vicepresidenta sénior de Capital Humano, Brittany es responsable de toda la plantilla de cuatro mil personas de Shopify. Shopify es ahora una empresa de 30 000 millones de dólares que cotiza en el Nasdaq.

Recompensar a los empleados con lo que importa

Para atraer a los candidatos, puede resultar tentador fijarse en Silicon Valley y tratar de imitar las ventajas superficiales de su cultura *startup* —almuerzos libres, clases de yoga por la tarde, políticas de vacaciones ilimitadas— o los posibles incentivos financieros de sus opciones sobre acciones. Pero a menudo no es así.

Los mejores innovadores de frontera buscan ofrecer ventajas y compensaciones económicas que reflejen su estrategia, organización y ubicación únicas. Como vimos en el capítulo 6, Branch apoya la movilidad entre oficinas, patrocinando viajes para que sus empleados trabajen desde cualquiera de sus muchas oficinas globales. Las ventajas de los viajes apoyan una cultura global. Los empleados se seleccionan a sí mismos para trabajar en empresas con este tipo de ventajas.

En la frontera, puede resultar difícil reproducir las opciones sobre acciones, la herramienta de retención financiera de facto de Silicon Valley. Es menos probable que los empleados las entiendan o las busquen. Joshua fue testigo directo de ello. Quería dar acciones de SkipTheDishes a algunos de sus empleados antes de la adquisición para que pudieran beneficiarse de la ganancia inesperada. Se lo ofreció a más de setenta de sus noventa y tres empleados, muchos de los cuales no tenían capital antes de la operación. «Nos precipitamos al repartirlo —afirma—. Muchos de nuestros empleados tenían miedo de que les jodieran. Habían visto *La red social* y cómo Zuckerberg había tratado a su cofundador. Así que muchos rechazaron [las opciones sobre acciones]. No entendían el modelo»[38]. Para complicar las cosas, en algunos países las opciones sobre acciones no están permitidas legalmente, ya sea por motivos fiscales o estructurales.

La preferencia por el efectivo frente a las opciones sobre acciones quizá no sea una postura irracional para los empleados de frontera; al fin y al cabo, las salidas están menos probadas y llevan más tiempo. Por el momento, el recurso a las opciones sobre acciones es escaso en los ecosistemas fronterizos. Esta dinámica se manifiesta incluso en los ecosistemas europeos más desarrollados. Un estudio que encuestó a más de setenta empresas de ecosistemas europeos de *startups* y analizó más de cuatro mil concesiones de opciones determinó que las expectativas de opciones sobre acciones eran mucho menores en Europa que en Estados Unidos, con una enorme variedad por países. Por término medio, los empleados europeos poseían la mitad de opciones que sus homólogos de Silicon Valley[39]. Las estadísticas son aún más sorprendentes en los ecosistemas emergentes.

Por supuesto, ofrecer menos opciones sobre acciones no obvia la necesidad y el deseo de los innovadores fronterizos de ofrecer a sus empleados una participación en la empresa (o de sus empleados de tener dicha participación). En las entrevistas, los innovadores manifiestan sistemáticamente su deseo de ofrecer una participación —a menudo universal— a sus empleados.

Para ello, muchos innovadores fronterizos están experimentando con nuevos modelos de accionariado asalariado que se ajustan mejor a su perfil de crecimiento. Lyndsay Handler, CEO de Fenix International, una *startup* energética con sede en Uganda, creó acciones fantasma (con el nombre en clave Fenix Flames). Parte de su motivación fue canalizar el nivel de compromiso y dedicación que demostraban muchos de sus empleados. Como ella misma explica: «muchos de nuestros empleados en África no eran ricos bajo ningún concepto, pero pedían invertir sus ahorros en la empresa»[40]. Los Fenix Flames se parecen más a la propiedad directa de acciones que a las opciones, lo que significa que son más fáciles de entender y, lo que es más importante, benefician a los empleados, aunque la empresa no tenga un crecimiento exponencial. Lyndsay concedió Fenix Flames a todos los empleados, hasta los instaladores de las remotas aldeas ugandesas. Fue una inversión financiera transformadora para muchos de sus empleados durante la posterior venta de la empresa a ENGIE, el gigante energético francés[41].

Es demasiado pronto para saber cómo serán en última instancia las mejores prácticas emergentes de participación de los empleados en el accionariado y los distintos modelos seguirán evolucionando. Los innovadores fronterizos siguen experimentando con ventajas y compensaciones que se ajustan a la estrategia de su *startup* y buscan retener a los empleados a largo plazo.

4. Equipos A, no solo jugadores A

Para las *startups* en crecimiento, los equipos fuertes son a la vez su activo más importante y su mayor reto. Silicon Valley ha creado una rica ciencia de la contratación y retención de los mejores jugadores. Se centra en identificar y contratar a los mejores talentos (jugadores A) y sustituirlos cuando cambian rápidamente. Pero pocos mercados de capital humano tienen la amplitud de talento de Silicon Valley o la profundidad en cualquier campo.

Lo que funciona allí rara vez se traslada a otros lugares. Lugares como Singapur o Toronto tienen la fuerza del talento de Silicon Valley, pero, dado el menor tamaño de sus países, carecen de su profundidad.

Los ecosistemas emergentes de América Latina o África tienen una reserva más restringida de talento experimentado.

Es difícil exagerar el obstáculo que supone encontrar, formar, cultivar y retener a los mejores talentos a gran escala para las nuevas empresas en cualquier lugar, especialmente en la frontera.

Sin embargo, poco a poco se va avanzando.

Los principales innovadores fronterizos tienen en común un enfoque filosófico distinto de la gestión de su capital humano. Los innovadores fronterizos buscan crear equipos A, contratando en función de las capacidades y el comportamiento más que de la experiencia en el currículum. Estos empresarios construyen activamente una cantera de talentos cuando no existe. Buscan recursos en el mundo, ya sea promoviendo la inmigración o construyendo modelos distribuidos. Y, por supuesto, buscan retener y hacer crecer a sus equipos a largo plazo, ofreciéndoles una serie de incentivos y compensaciones acordes. En Silicon Valley se habla cada vez más de expandirse a lugares más asequibles, aumentar la diversidad yendo más allá de los métodos tradicionales de contratación, gestionar equipos descentralizados en distintas zonas geográficas y aumentar la retención a largo plazo.

Los nuevos y mejores enfoques en este campo no se inventarán en Silicon Valley. Ya están en marcha en la frontera.

8

ENTRÉNATE PARA SER UN ATLETA MULTIMISIÓN

Combinar objetivos basados en el impacto y en el beneficio

El auge de las artes marciales mixtas (la combinación de múltiples técnicas de lucha como el kárate, el boxeo, el *jiujitsu* y el judo) representa un punto de inflexión en la historia del combate cuerpo a cuerpo. Históricamente, los mejores luchadores de una disciplina se enfrentaban a sus homólogos de la misma disciplina, pero esto cambió en la década de 1990, cuando los competidores que utilizaban técnicas de artes marciales mixtas empezaron a ganar el Ultimate Fighting Championship (UFC). En la actualidad, el enfoque mixto es la norma. Los mejores luchadores no son expertos en una sola técnica, sino en muchos estilos de lucha[1]. Además de ser uno de los deportes de más rápido crecimiento, las artes marciales mixtas se han convertido en una práctica de entrenamiento habitual en las unidades militares de élite de todo el mundo[2].

Una evolución similar se está produciendo en la mentalidad de los innovadores fronterizos. Los innovadores fronterizos de más éxito no se centran únicamente en el crecimiento y la rentabilidad financiera, sino que consideran el impacto social un objetivo central desde el principio, una postura que se refleja en los problemas que abordan y en los clientes a los que atienden. Al igual que los campeones de la UFC, muchos de los innovadores fronterizos, si no la mayoría, son atletas multimisión que utilizan diversas técnicas para alcanzar múltiples objetivos. En la mayoría de los casos, sus beneficios económicos y sociales están inextricablemente relacionados.

Ali Parsa, fundador de Babylon Health, es un ejemplo de esta mentalidad. Ali creció en Irán. Tras la revolución de 1979, huyó de Rascht, su ciudad natal, debido a sus opiniones políticas. Se fue solo, sin sus padres. En un penoso viaje por tierra, viajó a Pakistán y, finalmente, llegó a Europa y se instaló en Londres[3].

Sus primeros días en Londres no fueron siempre acogedores. A pesar de ello, destacó en los estudios y acabó doctorándose en el University College de Londres. Ali podría haberse dedicado a la universidad, pero optó por ser empresario y, a lo largo de los años, creó varias empresas de éxito.

En 2004, Ali se sometió a una operación de rodilla. Quedó consternado por la experiencia y se sintió inspirado para mejorar la atención sanitaria y los resultados en materia de salud. Según todos los indicios, su primera empresa, Circle Health, fue un éxito financiero. Circle Health, un proveedor privado de atención sanitaria, tenía la visión de reinventar la experiencia clínica; los hospitales estaban diseñados por arquitectos, las habitaciones gestionadas por hoteleros y los menús diseñados y cocinados por chefs[4]. La empresa salió a bolsa en 2011 en el AIM (un submercado de la Bolsa de Londres) por más de 100 millones de dólares[5].

Sin embargo, Ali no estaba satisfecho con los resultados. ¿Cuál era el problema? Para muchos, Circle Health no era accesible por su precio ni resolvía el principal problema de la asistencia sanitaria: la atención primaria. Ali considera que la atención primaria —lo que ocurre fuera del hospital— es el eje de una asistencia sanitaria accesible y de alta calidad. En el Reino Unido, como en muchos otros lugares, el sistema sanitario está sobrecargado y la gente recurre a las urgencias para resolver sus problemas de salud[6]. Ali reflexionó: «¿Y si pudiéramos hacer por el acceso a la atención sanitaria lo que Google hizo por la información?».

Así nació Babylon. A través de su servicio de chat de texto Ask Babylon, el sistema puede realizar automáticamente diagnósticos rutinarios combinando inteligencia artificial y médicos en directo. Babylon también ofrece el servicio Talk to a Doctor ('Hable con un médico'), que permite a los pacientes hablar con los médicos pertinentes en un chat de vídeo en directo y recibir diagnósticos y recetas desde la comodidad de su propia casa[7]. Babylon lanzó recientemente Healthcheck, que ayuda a los pacientes a controlar su salud.

Babylon Health cosechó sus primeros éxitos gracias a una asociación con el Servicio Nacional de Salud del Reino Unido. Sin embargo, Ali sabía que Babylon tendría mayor repercusión en mercados con sistemas nacionales de salud más limitados. Por eso se asoció con los Ministerios de Sanidad de Ruanda y Arabia Saudí para ofrecer Babylon como servicio nacional. Ali también se asoció con Tencent para que Babylon estuviera disponible a través de WeChat[8]. En la actualidad, Babylon cuenta con más de mil quinientos médicos, ingenieros y otros miembros del equipo (y cientos de médicos a tiempo parcial) y casi cinco millones de usuarios registrados[9]. Recientemente, Babylon recaudó más de 500 millones de dólares con una valoración superior a los 2000 millones de dólares, la mayor recaudación de fondos en el ámbito de la salud digital en Europa[10].

Para Ali, el impacto social del programa es clave, es su razón de ser, lo que explica por qué creó la empresa como por qué tiene tanto éxito. La mayoría de los innovadores fronterizos se parecen a Ali en esto: están muy centrados tanto en crear empresas de éxito comercial como en tener un impacto social positivo. Esto se refleja en los productos que ofrecen y los clientes a los que se dirigen, sus interacciones en la cadena de valor y su papel en la configuración del ecosistema.

1. Productos y clientes

Como vio en el capítulo 1, los innovadores de frontera son creadores que construyen nuevas industrias. En la mayoría de los casos, también crean y construyen en sectores subdesarrollados en los que sus innovaciones repercuten profundamente en la calidad de vida de toda la comunidad.

En *Una teoría de la motivación humana*, Abraham Maslow propuso la llamada jerarquía de necesidades, argumentando que los seres humanos se centran en alcanzar necesidades en un determinado orden de importancia[11]. En la capa más baja de la pirámide están las necesidades básicas a las que damos prioridad, que incluyen las necesidades fisiológicas (comida, agua, sueño, cobijo y sexo) y las necesidades de seguridad (seguridad personal, seguridad emocional, seguridad financiera, salud y bienestar) que subyacen a la consecución de todas las demás necesidades, que incluyen la pertenencia social (amistad, intimidad, familia) y, por último, la estima y la autorrealización[12]. En comparación con sus homólogos de Silicon Valley, los innovadores fronterizos tienden a centrarse en las necesidades humanas que están más abajo en la jerarquía de Maslow. Un análisis de la Global Accelerator Learning Initiative (GALI), que comparte las mejores prácticas y el aprendizaje entre aceleradores de innovación de todo el mundo, confirma esta tendencia. Mediante el análisis de las carteras de cuarenta y tres aceleradoras de todo el mundo, GALI determinó que los emprendedores de los mercados emergentes son más propensos a operar en sectores que incluyen la agricultura, la energía, la educación y los servicios financieros[13].

Lo mismo ocurre entre las empresas a escala. Un estudio de Village Capital determinó que, de los casi trescientos unicornios de Estados Unidos, solo el 18 % se centra en sectores como la salud, la alimentación, la educación, la energía, los servicios financieros o la vivienda[14]. En cambio, un análisis de las principales empresas emergentes de América Latina, el África subsahariana y el Sudeste Asiático revela que una proporción mucho mayor (hasta el 60 % de nuestra muestra en el África subsahariana) se centra en estas necesidades humanas básicas[15]. El gran número de empresas revolucionarias de la frontera centradas en el extremo inferior de la jerarquía de necesidades se hace cada vez más evidente a lo largo de este libro.

En la frontera, las *startups* tienden a centrarse en el mercado de masas desde el primer día. Aunque, como es natural, eligen primero determinados subsegmentos, rara vez seleccionan la élite. La mayoría de las veces, esta estrategia de mercado de masas responde a una realidad práctica. A diferencia de lo que ocurre en muchos países desarrollados, donde existe una distribución de la renta normal en forma de campana que se abomba en torno a una clase media acomodada, en muchos mercados fronterizos la distribución de la renta se inclina en gran medida hacia la parte media e inferior de la pirámide (*vid*. gráfico 8.1).

Gráfico 8.1 Distribución de la renta en los mercados fronterizos

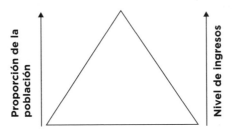

Así, el único mercado de clientes viable en la frontera suele ser el mercado de masas.

2. Río en marcha

En 2013, Deepak Garg y Gazal Kalra pensaban en cómo ayudar a transformar la economía india[16]. En su trabajo en McKinsey & Company, les llamó la atención la ineficiencia comparativa del sistema logístico indio. La carretera, el ferrocarril y el transporte marítimo son entre un 30 % y un 70 % más caros en la India que en Estados Unidos. Esta ineficaz red logística cuesta a la economía india la asombrosa cifra de 45 000 millones de dólares al año, lo que representa el 14 % del PIB del país[17].

La escasez es un reflejo de retos interrelacionados. El primero son las condiciones de trabajo de los conductores. Se enfrentan a carreteras inseguras, corrupción, largas jornadas laborales y días fuera de casa[18]. Debido a la fragmentación del sector, los conductores viajan al lugar de entrega —a veces durante varios días— y al llegar se encuentran con que puede haber o no un envío de vuelta disponible. O bien esperan un nuevo cargamento, o bien regresan a casa con un cargamento vacío y solo se les compensa por una dirección. Los salarios de los camioneros son bajos y a menudo volátiles, en parte debido a esta dinámica.

Para romper este círculo vicioso, Deepak y Gazal lanzaron Rivigo, basado en un modelo logístico centrado en los conductores (denominados pilotos) y que mejora su experiencia en la carretera y en casa. El lema de Rivigo es «hacer humana la logística». En lugar de que los pilotos recorran todo el trayecto de un viaje, conducen durante cinco o seis horas hasta un punto de relevo. Otro piloto toma esa carga y sigue hasta el siguiente punto de relevo y, así, hasta el destino final. El piloto original intercambia su carga con otro y la conduce de vuelta a su punto de relevo original, donde de nuevo es transferida a otro conductor. La interminable y compleja cadena de Rivigo permite a los pilotos volver a casa cada día y ganar más, porque los camiones se conducen a mayor capacidad gracias a la inversión de la empresa en tecnología para automatizar la coordinación de los envíos y la planificación de la demanda.

Rivigo y otros atletas multimisión no se limitan a crear puestos de trabajo, sino que aumentan la calidad del empleo en toda su cadena de valor. La creación de empleo por sí sola es un aspecto clave del impacto social empresarial: Endeavor estima que los emprendedores de rápido crecimiento, aunque representan menos del 4 % del mercado, crean desproporcionadamente un 40 % más de los puestos de trabajo del sector[19]. De hecho, las nuevas empresas con menos de un año de vida son responsables de más de 1.5 millones de puestos de trabajo cada año durante los últimos treinta años en Estados Unidos[20].

Pero, como sabemos, no todos los puestos de trabajo son iguales. Los atletas multimisión como Rivigo pueden diferenciarse construyendo sus modelos de negocio en torno a las necesidades y expectativas de algunos de sus componentes más importantes: sus empleados. La estrategia de Rivigo está funcionando. En otoño de 2018, Rivigo tenía más de diez mil camiones en su red, junto con miembros del equipo en quinientos micromercados para trabajar con proveedores[21]. Rivigo ha ampliado sus servicios logísticos para incluir almacenamiento de carga en frío, corretaje exprés y un mercado de carga[22]. Rivigo completó una ronda Serie D de 50 millones de dólares valorada en más de mil millones de dólares, para un total de 170 millones de dólares en deuda y capital recaudados desde su lanzamiento hace solo cuatro años[23].

3. El auge de la empresa social

Para muchas personas, la mentalidad de las MMA puede sonar similar al emprendimiento social, un campo emergente que, dependiendo de la definición, abarca desde empresas con capitalizaciones bursátiles de miles de millones hasta pequeñas organizaciones sin ánimo de lucro. En la última década, el campo del emprendimiento social ha obtenido un reconocimiento cada vez mayor por parte de financiadores privados, funcionarios públicos y profesores universitarios de todo el mundo. Las iniciativas, cursos, conferencias y clubes de emprendimiento social se han convertido en omnipresentes en los principales campus universitarios, ya que los jóvenes aspiran a fundar organizaciones que integren impacto y beneficio. Destacadas fundaciones han desarrollado estrategias de impacto que se centran por completo en apoyar y ampliar las empresas sociales.

Entre 2003 y 2018, las empresas sociales recibieron aproximadamente 1600 millones de dólares en subvenciones de fundaciones en todo el mundo[24]. En resumen, el emprendimiento social se ha convertido en una industria y una muy caliente.

Quizá porque este importante movimiento ha crecido tanto, sigue escapando a una definición singular. El elemento central de una empresa social es el uso de enfoques empresariales para resolver problemas sociales. Pero las empresas sociales pueden ser sin ánimo de lucro o con ánimo de lucro o pueden utilizar un modelo híbrido; los enfoques varían mucho. Algunas empresas sociales consideran que los negocios escalables o rentables son un objetivo secundario de su deseado impacto social, mientras que otras ven la generación de beneficios y la escala como los motores que impulsan el impacto. Cada empresa o entidad sin ánimo de lucro equilibra a su manera las necesidades de los inversores y accionistas con el deseo de tener un impacto positivo en los clientes, el medioambiente, los empleados, etcétera.

A los efectos de este libro, es razonable afirmar que, aunque pocas empresas sociales son *startups* líderes de base tecnológica, muchas *startups* líderes de la frontera comparten características de las empresas sociales. Los atletas multimisión están muy centrados tanto en crear empresas de éxito comercial como en tener un impacto social positivo al mismo tiempo. No compensan el beneficio con el impacto. Gracias a sus modelos de negocio, hacen ambas cosas.

Este planteamiento representa una desviación de las normas de Silicon Valley, donde la mayoría de los empresarios perciben las *startups* y las empresas sociales como primos lejanos, aunque casi todos los fundadores de Silicon Valley están convencidos de sus ambiciones de cambiar el mundo o, al menos, las defienden de boquilla.

Para construir sus empresas equilibradas, los atletas multimisión se centran menos en la pureza de la intención y más en la construcción del modelo de negocio.

4. Impacto vinculado al modelo de negocio

Lo que distingue a los atletas multimisión como Babylon Health y Rivigo es la forma en que integran el impacto en el modelo de negocio. Los intereses de Babylon Health en materia de impacto económico y social están totalmente alineados: para escalar, Babylon tendrá que convencer al NHS y a otros Ministerios de Sanidad de que Babylon demuestra mejores resultados clínicos y es más asequible que las alternativas. La empresa también recibe información inmediata de los usuarios, que solo adoptarán la plataforma si la calidad de la atención es alta y la experiencia resulta cómoda.

Por su parte, Rivigo es capaz de atraer a más conductores a la plataforma cuando aumenta el porcentaje de posibilidades de que los conductores vuelvan a casa en un plazo de veinticuatro horas, con una carga completa en ambas direcciones. Este resultado, a su vez, aumenta la capacidad de Rivigo para escalar su plataforma logística y servir a los clientes con eficacia en todo el país.

Crear un modelo empresarial que alinee el impacto social y el interés económico no es tarea fácil. Es tan difícil que las principales empresas de Silicon Valley solo han conseguido aplicar políticas de «no hacer daño», programas de donaciones y políticas de responsabilidad social corporativa mediocres. Tomemos, por ejemplo, la promesa de Google: «No seas malvado»[25]. Se compromete a tratar a sus clientes de forma ética, aunque su interés económico (a corto plazo) y el de sus accionistas sea maximizar los beneficios; esto podría significar, por ejemplo, utilizar los datos de los clientes de forma más invasiva o nefasta para vender más anuncios. Cuando el impacto social (o evitar el impacto negativo) va en contra de los intereses empresariales, instituir una política de evitar el mal es tranquilizador y alarmante a partes iguales.

Muchas empresas tienen buenas intenciones y ponen en marcha generosos programas para retribuir. La organización Pledge 1 % anima a las empresas a ofrecer el 1 % de todas o algunas de sus acciones, tiempo de los empleados, productos y beneficios a causas importantes[26]. Algunas empresas de Silicon Valley han creado estructuras paralelas que incluyen una fundación benéfica. Otras aprovechan los modelos «compra uno, regala uno» (BOGO): por cada bien comprado, se dona o patrocina otro. Estos modelos tienen buena intención, pero algunos de ellos dan resultados desiguales. El modelo BOGO en particular ha sido criticado por sus externalidades negativas. Toms Shoes no tuvo en cuenta las repercusiones de su modelo inicial BOGO para los zapateros locales y acabó distorsionando los mercados de calzado de toda África y dejando a gente sin trabajo[27].

Para cada una de estas empresas, desde Google hasta Toms, el impacto en el *back-end* no es una parte fundamental del modelo de negocio. Si el negocio no va bien, es fácil recortar las donaciones. Con esto no pretendo restar importancia a estos programas. Son encomiables. Pero sigue habiendo una diferencia crucial: cada uno de estos enfoques da dinero después de que la empresa haya obtenido sus beneficios. El impacto no está arraigado en sus modelos de negocio de forma sustancial. Como diría Ross Baird, fundador de Village Capital, se trata de un pensamiento de dos bolsillos: un bolsillo gana dinero y el otro lo regala[28].

Los atletas multimisión lo hacen todo en el mismo bolsillo.

5. Eres lo que mides

Para los atletas multimisión, el impacto está directamente relacionado con el éxito empresarial. Pero esto no significa que hagan un seguimiento de los ingresos y den por sentado que se ha producido el impacto correspondiente. Al fin y al cabo, como se suele decir: «eres lo que mides».

Los mejores atletas multimisión reflexionan cuidadosamente sobre el impacto deseado y deciden cómo evaluar el éxito. Después, realizan un seguimiento asiduo, informan y difunden información sobre el progreso hacia este objetivo en toda la organización. En muchos casos, las métricas de impacto elegidas se alinean con las métricas financieras de la empresa o las complementan, porque el impacto forma parte integrante del modelo de negocio. Aun así, se trata de una hazaña difícil, en parte porque no existe un sistema de medición del impacto universal que sea fácilmente cuantificable. Al igual que los pinzones de Darwin, que variaban según la isla de las Galápagos, las métricas de impacto elegidas por un atleta multimisión son exclusivas de su sector, contexto y modelo de negocio.

Como explica Deepak Garg: «Es el principio del karma. Nos centramos en devolver y resolver el problema. Este es nuestro lenguaje y las creencias compartidas de nuestra empresa. Las mediciones de los pilotos son los principales indicadores de nuestro éxito continuado»[29]. Aunque Rivigo hace un seguimiento natural de las mediciones financieras, como el flujo de caja y los ingresos, da la misma importancia a sus propias mediciones del éxito a la hora de resolver el reto de la calidad de vida de los pilotos y la eficiencia del sistema logístico. Así, Rivigo mide el porcentaje de pilotos que regresan a casa en veinticuatro horas y el número de cargas completadas en ambos sentidos.

Para empresas orientadas al consumidor como Branch, M-PESA, M-KOPA, OkHi, y Zola, donde el impacto está vinculado a la adopción del producto, las métricas clave están ligadas al número de clientes y al nivel de uso.

Para Gojek, el impacto consiste en afianzarse en la sociedad y la economía. Su consejero delegado, Nadiem Makarim, se centra en aumentar el tamaño del mercado (su objetivo es duplicar o triplicar el tamaño de cualquier mercado en el que entre Gojek). Nadiem hace un seguimiento de los ingresos incrementales de conductores y proveedores de servicios y de las oportunidades de empleo que crea. En Indonesia, Gojek se ha convertido en la mayor fuente de ingresos del país, con más de un millón de personas que obtienen ingresos a través de la plataforma[30].

En última instancia, las métricas están vinculadas a los objetivos de la empresa y la misión. Deepak compara su enfoque con el del árbol baniano, que puede vivir cientos de años y crecer hasta alcanzar la asombrosa anchura de más de seiscientos pies[31]. Como explica

Garg, «El árbol baniano es el árbol más longevo del mundo. La razón es su totalidad: sus raíces devuelven a la naturaleza. Su impacto es hacia dentro y hacia fuera»[32]. Los atletas multimisión consideran que devolver a los empleados, los clientes, los inversores y el ecosistema es fundamental para el crecimiento a largo plazo de sus empresas.

6. Impacto a nivel sectorial

El impacto de un atleta multimisión no se limita a la creación de empresas de éxito, escalables y con impacto social. Los atletas multimisión suelen asumir funciones aún más amplias y transformadoras del sector.

En el capítulo 1 se analiza la pionera banca móvil M-PESA, que no solo tiene un impacto directo en sus clientes, sino que ha creado todo un sector revolucionario. Gracias a M-PESA, los clientes pueden acceder a una serie de servicios antes inexistentes. M-KOPA, que ofrece sistemas solares domésticos de alquiler con opción a compra que sustituyen a las inseguras luces de queroseno, habría sido imposible sin M-PESA debido al coste prohibitivo de recaudar cientos de miles de pequeños pagos. Otros servicios también utilizan M-PESA, desde nuevas escuelas privadas como Bridge International Academies hasta proyectos de saneamiento público.

Este ecosistema es un facilitador directo del negocio original. Cuando se crean aplicaciones sobre M-PESA, no solo se producen más transacciones en el sistema, sino que también se refuerza la naturaleza de creación de hábitos del dinero móvil y, en última instancia, el foso competitivo que permite. Los atletas multimisión están logrando hazañas similares en el sector de la educación, la sanidad y los servicios financieros, entre otros. A medida que Babylon Health se amplíe, Ali Parsa permitirá que una serie de proveedores de servicios, como farmacias, hospitales y otros proveedores de atención sanitaria, se conecten al sistema.

Los atletas multimisión de éxito también estimulan los ecosistemas de otras maneras. M-PESA demostró el potencial de desarrollar y ampliar una plataforma de dinero móvil, y toda una industria explotó a raíz de esta innovación. Ahora hay más de 250 réplicas de despliegues de dinero móvil que prestan servicio a más de seiscientos millones de personas en todo el mundo[33]. Demostrar el éxito del modelo también puede inspirar a una serie de replicadores en otros mercados. Del mismo modo, a medida que Rivigo se amplíe, permitirá que prosperen otras plataformas, aprovechando una logística más barata y eficiente, al tiempo que cambia la vida de los conductores y sus familias.

El impacto de los innovadores fronterizos puede extenderse a los ecosistemas empresariales en los que trabajan, como se ha visto en el caso de Hotels.ng y los esfuerzos de Shopify por desarrollar el capital humano local. El capítulo 11 profundiza en las múltiples formas en que los innovadores fronterizos construyen activamente sus ecosistemas.

7. El modelo de atleta multimisión

Las lecciones que nos ofrecen los atletas multimisión son especialmente pertinentes hoy en día. Mientras Silicon Valley prosigue su firme marcha para proporcionarnos las mejores aplicaciones para compartir fotos, la frontera presenta una perspectiva y un modelo poderosamente diferentes. Esta concepción alternativa es crucial para Estados Unidos y otros países altamente desarrollados, ya que cada vez miramos más a las empresas, y en particular a los innovadores, en busca de soluciones a los retos de la sociedad. Y a la sociedad estadounidense no le faltan retos. En Estados Unidos, sesenta millones de personas carecen de acceso a servicios bancarios (el 53 % de los hogares afroamericanos y el 46 % de los hogares hispanos)[34]. Más de quinientas mil personas carecen de hogar en Estados Unidos[35]. La deuda de los préstamos estudiantiles se ha disparado a cuarenta y cuatro millones de prestatarios, que deben en total 1.5 billones de dólares[36]. El público, el Gobierno y los reguladores exigen a las empresas más de lo que lo hacían hace diez años.

Larry Fink, consejero delegado de BlackRock, el mayor proveedor de capital del mundo, declaró en una carta abierta a los consejeros delegados de las empresas públicas: «Las empresas deben beneficiar a todas las partes interesadas, incluidos los accionistas, los empleados, los clientes y las comunidades en las que operan. Sin un sentido de propósito, ninguna empresa, ya sea pública o privada, puede alcanzar todo su potencial»[37]. Tiempo después, la Business Roundtable, una asociación de directores ejecutivos de las mayores empresas de Estados Unidos, redefinió el propósito de una empresa, explicando que, más allá de la maximización de los beneficios, las empresas tienen un papel que desempeñar en el apoyo a muchas partes interesadas externas, incluidos los empleados, los proveedores, la comunidad y el medioambiente[38]. Queda por ver si los líderes empresariales cumplirán su retórica, pero este cambio cultural sugiere que hemos ido más allá de las declaraciones genéricas de misión de «no hacer daño» y que ahora deberíamos esperar mucho más de nuestras empresas.

Los innovadores ganan cuando ganan sus clientes y sus cadenas de suministro. Construir un modelo de negocio multimisión, donde el impacto se alinea con la rentabilidad, no es fácil, pero si el modelo funciona, puede ser una receta para el éxito y el cambio. CircleUp, un prestamista para *startups*, examinó el rendimiento relativo de las empresas tradicionales frente a las corporaciones benéficas alineadas con la misión, o B Corps. Entre las empresas de consumo, la clasificación media de la marca de consumo en sus plataformas era de 5 sobre 10, mientras que el 75 % de las B Corps tenían clasificaciones de marca de 9 o 10. Esto se tradujo en el rendimiento de las ventas, así como en la rentabilidad de la empresa[39]. Los investigadores de la Harvard Business School, la Northwestern University y Causeway Capital determinaron que las empresas con buenas calificaciones en cuestiones de sostenibilidad directamente relacionadas con sus modelos de negocio superaban a las que tenían calificaciones más bajas y cotizaban por encima de sus homólogas[40]. Aún es pronto, pero otros han documentado el poder de la misión en la gobernanza y en la calidad de las prácticas de gestión de activos de una empresa[41].

Ser un atleta multimisión puede ser un facilitador clave de muchas de las estrategias descritas en este libro. Al crear equipos A, los atletas multimisión pueden atraer con mayor facilidad a candidatos alineados con la misión y competir con otras empresas. A la hora de reunir capital pueden acceder a un conjunto más amplio y diverso de fondos, incluido el capital gubernamental y de donantes, aunque pueden tener dificultades para atraer a las empresas de capital riesgo que todavía equiparan erróneamente el impacto con la falta de rentabilidad. Al trabajar con el ecosistema, es más probable que encuentren partidarios y patrocinadores que se identifiquen con la misión de la organización y deseen apoyarla.

Algunas personas sostienen que equilibrar las múltiples misiones de las empresas escalables y el impacto social exige hacer concesiones. Para los atletas multimisión, sin embargo, rara vez existe tal dicotomía.

Muchos ecosistemas desarrollados, incluido Silicon Valley, están plagados de problemas sociales insolubles, como la falta de vivienda, una sanidad inasequible, una educación pública deficiente y muchos otros. Aprender y adoptar las prácticas de los innovadores de frontera no solo nos ayudará a resolver estos acuciantes retos, sino que también capacitará a la próxima generación de innovadores de Silicon Valley para abordar problemas que van más allá de la aplicación para compartir fotos. Por mucho que me gusten mis aplicaciones para compartir fotos.

9
GESTIONAR EL RIESGO
Fomentar la confianza: no te
limites a «moverte rápido
y romper cosas»

La aceptación del fracaso y la audacia en el desarrollo rápido de productos y empresas son la piedra angular de la cultura de riesgo de Silicon Valley. Acuñado por Mark Zuckerberg: «Muévete rápido y rompe cosas» era el mantra de Facebook. Una vez dijo: «La idea es que si nunca rompes nada, probablemente no vas lo suficientemente rápido...». Al fin y al cabo, el objetivo de construir algo es construir algo, no no cometer errores»[1].

Por tanto, no pasa nada si los productos de Silicon Valley son imperfectos. Lo importante es poner las versiones a disposición de los clientes para que las prueben y luego recibir comentarios sobre la idea. Con el tiempo, el producto mejorará de forma natural a medida que se solucionen los problemas.

Esta cultura de aceptación del fracaso se extiende más allá de la forma en que se construyen los productos y las empresas. Impulsa la relación de Silicon Valley con la sociedad y las leyes: la actitud de moverse rápido y romper cosas no es precisamente propicia a la adhesión legal. Muchos modelos que siguen las empresas emergentes lograron su éxito empezando en zonas legales grises y operando bajo el radar como pequeñas empresas. Intentan cambiar las leyes a medida que crecen. Este fue el libro de jugadas de Uber: entrar en una ciudad, escalar rápidamente y, a continuación, confiar en la atención al cliente para cambiar las leyes locales[2]

Pero en la mayoría de los ecosistemas emergentes, el enfoque indiferente de Silicon Valley ante el riesgo de los productos y el desarrollo de las empresas, o su relación con la ley, no funciona. Los innovadores fronterizos ven el riesgo —en particular ciertos riesgos— como una externalidad que debe evitarse o, al menos, mitigarse. Esta filosofía no significa que no se corran riesgos. La gestión del riesgo consiste en determinar por adelantado qué riesgos son aceptables y cuáles no son negociables. Implica crear una cultura de gestión del riesgo, reflexionar de manera crítica sobre las posibles externalidades negativas de los productos y comprometerse de forma proactiva con el ecosistema.

1. Vida o muerte

Una vez le pregunté a David Rosenberg, consejero delegado de Aero-Farms, qué le quitaba el sueño. Sin pestañear, respondió de inmediato: «La regla número uno en agricultura es no matar a tu cliente». En resumen, la seguridad alimentaria es la principal preocupación de David.

AeroFarms es una empresa emergente de Newark (Nueva Jersey) que está a la vanguardia del movimiento de la agricultura vertical. La *agricultura vertical* consiste en cultivar frutas y verduras, a menudo en espacios reducidos de entornos urbanos, apilando las plantas unas encima de otras (en lugar de horizontalmente o una al lado de la otra, como es habitual en tierra).

Aunque AeroFarms es relativamente nueva (se fundó en 2004), su enfoque lleva décadas de investigación. Uno de sus cofundadores, Ed Harwood, de la Universidad de Cornell, es conocido por haber desarrollado un método aeropónico de cultivo vertical. A diferencia de las granjas hidropónicas, donde las plantas se cultivan en agua, la *aeroponía* consiste en cultivar plantas en el aire y alimentarlas con agua nebulizada. Ed consiguió importantes ahorros de costes y aumentos de eficiencia diseñando un medio de crecimiento de tela patentado.

Como una hamaca bien atada, la tela sostiene las plantas en posición vertical. Las raíces de la planta perforan la tela y crecen en el aire, colgando como las patas de una marioneta. Se las rocía con agua en el momento justo y en la cantidad adecuada para que crezcan de forma óptima.

La visión aeropónica de Ed transformó el modelo de negocio tradicional de la agricultura vertical en dos aspectos esenciales. En primer lugar, los insumos son menores. La nebulización en las raíces expuestas es más de un 50 % más eficaz que la hidroponía (que a su vez es un 70 % más eficaz que el cultivo en tierra). En segundo lugar, al no haber depósitos de agua, los cultivos son más ligeros y, por tanto, apilables. Al apilar hasta doce niveles de plantas a alturas de hasta cuarenta pies, AeroFarms mejora drásticamente la utilización del espacio de la granja[3]. La combinación de un mayor apilamiento y menos insumos permite la construcción de granjas productivas en entornos urbanos donde los bienes inmuebles son caros.

AeroFarms se expandió en 2011, cuando David, junto con Marc Oshima —que había estado trabajando en una iniciativa de agricultura vertical— se acercaron a Ed para fusionar sus respectivos negocios. Juntos, los tres combinaron la aeroponía con el análisis de datos y la innovación basada en procesos. Mediante el seguimiento minuto a minuto de los insumos (por ejemplo, la composición del aire, la temperatura, la solución nutritiva y el pH del agua) y la observación del crecimiento y la forma resultantes de la planta, mejoraron continuamente el método con el paso del tiempo[4].

Además de la granja insignia de AeroFarms en Newark, la empresa ha construido ocho granjas, tiene más de 150 empleados y ha recaudado unos 200 millones de dólares[5].

La base del sistema agrícola de AeroFarms es la seguridad alimentaria. Es un objetivo básico para todos en la empresa. En Aero-Farms, la ampliación comienza con un profundo conocimiento de los factores de riesgo potenciales y una estructura y cultura institucionalizadas de mitigación de riesgos.

Este planteamiento es una consecuencia necesaria del producto. Para David, un brote bacteriano en sus granjas podría matar literalmente a sus clientes. Una preocupación obsesiva por la seguridad alimentaria está justificada, porque su empresa está reinventando la forma de producir y distribuir alimentos. Si AeroFarms fracasa en seguridad alimentaria, fracasará en todo. Esta comprensión y actitud ante el riesgo es lo que diferencia a los innovadores de frontera.

2. Productos diferentes para clientes diferentes

La seguridad alimentaria puede parecer un ejemplo extremo. Sin embargo, no es un caso aislado. Como ha visto a lo largo de este libro, los innovadores de frontera ofrecen distintos tipos de productos a una clientela diferente.

En Silicon Valley, la mayoría de las *startups* resuelven problemas de los clientes que no son cuestión de vida o muerte. Por tanto, las consecuencias del fracaso no suelen ser catastróficas. Estas empresas abordan problemas que se sitúan más arriba en la jerarquía de necesidades de Maslow. Si su aplicación Uber dejara de funcionar, el *millennial* medio cogería un taxi (si estos siguen existiendo dentro de unos años), y si Venmo fallara, podría sacar dinero en el cajero automático (si estos siguen existiendo dentro de unos años). Algunas empresas se dirigen a la cúspide de la pirámide de Maslow, la autorrealización, incluyendo el uso y el perfeccionamiento de talentos (por ejemplo, MasterClass) e incluso la trascendencia (por ejemplo, Calm o Headspace para meditar). Estas empresas ofrecen valiosos servicios a sus usuarios. Pero no tienen consecuencias de vida o muerte para el cliente si las cosas van mal.

En este contexto, está bien, la mayoría de las veces, moverse rápido y romper cosas. También es mucho más fácil generar confianza entre los usuarios si el peor escenario posible no es tan malo.

La situación es diferente en la frontera, como habrás podido comprobar: cada vez hay más *startups* que resuelven necesidades críticas o proporcionan las infraestructuras que faltan. Esto incluye necesidades fisiológicas como la alimentación (por ejemplo, Aero-Farms), la luz (por ejemplo, Zola) y la salud y la educación (por ejemplo, Babylon Health y African Leadership University, que conocerás en el capítulo 11). Los innovadores de frontera también ofrecen productos y servicios a una clientela que tiene más que perder. Estos clientes buscan productos fiables, y a menudo cuesta mucho esfuerzo ganarse su confianza.

Los innovadores fronterizos deben comunicar que se centran en la gestión de riesgos para generar confianza entre sus clientes. En los primeros tiempos de M-PESA y Zoona, cuando ambas ofrecían un producto dirigido a los subbancarizados, las empresas lucharon por convencer a sus usuarios de que adoptaran sus sistemas. La percepción de confianza y seguridad por parte del cliente era fundamental para la adopción del producto, hasta el punto de que Zoona lo incorporó a su eslogan: «Fácil, rápido, seguro». La seguridad del producto se integró en la experiencia del producto, concretamente en las retiradas de efectivo. La posibilidad de que los clientes retiraran efectivo de la red de agentes se consideró un requisito previo para convencerles de que lo introdujeran en el sistema en primer lugar (las primeras transacciones de muchos clientes fueron pequeñas, solo para probar esta posibilidad con diferentes agentes). Si los cajeros siempre tuvieran dinero en efectivo para que los clientes lo sacaran, confiarían en la tecnología y estarían más dispuestos a ingresar dinero en efectivo en el sistema.

A veces, generar confianza puede requerir una manifestación física. Chris Folayan, fundador de Mall for Africa, una de las principales plataformas de comercio electrónico del continente, recuerda a los primeros clientes que dudaban de que la plataforma cumpliera sus promesas de entregar los productos pedidos en línea. Chris tuvo que construir una red física de confianza. Como él mismo explica: «la gente está acostumbrada a ir al mercado y conocer a sus proveedores cara a cara. En un mundo digital, esto no es posible»[6].

Para solucionarlo, Mall for Africa creó puntos físicos de recogida. En Estados Unidos, la ventaja de Amazon es su comodidad para la entrega a domicilio. Sin embargo, para Mall for Africa, el éxito llegó al permitir a los clientes recoger en la empresa y ver que era una empresa real. Chris redobló sus esfuerzos por ganarse la confianza de los clientes asociándose con marcas conocidas. La combinación de asociarse con marcas de confianza y demostrar una presencia física ayudó a impulsar la adopción por parte de los clientes y ha convertido a Mall for Africa en uno de los mayores actores del continente.

Los innovadores de frontera fabrican productos fiables que merecen confianza y fomentan las relaciones con sus clientes para generar esa confianza.

3. Elegir los riesgos aceptables

La innovación es un arte y no una ciencia. Suele decirse que los emprendedores «construyen el avión mientras lo pilotan». La creación de una nueva empresa, ya sea en Silicon Valley, en la frontera o en cualquier otro lugar, conlleva un alto riesgo. Los innovadores de la frontera empiezan por determinar qué tipos de riesgo son aceptables y cuáles no, y nadie lo hace mejor que Dr. Consulta. Fundada por Thomaz Srougi en 2011, Dr. Consulta es una ambiciosa *startup* que opera una cadena líder de clínicas médicas en Brasil.

La asistencia sanitaria gratuita está consagrada en la Constitución brasileña. Cubre desde la atención primaria hasta las visitas hospitalarias de larga duración. Desgraciadamente, el sistema sanitario público está infradotado y tiene largos tiempos de espera. Como consecuencia, más de una cuarta parte de los brasileños tienen un seguro médico privado, que les permite acceder a un sistema paralelo más rápido. Las otras tres cuartas partes no lo tienen. La visión del Dr. Consulta es ofrecer una alternativa asequible de atención primaria a las tres cuartas partes restantes de brasileños que no pueden permitirse opciones de gama más alta. Aprovecha la tecnología para simplificar drásticamente muchos procesos internos e innovar en el modelo de clínica médica para que los médicos puedan ofrecer una atención eficiente y excelente.

Como muchos innovadores fronterizos que ofrecen productos o servicios críticos, la comprensión del riesgo por parte de Thomaz tuvo serias implicaciones para la forma en que construyó su empresa y amplió sus operaciones. En palabras de Thomaz: «En seguridad del paciente tenemos tolerancia cero al riesgo»[7]. Para ofrecer asesoramiento médico en sus clínicas, Dr. Consulta contrató a los mejores médicos que pudo encontrar, negándose a comprometer la experiencia del paciente. Pero en todo lo demás, la empresa buscó experimentar e innovar. Por ejemplo, sus precios, a diferencia de la mayoría de los sistemas sanitarios del mundo, son muy transparentes. En un reciente artículo de *Business Insider*, este modelo se asemejaba más a un restaurante de comida rápida que a una clínica médica: «No acepta seguros y fija sus precios como si fuera el menú de un Mc Donald's. En cada consulta médica se indican los precios de los procedimientos. Por ejemplo, una consulta de medicina general cuesta unos 30 dólares (110 reales brasileños»)[8].

Cuando la empresa crea una nueva línea de productos, como la reciente instalación de máquinas de resonancia magnética (una primicia para las clínicas de Brasil), no experimenta con el proceso de la máquina, sino solo con la huella y la utilización de la clínica. Recientemente, Dr. Consulta ha creado una plataforma analítica que revisa las tendencias de los pacientes para predecir los resultados de los tratamientos y mejorar la atención (así como ayudar a los investigadores a encontrar mejores tratamientos o investigar nuevas terapias)[9]. Dr. Consulta también ha incorporado la gestión de riesgos al desarrollo de sus productos. Decidió empezar en el mercado más difícil: una favela de São Paulo. Si el modelo funcionaba con seguridad allí, la empresa sabía que funcionaría en cualquier parte, siempre que el producto fuera valioso y tuviera eco entre los clientes. Una vez que los médicos lo dominaran, el modelo tendría suficiente margen para funcionar en todas partes.

Dr. Consulta cuenta ahora con más de cincuenta clínicas, emplea a más de dos mil médicos y ha atendido a más de un millón de clientes. Ha obtenido más de 100 millones de dólares en financiación de capital riesgo de inversores de todo el mundo para ampliar el modelo a todo Brasil[10]. Cada una de sus innovaciones sigue realizándose de forma aislada y gradual, manteniendo la atención al paciente como objetivo principal e innegociable.

VisionSpring, que pretende ofrecer gafas de bajo precio en los mercados emergentes, incorporó la gestión de riesgos a la evolución prevista de sus productos. VisionSpring quería ofrecer gafas para niños, pero estas requerían la mayor excelencia operativa y complejidad de fabricación. Por tanto, la empresa escalonó el desarrollo de productos para desarrollar sus capacidades a lo largo del tiempo y gestionar el riesgo de ofrecer un producto de calidad inferior. Empezó con las gafas de lectura, seguidas de las gafas graduadas para adultos en edad laboral. Solo después de dominar estos pasos, la empresa intentó fabricar gafas para niños[11].

Para los innovadores de frontera, los productos y servicios de alta calidad son el resultado directo de un planteamiento meditado del riesgo: decidir dónde no conviene correr riesgos, como con la calidad de los alimentos o la atención al paciente, mientras se experimenta en otros ámbitos.

4. Una cultura de gestión de riesgos

Para cimentar este enfoque en productos de calidad y confianza, los innovadores de frontera suelen crear una cultura organizativa que gestiona los riesgos y capacita a sus empleados para actuar cuando ven algo.

David Rosenberg, de AeroFarms, creó su organización y su equipo en torno a la gestión de riesgos. Para dirigir su empresa, David informa a su junta directiva sobre siete indicadores clave de rendimiento operativo (KPI): (1) seguridad de las personas, (2) calidad y seguridad alimentaria, (3) rendimiento, (4) eficiencia operativa, (5) insumos (por ejemplo, nutrientes, semillas, energía), (6) precio y (7) mano de obra. Llama la atención que sus dos primeros KPI tengan que ver con la seguridad. Al fin y al cabo, y como se comenta en el capítulo 8, uno es lo que mide. Como dice David: «Si no podemos ofrecer seguridad y calidad a las personas, nada más importa»[12].

La seguridad alimentaria está presente en toda la estructura jerárquica e integrada en la cultura y el tejido de la organización. Tim Bender es el jefe de ingeniería y depende directamente de Roger Post, director de operaciones de AeroFarms. Antes de trabajar en AeroFarms, Tim ocupó, durante quince años, puestos directivos en ConAgra y ARYZTA, ambas empresas líderes del sector. Una de sus funciones en AeroFarms es plantearse constantemente cuestiones de seguridad: ¿Dónde pueden crecer las bacterias?

¿Qué podría dificultar la seguridad alimentaria? ¿Qué procesos deben implantarse para garantizar la calidad?

Cada explotación tiene un responsable de seguridad alimentaria. Los controles y equilibrios están integrados en la estructura jerárquica; los responsables de seguridad dependen del control de calidad, que a su vez depende del director de Operaciones y no del jefe de la explotación. David sabía que «puede haber compensaciones entre la seguridad alimentaria y la eficiencia... [Por eso creamos una estructura organizativa que permite la presentación de informes independientes, para asegurarnos de que las decisiones se toman a largo plazo por el bien de todas las partes interesadas]»[13].

AeroFarms era consciente de que estaba creando un nuevo proceso de producción de alimentos y de que no existían normas industriales de seguridad alimentaria. La mejor forma de reducir el riesgo era la limpieza periódica. Sin embargo, uno de los principales factores de coste de AeroFarms es la mano de obra asociada a la limpieza. ¿Cuánta limpieza es suficiente? David lo explica:

«Cuando pregunté a los líderes del sector de los invernaderos, sobre todo, en Europa, cuándo fue la última vez que limpiaron sus instalaciones, sus respuestas se centraron invariablemente en un acontecimiento [negativo] concreto y en la limpieza como consecuencia de ese acontecimiento. En nuestro caso, decidimos limpiar nuestras instalaciones veinticinco veces al año. No sabemos si es la respuesta correcta, y estamos seguros de que nos pasamos»[14].

La cifra de veinticinco limpiezas anuales de AeroFarms no fue determinada por la política ni por el jefe de ingeniería. Surgió de abajo arriba: el personal del equipo de seguridad sugirió que la limpieza se vinculara a otro paso de su proceso: los tiempos de cosecha. AeroFarms cultiva en ciclos de catorce días, lo que supone veinticinco cosechas al año. David afirma: «Empezamos con un listón muy alto, realista y muy conservador. A partir de ahí, iremos descubriendo el nivel adecuado»[15].

Aunque AeroFarms va por buen camino en cuanto a ventas y aperturas de plantas, su compromiso con la limpieza le ha dejado rezagado en sus estimaciones de costes de mano de obra porque ha añadido el paso extra de la limpieza. Para David, merece la pena. Puede que el proceso sea excesivo por ahora, pero tiene que ampliarse a muchos tipos de productos. Con los alimentos, no se aprende experimentando con un producto que sale al mercado.

La creación de una estructura de información exhaustiva para algo como la seguridad alimentaria fomenta la alineación del equipo, crea impulso y crea hábito. Como explica Charles Duhigg en su libro *El poder del hábito*, estas opciones de diseño contribuyen en gran medida a crear pautas de comportamiento repetibles. En última instancia, esto crea un círculo virtuoso que apoya no solo la evaluación y mitigación de riesgos, sino también la salud de la organización en general[16].

5. Consideración de las externalidades negativas

Hay quien sostiene que las *startups* deben dar un paso más y evaluar proactivamente las posibles consecuencias negativas de un producto tecnológico desde su concepción. El Institute for the Future, en colaboración con el Technology and Society Solutions Lab, ha publicado una guía que describe enfoques para planificar y evitar los posibles usos negativos de los nuevos productos. Abarcan ocho vectores de riesgo principales, entre ellos la verdad, la desinformación y la propaganda, junto con el riesgo de adicción a los productos. Escriben lo siguiente:

«Como tecnólogos, es natural que dediquemos la mayor parte de nuestro tiempo a pensar en cómo nuestra tecnología cambiará el mundo para mejor... Pero quizá sea más útil, en cierto modo, considerar el vaso medio vacío. ¿Y si además de fantasear sobre cómo nuestra tecnología salvará el mundo, dedicáramos algún tiempo a temer todas las formas en que podría, tal vez, solo tal vez, estropearlo todo?»[17].

El manual ofrece enfoques tácticos para incorporar la acción ética al desarrollo de productos desde el principio.

Pensemos en cómo podría haber sido este enfoque en Facebook. Si el consejo de administración de Facebook hubiera exigido un informe sobre el volumen de noticias falsas que se hacen virales en la plataforma, el número de cuentas falsas creadas o el aislamiento de los debates de cámara de eco en la plataforma, la empresa podría haber evitado algunas de sus externalidades no deseadas, aunque muy previsibles. Un enfoque más reflexivo del riesgo también se traduce en la relación de los innovadores de frontera con la ley.

6. Incumplir la ley o hacer la ley

Uno de los aspectos más intrigantes de la innovación fronteriza es la forma única en que los innovadores se relacionan con la ley en los ecosistemas en los que operan. Achmad Zaky, cofundador y CEO de Bukalapak, la *startup* indonesia de comercio electrónico que conociste antes, lo resume bien: «En muchos mercados emergentes [con un alto grado de informalidad económica] no hay normas. Por tanto, no las infringimos. La mayoría de las veces, mantenemos un diálogo abierto con el Gobierno para crearlas»[18].

Tomemos el caso de Uber en Estados Unidos frente a otras empresas análogas de transporte compartido en la frontera. En los mercados desarrollados, Uber eludía las leyes sobre puntos de recogida y comprobación de antecedentes de los conductores; después, fue objeto de investigaciones sobre su impacto y perdió licencias[19]. Era una fuerza disruptiva no regulada en un sector regulado e incluso sindicado.

En cambio, en muchos mercados emergentes no existe un sector del taxi regulado. En su lugar, algunos mercados tienen hordas de taxis no regulados, sin licencia, sin seguro, sin seguimiento y sin identificación. Las empresas de coches compartidos como Grab o Gojek en el Sudeste Asiático o 99 en América Latina (y Uber en muchos de estos mercados también) cambiaron esta situación. Los conductores deben presentar un documento de identidad con foto para registrarse y deben tener un seguro para unirse a estas plataformas. Si algo sale mal, no hay de qué preocuparse: todos los trayectos quedan registrados. Pero no es un sistema infalible. Por ejemplo, se han denunciado varios casos de secuestros de mujeres en la India por parte de conductores de Uber[20]. Sin embargo, en general, muchos observadores sostienen que es más seguro que la alternativa informal, sin seguimiento.

Lo mismo ocurre con toda una serie de negocios. Square, una de las más destacadas historias de éxito de las *fintech*, creó un producto revolucionario que permite a los pequeños comerciantes aceptar tarjetas de crédito. Al proporcionarles un accesorio que se conecta con sus teléfonos, Square libera a los comerciantes de la necesidad de adquirir costosos terminales de venta como los que hay en las tiendas de los centros comerciales. En su lugar, los comerciantes de Square pueden utilizar sus teléfonos móviles y crear recibos por correo electrónico. En Estados Unidos, la mayoría de los comerciantes que adoptaron la tecnología de Square ya eran negocios formales que declaraban impuestos y estaban regulados; lo que ocurre es que no aceptaban tarjetas de crédito[21].

Han surgido réplicas de Square en todo el mundo, como Clip en México, Yoco en Sudáfrica y Ezetap en la India. Para muchos de los comerciantes a los que sirven, aceptar tarjetas de débito y crédito representa su primera transacción dentro del sistema financiero formal. Son los vendedores de zapatos en los mercadillos, los revendedores de teléfonos móviles en las calles más transitadas o las tiendas de barrio de Ciudad de México, Johannesburgo o Delhi. De hecho, se están convirtiendo en empresas formales por primera vez.

En algunos casos excepcionales, los innovadores fronterizos tienen que colaborar estrechamente con los Gobiernos. Yousef Hammad, de BECO Capital, uno de los principales fondos de capital riesgo de Oriente Medio, afirma: «Los Gobiernos están muy implicados. Sin su apoyo, el sector privado no sobreviviría»[22]. Yousef se refería al sector del taxi de Dubái, que está muy vinculado al Gobierno, lo que significa que Uber o Careem no solo estaban desplazando a un sector formal o informal, sino a uno respaldado por el Gobierno. Por tanto, trabajar dentro del sistema establecido no era una opción, sino un requisito previo. Los innovadores fronterizos no se limitan a aportar mayor transparencia a los sectores en los que operan. A menudo buscan crear la infraestructura reguladora para sus industrias nacientes. David Rosenberg, de AeroFarms, es consciente de que no solo es pionero en un modelo de negocio, sino también en un sector totalmente nuevo de agricultura urbana. Por eso, para él, los alimentos de su sector deben ser tan buenos o mejores que las alternativas existentes. Como dice el refrán: «Nunca despiden a nadie por contratar a IBM». En otras palabras, cualquier paso en falso de AeroFarms, o de cualquiera de sus competidores más pequeños, corre el riesgo de alejar a los primeros clientes y hacer retroceder la industria de la agricultura vertical una década.

Por ello, las normas de salud y seguridad son cruciales, no solo para no matar a los clientes, sino también para la empresa y el crecimiento continuo del sector. David lo explica: «Si calculas la prensa sobre agricultura vertical, AeroFarms, una de las primeras y actual líder del mercado, se lleva alrededor del cincuenta por ciento. La gente nos ve como líderes de opinión. Pero la prensa también invita a competir y cada vez lo vemos más. El problema es que muchos recién llegados ni siquiera se plantean cuestiones de riesgo que nosotros ya hemos resuelto [por ejemplo, cada cuánto limpiar la planta]. Decidí que era parte de mi deber organizar a nuestro grupo de colegas»[23]. En consecuencia, AeroFarms lanzó la Coalición de Seguridad Alimentaria y Agricultura Urbana, que reúne a los principales innovadores de la agricultura vertical, establece normas de buenas prácticas y ejerce presión sobre el Gobierno para una regulación adecuada (y en este caso, más estricta).

Del mismo modo, Zola participó en el desarrollo inicial de la Global Off-Grid Lighting Association (GOGLA). M-PESA se comprometió con los reguladores antes incluso de pensar en ofrecer cuentas de dinero móvil[24]. Clip, la empresa de pagos mexicana, está muy involucrada con su regulador, incluso asesorando sobre la Ley Fintech mexicana (una ley que define cómo y dónde los innovadores pueden ofrecer productos y servicios financieros, dentro de un contexto prudencial para el consumidor)[25]. Ya sea por necesidad o por una práctica empresarial inteligente, los innovadores de frontera a menudo crean regulación y formalizan industrias, disminuyendo el riesgo para los clientes, así como para ellos mismos.

7. Por qué es importante

Se está produciendo un cambio sísmico. Los consumidores ya no toleran la actitud arrogante de Silicon Valley ante el riesgo. Exigen un enfoque más responsable. No hay más que ver la reciente reacción contra Facebook y X por permitir la injerencia de Rusia en las elecciones estadounidenses de 2016 y por el uso poco transparente que estas empresas hacen de los datos de sus clientes. Cada vez se exige más a las grandes empresas tecnológicas que mitiguen las consecuencias negativas de sus productos y se conviertan en mejores ciudadanos corporativos. Puede que no sea una coincidencia que Facebook cambiara su lema por: «Muévete rápido con una infraestructura estable»[26]. Mark Zuckerberg explicó la razón: «Lo que nos dimos cuenta con el tiempo es que no nos ayudaba a movernos más rápido porque teníamos que reducir la velocidad para corregir estos errores y no mejoraba nuestra velocidad»[27].

La arrogancia de Silicon Valley no tiene cabida en la frontera ni, cada vez más, en el propio Silicon Valley.

Los innovadores de frontera no pueden permitirse el lujo de ignorar el riesgo de sus productos o negocios. Ofrecen productos y servicios fundamentalmente necesarios, a menudo a poblaciones vulnerables. Por lo tanto, evalúan con cuidado los tipos de riesgo que se sienten cómodos asumiendo, incorporan un margen de seguridad, tienen en cuenta las externalidades negativas de sus productos y crean una cultura que respalde estos planteamientos. A menudo, dado que están creando industrias, buscan formalizarlas, crear una regulación adecuada y colaborar con el ecosistema para reforzar las mejores prácticas.

En los últimos seis meses de 2018, la capitalización bursátil de Facebook cayó de un máximo de 630 000 millones de dólares a 380 000 millones, una pérdida de casi 250 000 millones, en gran parte atribuida a la menor confianza de sus usuarios y de la sociedad en la plataforma y a su actitud hacia el riesgo del producto, a raíz de los escándalos de Cambridge Analytica y otros[28]. El enfoque más comedido del riesgo de los innovadores de frontera ofrece no solo un valioso contrapunto a la desfachatez de Silicon Valley, sino también un ejemplo (y una estrategia muy rentable) hacia el que todos deberíamos aspirar.

10
REINVENTAR LAS FINANZAS
Desarrollar nuevos modelos de empresa para los ecosistemas más difíciles

En innovación, quizá la relación simbiótica más fuerte sea la que existe entre los empresarios y los inversores de capital riesgo. Sin capital riesgo, los empresarios podrían tener una idea, pero no la forma de ponerla en marcha. Están dispuestos a vender una parte de su empresa a cambio de capital y asesoramiento para acelerarla. Y, por supuesto, sin empresarios, los inversores de capital riesgo no tendrían a nadie que hiciera el duro trabajo de crear una empresa[1]. Sin embargo, esta relación de dependencia mutua puede desequilibrarse.

Carlos Antequera es un antiguo empresario reconvertido en inversor de capital riesgo. Conoce a fondo la idiosincrasia del sector y está decidido a trazar un camino diferente. Originario de Bolivia,

Carlos estudió informática y matemáticas en Kansas y más tarde trabajó como ingeniero de *software*. Tras completar su MBA, fundó Netchemia en Kansas, originalmente como consultora de internet para ayudar a las empresas latinoamericanas a conectarse y digitalizar sus procesos.

Entonces, un conocido le pidió ayuda para automatizar la educación especial en el distrito escolar de Topeka (Kansas). Pronto otros distritos escolares oyeron hablar del producto y solicitaron su ayuda. Netchemia encontró su nicho construyendo una plataforma de gestión del talento para que los distritos escolares contrataran, desarrollaran y formaran a sus profesores y administradores. Netchemia creció hasta convertirse en un actor nacional dominante en los Estados Unidos y dar servicio a más de tres mil quinientos distritos escolares, ayudándoles con el tiempo con una gama de productos que abarcaban bolsas de trabajo, seguimiento de candidatos, registros de empleados y gestión del rendimiento.

Carlos creó su empresa sin capital riesgo tradicional. Manejó Netchemia durante cuatro años hasta que consiguió una ronda inicial de 850 000 dólares de inversores ángeles. Muchos años después, para financiar algunas inversiones en la empresa, recibió una inversión de capital privado de 6.5 millones de dólares, con lo que básicamente se saltó la fase de capital riesgo[2].

Reflexionando sobre su experiencia, Carlos llegó a la conclusión de que el capital riesgo clásico no habría funcionado para su empresa. Netchemia tenía un modelo de negocio sólido, un buen crecimiento e ingresos muy predecibles, pero no tenía ni el potencial ni la ambición de multiplicarse por cien. Al tratarse de una empresa tecnológica en expansión con garantías limitadas, tampoco encajaba bien en los préstamos bancarios.

El modelo de capital riesgo no funcionó para Netchemia, ni funciona para muchas empresas como ella. Como explica Carlos: «Si hubiera querido que Netchemia encajara con un inversor de capital riesgo, habría tenido que romper lo que ya tenía. Los inversores de capital riesgo necesitan mercados más grandes en los que invertir. Habría tenido que salir de un nicho de mercado y lanzarme a por una idea más grande. Pero si me dirigía a un mercado más grande sin experiencia, probablemente perdería todo lo que había construido con tanto esfuerzo»[3].

En 2016, quince años después de ponerla en marcha, Carlos vendió Netchemia a una empresa de capital riesgo. Como siguiente paso, quería encontrar una forma de apoyar financieramente a más emprendedores como él que estaban creando empresas como Netchemia, incompatibles con el capital riesgo tradicional al estilo de Silicon Valley.

    ¿Qué tenía el modelo de capital riesgo que era tan incompatible con las inversiones deseadas por Carlos? Para entenderlo, exploremos primero los principios básicos del capital riesgo clásico, típicamente asociado a Silicon Valley.

1. Una historia de alta mar

Los capitalistas de riesgo son inversores especializados en empresas de nueva creación. Recaudan fondos —fondos comunes de capital— que invierten a lo largo de tres o cuatro años; luego ayudan a sus inversiones a madurar y, en última instancia, a salir. Un fondo medio tiene una duración de diez años. Para seguir invirtiendo, la empresa de capital riesgo recauda un nuevo fondo cada vez que termina de invertir el primero. Los socios generales (los inversores de capital riesgo) invierten el capital de los socios comanditarios (*family offices*, fondos de pensiones, dotaciones universitarias, fundaciones y empresas) que confían su capital al fondo. Los inversores de capital riesgo tienen un modelo de negocio casi universal, que se compone de un sistema de comisiones y reparto de beneficios (a menudo denominado 2 & 20, la estructura de comisiones típica de los fondos de capital riesgo, consistente en una comisión de gestión y un *carry*, que se explicará en breve)[4].

Cuando pregunto a mis alumnos dónde creen que se originó el modelo clásico, suelen apostar por los primeros tiempos de Silicon Valley. Pero sus raíces son mucho más antiguas y no tienen nada que ver con la tecnología. De hecho, la estructura de reparto de beneficios, hoy en día estándar, fue pionera en el siglo XIX en New Bedford, Massachusetts, para una industria completamente diferente: la caza de ballenas. Aunque New Bedford era solo uno de los muchos puertos que sostenían la industria ballenera, dominaba el comercio a escala mundial. Como señala *The Economist*, los balleneros de New

Bedford «no inventaron un nuevo tipo de barco ni una nueva forma de rastrear las ballenas, sino que desarrollaron un nuevo modelo de negocio que resultó extremadamente eficaz para reunir capital y trabajadores cualificados a pesar de los inmensos riesgos que ambos implicaban»[5]. De los novecientos barcos balleneros que había en todo el mundo en 1859, setecientos eran estadounidenses, el 70 % de los cuales procedían de New Bedford[6].

El modelo ballenero de New Bedford funcionaba de forma sorprendentemente similar al moderno sistema de capital riesgo. Los agentes balleneros (el equivalente a las empresas de capital riesgo actuales) captaban inversores y aportaban capital para comprar y equipar los barcos. A cambio, recibían una parte de los beneficios (una porción de lo que se podía llevar del barco). A menudo, los capitanes (nuestros empresarios actuales) también invertían su propio capital en el barco y recibían una parte significativa de los beneficios. A la tripulación se le pagaba íntegramente con los ingresos del viaje, de forma parecida a como hoy en día las opciones sobre acciones recompensan a los empleados de las empresas emergentes. Los plazos eran largos: los barcos solo regresaban cuando el barco estaba lleno, algo que a menudo podía llevar años, y un porcentaje significativo de los barcos se perdía en el mar[7].

Al igual que la caza de ballenas a mediados del siglo XIX, el capital riesgo es una estrategia de inversión arriesgada. Cada inversión única en una *startup* tiene un alto riesgo de fracaso; una reputada empresa de investigación de San Francisco predijo que hay menos de un 1 % de posibilidades de que una *startup* de Silicon Valley se convierta en un unicornio. Alrededor del 70 % de las nuevas empresas fracasan[8].

El riesgo inherente al modelo de capital riesgo se ve compensado por sus posibles recompensas. Las inversiones de éxito en *startups* no aumentan entre un 10 % y un 20 %, como podría hacerlo el mercado bursátil, sino un 100 % o un 200 % y, a veces, mucho más. A través de sus fondos, los inversores de capital riesgo hacen múltiples apuestas y esperan que los beneficios de un pequeño número de ganadores compensen con creces las pérdidas acumuladas por el camino.

Estas inversiones pueden ser muy rentables; por poner un ejemplo extremo, se rumorea que la empresa de capital riesgo de Silicon Valley Accel devolvió 9000 millones de dólares de su inversión original de 12 millones de dólares en Facebook[9]. Del mismo modo, cuando Sequoia invirtió en WhatsApp, se rumoreó que su participación valía hasta 3000 millones de dólares a la salida, más de cincuenta veces la inversión original[10]. Aunque ambas transacciones son atípicas, ilustran la economía en funcionamiento. Unos pocos resultados financieros muy positivos tienden a dominar los rendimientos de un fondo de capital riesgo y a cubrir las pérdidas del resto de la cartera. En general, los rendimientos del capital riesgo son atractivos, con una media anual del 9.6 % en los últimos diez años y de casi el 20 % en los últimos treinta años[11].

Sin embargo, la estructura del capital riesgo también conlleva sus propios incentivos y particularidades, que a su vez influyen en el comportamiento de la industria de la innovación. Los fondos tienen diez años para invertir y devolver el capital, una práctica que marca la línea de llegada cuando un inversor busca salir. Los fondos están estructurados con un 20 % de *carry interest* (los fondos reciben el 20 % de los rendimientos que generan para sus inversores), por lo que buscan *startups* que puedan obtener beneficios lo suficientemente grandes como para maximizar las plusvalías en el plazo deseado. La comisión de gestión del 2 % sufraga el funcionamiento del fondo.

Como era de esperar, este modelo no funciona en todas partes.

2. La realidad de la inversión de capital en la frontera

A pesar de su dominio mundial, el modelo tradicional de capital riesgo no se traslada a la perfección al mundo fuera de Silicon Valley. Al igual que los innovadores fronterizos a los que sirven, los inversores de capital riesgo de los ecosistemas emergentes se enfrentan a retos únicos.

Por supuesto, la escasez de capital es un reto clave. Mientras que Silicon Valley cuenta con casi mil fondos de capital riesgo, los cincuenta y cuatro países africanos suman menos de noventa empresas (menos de dos por país)[12]. América Latina cuenta con menos de 150 empresas en toda la región[13]. Esta disparidad también se extiende a Estados Unidos, donde todo el Medio Oeste apenas representó el

0.7 % de la inversión nacional en capital riesgo (frente al 40 % de la Costa Oeste)[14].

Además, las condiciones macroeconómicas, como las analizadas en el capítulo 3, crean más incertidumbre para los inversores fronterizos y ponen en peligro la rentabilidad. Una caída del 30 % de la moneda de un país podría afectar considerablemente a la rentabilidad de un inversor.

Los plazos de salida también son más largos. Mientras que, en Silicon Valley, un inversor de capital riesgo puede contar con un ecosistema de adquisiciones corporativas preparado y con mercados de OPI estables, en un ecosistema emergente ninguna de las dos cosas está garantizada[15]. A primera vista, la combinación de capital limitado, dependencia de otros inversores, salidas singularmente difíciles y riesgos macroeconómicos dibuja un panorama desalentador.

A pesar de estos múltiples retos, los fondos de capital riesgo de las fronteras están demostrando su viabilidad, y a menudo se trata de modelos de negocio muy atractivos. Cambridge Associates, una consultora de inversiones, calcula que el rendimiento medio del capital riesgo y el capital privado de los mercados emergentes en los últimos quince años es superior al 10 %[16]. Otros índices especializados sugieren que los rendimientos de los mercados emergentes superan a los de Estados Unidos en múltiples épocas[17].

Algunas de las estrategias utilizadas por los principales inversores fronterizos para lograr este objetivo incluyen la construcción de una cartera resistente, la globalización nata y la adopción de una perspectiva a largo plazo.

3. Resistencia de la cartera

La cartera de capital riesgo de frontera tiene unas perspectivas de riesgo y rentabilidad distintas a las de Silicon Valley.

Las empresas de capital riesgo dependen de unas pocas inversiones para llevarse todo el fondo, porque por cada idea de negocio siempre habrá múltiples empresas intentando construirla y solo una acabará dominando el mercado y haciendo dinero para la empresa de capital riesgo. Por cada Facebook, hubo un Myspace. Cuando una empresa tiene éxito, las *startups* recaudan una gran suma de capital para hacerse rápidamente con la cuota de mercado antes de que lo haga nadie. La ley de potencia, como se observa en el gráfico 10.1, describe este paradigma. A diferencia de las distribuciones normales, en una ley de potencias el par de empresas que más triunfan obtienen un éxito desmesurado, mientras que el resto obtienen rendimientos de leves a nulos.

La ley de potencia también se aplica al capital riesgo. Las estimaciones sugieren que, después de las comisiones, la mitad de las empresas de capital riesgo no devuelven su capital (una tasa de rentabilidad cero o negativa), y solo el 5 % devuelve más de tres veces el capital (el equivalente a una rentabilidad anualizada del 12 % en diez años). Esto significa que, al cabo de diez años, la mitad de las empresas de capital riesgo ofrecen peores rendimientos que, comparativamente, invertir en cuentas corrientes a bajo interés (con un nivel de riesgo mucho mayor)[18].

Sin embargo, incluso cuando la mitad de las empresas obtienen malos resultados, la rentabilidad media del sector sigue siendo bastante atractiva. Esto se debe a que la rentabilidad está muy concentrada en unas pocas empresas y, dentro de ellas, en unas pocas operaciones que generan la mayor parte de la rentabilidad.

En la frontera, esta dinámica es más matizada y menos extrema.

Gráfico 10.1 Distribución normal frente a ley de potencia

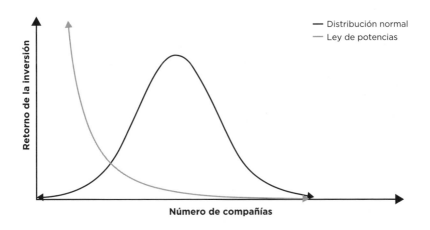

Como se ha visto, los innovadores fronterizos construyen sus empresas de forma diferente a sus homólogos de Silicon Valley. Aunque siguen creciendo, dado que no suele haber cinco adversarios compitiendo por el primer puesto, los innovadores fronterizos se preocupan más por tener modelos de negocio sólidos y disfrutar de un crecimiento repetible que por acaparar todo el terreno. Ser un camello puede reducir la velocidad a la que se alcanza el éxito, pero disminuye la probabilidad de un fracaso total. De hecho, los estudios sugieren que las empresas emergentes de la frontera tienen mayores tasas de supervivencia que las de Silicon Valley[19].

El inconveniente de las menores tasas de fracaso es que, hasta ahora, el éxito estratosférico es más raro. Con la excepción de China, ninguna otra región ha sido capaz de generar de forma constante tantos unicornios o unicornios tan grandes como Silicon Valley en la última década. A escala mundial, Estados Unidos tiene más de la mitad de los unicornios y China representa otra cuarta parte. Excepto Alemania, India, los Países Bajos, Rusia, los Emiratos Árabes Reunidos y el Reino Unido, ningún otro país ha visto aún dos o más salidas de unicornios. Todo el continente africano vio no hace demasiado su primera salida a bolsa de una *startup*: Jumia. Incluso en Estados Unidos, fuera de California y Nueva York, la gran mayoría de los estados no pueden presumir de un solo unicornio[20].

Aunque la investigación académica sobre el tema está aún en sus inicios, los primeros datos sugieren que los inversores de capital riesgo de la frontera tienen una menor probabilidad de éxito extraordinario a nivel de unicornio, pero también una menor probabilidad de fracaso, ya que están creando empresas rentables y sostenibles. Esto no significa que el capital riesgo en la frontera no dependa de los grandes ganadores. Sin embargo, la combinación de carteras es diferente. El gráfico 10.2 explica esta dinámica.

Gráfico 10.2 La ley del poder en la frontera frente
a Silicon Valley

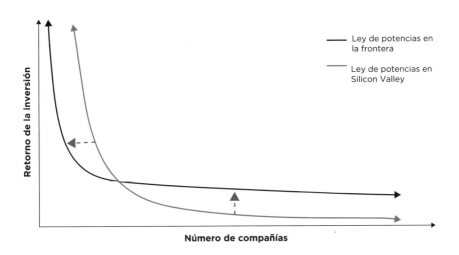

La empresa de capital riesgo del Sudeste Asiático Asia Partners estudió la ratio de Sharpe (la cantidad de rendimiento para una cantidad determinada de riesgo) del capital riesgo en el Sudeste Asiático en relación con otras clases de activos. El capital riesgo era uno de los más atractivos de todas las categorías y, sorprendentemente, ofrecía el mismo nivel de rentabilidad ajustada al riesgo que el sector inmobiliario[21].

Para aumentar la resistencia de sus carteras, los inversores de capital riesgo de la frontera también colaboran con otros inversores. Esta sindicación reduce los riesgos de las inversiones de dos maneras. En primer lugar, cada fondo no necesita asignar tanto a una sola operación. Esto permite a los fondos más pequeños diversificar sus carteras. En segundo lugar, la sindicación garantiza que haya más participantes para ayudar a financiar a las empresas cuando obtengan nuevas rondas de financiación[22]. La sindicación también está relacionada con una mayor probabilidad de salidas a valoraciones más altas[23].

En Silicon Valley, la sindicación es cada vez menos frecuente (salvo en las primeras fases). El tamaño de los fondos de capital riesgo ha continuado su inevitable marcha ascendente, y muchos de los principales inversores recaudan sistemáticamente más de 1000 millones de dólares[24]. En consecuencia, los inversores de Silicon Valley suelen tratar de firmar cheques más grandes (los más pequeños serían irrelevantes para un fondo de mil millones de dólares) y adquirir una participación significativa (de modo que, en caso de que la empresa tenga éxito, el inversor coseche una mayor parte de las recompensas). A su vez, esta dinámica dificulta la sindicación de operaciones o la participación de otros fondos. Las dinámicas de inversión fronterizas, como la sindicación, pueden significar un momento de «lo viejo es nuevo» para quienes han estudiado la historia de Silicon Valley. En los tiempos originales de Silicon Valley, la mayoría de los fondos también colaboraban[25].

4. Nace la diversificación global

Históricamente, el capital riesgo era un juego local. Por una buena razón: para apoyar con éxito a los emprendedores se requiere un profundo conocimiento de los puntos débiles del sector, del panorama político y normativo y de la dinámica económica. También se debe a que los inversores de Silicon Valley prefieren invertir cerca de casa. Un análisis de los fondos de capital riesgo reveló que casi dos tercios de la cartera de un inversor típico con sede en el Área de la Bahía se encontraba en dicha zona, y el 80 % en la Costa Oeste[26].

Para muchos inversores de capital riesgo de frontera, el multirregionalismo está intencionadamente entretejido en el tejido de la empresa. Al igual que las empresas emergentes nacidas en todo el mundo que vimos en el capítulo 5, muchas empresas de capital riesgo adoptan un enfoque multimercado desde el principio por necesidad. Crear una empresa de capital riesgo de un solo mercado es todo un reto. Por su propia naturaleza, las empresas fronterizas se extienden a múltiples mercados, por lo que el ganador en cualquier país puede ser local o tener su origen en otro lugar.

Además, las tendencias de innovación ya no son unidireccionales desde Silicon Valley y ahora siguen una cadena de suministro global. Para agravar esta situación, en los ecosistemas más desarrollados (en particular para las operaciones que van más allá de las series A y B, fuera de los mayores mercados emergentes como Brasil, China y la India), rara vez hay suficiente flujo de operaciones para mantener un único fondo. En consecuencia, las empresas se expanden por toda la geografía para encontrar un flujo suficiente de operaciones. Las empresas emergentes nacidas en todo el mundo se enfrentan a la competencia de todas partes. Por lo que, sus inversores a menudo se organizan para invertir más allá de las fronteras, detectando tendencias en otras zonas geográficas y ayudando a las empresas de su cartera a convertirse en líderes mundiales (o al menos regionales) de su categoría.

Cathay Innovation, por ejemplo, es una empresa internacional por diseño, con presencia en todo el mundo y oficinas en Asia, África, Europa y Estados Unidos. Su visión es crear una plataforma global que comparta lecciones sobre tendencias en innovación, incluya corporaciones internacionales para apoyar a los emprendedores y ayude a las empresas de su cartera a expandirse por los mercados.

5. Perspectivas a largo plazo

Las limitaciones temporales (típicas del capital riesgo de Silicon Valley) obligan a los inversores a pensar en un plazo determinado, restringiendo así la trayectoria de crecimiento de una *startup* y las necesidades del emprendedor. Esta práctica es contraria a los intereses de los socios comanditarios, que se centran en la maximización del capital a largo plazo.

Estas limitaciones de tiempo son un reto importante para los inversores de capital riesgo en la frontera, donde, como han visto, los plazos para salir son más largos. Para hacer frente a este reto, el planteamiento que me parece más convincente es el de un fondo perenne.

Los inversores que utilizan estructuras *evergreen* no tienen un plazo fijo para devolver el capital a los socios comanditarios y siguen reinvirtiendo a medida que vuelven los beneficios. Naspers, un conglomerado sudafricano y uno de los principales inversores mundiales de primer nivel, tiene una estructura de inversión *evergreen*.

La primera inversión de riesgo de Naspers fue en Tencent. El consejero delegado de Naspers quería adquirir una empresa china de medios de comunicación. En 2001, el equipo tropezó con WeChat, una aplicación de comunicaciones que muchos empresarios utilizaban para comunicarse. Lo que empezó como una discusión sobre una adquisición se transformó en un acuerdo para comprar casi la mitad de Tencent por 32 millones de dólares. Casi dos décadas después, la capitalización bursátil de Tencent supera los 500 000 millones de dólares y la participación de Naspers supera los 100 000 millones (en los últimos diez años, la valoración bursátil de Naspers se ha disparado de 1000 millones de dólares a más de 100 000 millones, en gran parte gracias a esta única operación)[27]. Esta inversión es posiblemente la operación de capital riesgo más exitosa de todos los tiempos[28].

Desde entonces, Naspers ha invertido en todo el mundo y ha ampliado su presencia para incluir oficinas en Brasil, Hong Kong, India, Israel, Países Bajos, Singapur y Sudáfrica[29]. Liberada de devolver capital a los inversores dentro de un fondo de duración limitada, como empresa que cotiza en bolsa, Naspers puede hacer apuestas a largo plazo, como Tencent, y mantenerlas hasta que fructifiquen.

Del mismo modo, Vostok Emerging Finance (VEF) se fundó en 2015 para invertir en *startups* de servicios financieros de todo el mundo. VEF cotiza en la bolsa de Estocolmo, lo que le permite mantener posiciones todo el tiempo que necesite[30]. Como fondo permanente, VEF puede ser flexible en cuanto a la fase, el tamaño de la inversión y la estructura de la operación. VEF ya ha invertido en una serie de empresas de todo el mundo en fases tempranas y tardías[31].

Aunque Naspers y VEF son empresas que cotizan en bolsa, los fondos *evergreen* también pueden ser estructuras privadas. Por el momento, no son comunes las estructuras *evergreen* privadas ni las que cotizan en bolsa. Dado que la estructura no está generalizada, muchos socios comanditarios aún no se sienten cómodos invirtiendo en fondos *evergreen*[32]. Otra solución con la que están experimentando los inversores son los fondos a largo plazo (es decir, a más de diez años)[33].

Aunque todavía están fuera de la corriente dominante, estas estructuras de fondos señalan una tendencia importante dentro de las finanzas fronterizas: los inversores han reconocido la necesidad de adoptar una perspectiva a más largo plazo.

Al igual que están cambiando las herramientas de inversión, la construcción de carteras y el diseño de fondos, también están cambiando los actores. Entre los nuevos actores figuran los inversores corporativos y de impacto.

6. Inversores corporativos

Los inversores corporativos son una importante fuerza impulsora del desarrollo del ecosistema fronterizo. En cambio, en Silicon Valley, las grandes empresas inversoras adoptan un enfoque bifurcado. Para muchos, su principal preocupación es adquirir empresas. Observan cómo maduran las *startups* y luego compran las que consideran más sinérgicas con sus operaciones o más amenazadoras para su vitalidad a largo plazo. La compra por parte de Facebook de WhatsApp e Instagram —dos redes sociales en rápida expansión que no podía reproducir ni permitir que tuvieran éxito— ilustra este último escenario. Algunos inversores corporativos van un paso más allá e invierten a través de vehículos específicos, principalmente fondos de capital riesgo corporativo (CVC). Aunque los CVC están en alza en Silicon Valley, los inversores tradicionales los empequeñecen en escala.

Esta dinámica se invierte en muchas partes de la frontera, incluida China. En China, potentes empresas tecnológicas como Baidu, Alibaba y Tencent (a menudo conocidas por el acrónimo BAT) son inversores y socios dominantes de empresas emergentes. A diferencia de sus homólogos de Silicon Valley, no se limitan a invertir capital o a adquirir empresas. Aprovechando sus plataformas (como WeChat de Tencent o Ant Financial de Alibaba, su filial de pagos), pueden ofrecer una potente distribución y apoyo a través de sus ecosistemas. Los inversores de BAT han respaldado y se han asociado con más de una cuarta parte de los unicornios de China[34].

Los inversores corporativos chinos también están afectando a otros ecosistemas. Ant Financial, una empresa emergente de rápido crecimiento (en el momento de escribir estas líneas, se prevé que salga a bolsa con una valoración de más de 100 000 millones de dólares, eclipsando por un amplio margen a la mayor empresa emergente de Silicon Valley), recaudó casi 3000 millones de dólares específicamente para financiar empresas de servicios financieros de mercados emergentes[35]. Según los informes, Tencent invirtió 30 000 millones de dólares en empresas entre 2015 y 2017, incluidas empresas como Snapchat, Spotify, Tesla y Uber[36].

En el Sudeste Asiático, los inversores corporativos se han convertido en importantes inversores en fases de crecimiento. En la actualidad, están financiando la batalla en curso entre Grab, una empresa emergente con sede en Singapur que ha recaudado miles de millones y está respaldada por Alibaba y Softbank, y Gojek, la empresa clave de Indonesia, respaldada por Tencent y JD.com (una de las mayores empresas de comercio electrónico tecnológico de China)[37].

Por supuesto, el aumento de la inversión corporativa no es solo un fenómeno chino. Naspers, quizá uno de los mayores inversores de frontera, es un inversor corporativo. De hecho, el mayor fondo de capital riesgo del mundo está dirigido por un inversor corporativo. En 2016, SoftBank, con sede en Japón, lanzó el Vision Fund y recaudó casi 100 000 millones de dólares para invertir en *startups* de todo el mundo. SoftBank recaudó un fondo separado de 5000 millones de dólares dedicado a América Latina[38].

Entre 2013 y 2018, la inversión en CVC se quintuplicó —de 10 000 millones de dólares a más de 50 000 millones— y ahora las CVC participan en casi una cuarta parte de todas las operaciones (frente al 16 % en 2013)[39]. Hay más de mil grandes empresas con CVC, incluidas setenta y cinco de las Fortune 100[40]. Este número incluye a todos, desde Salesforce.com hasta Barrio Sésamo. Los CVC son cada vez más internacionales: el 60 % procede de fuera de Estados Unidos[41]. Si la frontera sirve de indicación, los CVC globales pueden parecerse menos a los de Silicon Valley que invierten o adquieren, y seguir en cambio el modelo de fomento y asociación adoptado en China y otros lugares.

7. El auge de la inversión de impacto

En el capítulo 8 se destaca el equilibrio que mantienen los innovadores de frontera cuando trabajan para priorizar tanto el impacto social como el éxito empresarial. Del mismo modo, un grupo de empresas de inversión son cada vez más pioneras y están ampliando las inversiones de impacto. De hecho, las inversiones de impacto son una fuerza motriz en la frontera.

Omidyar Network, mi anterior empresa, fue uno de los primeros fondos de inversión de impacto. Omidyar Network tiene una estructura única, que combina una organización sin ánimo de lucro con un modelo tradicional de capital riesgo LLC. Este acuerdo permite a sus equipos de inversión ejercer una gran flexibilidad a la hora de conceder subvenciones e invertir en emprendedores de todo el mundo.

Cuando empezó, Omidyar era uno de los pocos fondos de un sector en auge. Ahora, la inversión de impacto es un campo cada vez más concurrido. Muchas fundaciones y organizaciones sin ánimo de lucro se han inclinado por este modelo, porque el capital puede devolverse y reinvertirse y puede apoyar a una amplia gama de instituciones. En el otro extremo del espectro, instituciones financieras tradicionales mucho más grandes también están adoptando este modelo. En 2017, Texas Pacific Group (TPG Capital), uno de los principales grupos de capital privado del mundo, cerró un fondo de inversión de impacto de 2000 millones de dólares[42]. La Fundación Ford anunció que había destinado 1000 millones de dólares de su dotación a inversiones relacionadas con misiones. Desde que se acuñó el término inversión de impacto en una conferencia de Rockefeller en 2007, se han destinado más de 220 000 millones de dólares en activos al sector de impacto[43].

Al igual que los atletas multimisión, en los ecosistemas emergentes los inversores de capital riesgo de frontera apoyan cada vez más a organizaciones cuyo impacto es intrínseco al modelo de negocio. Todos los inversores tienen un importante papel que desempeñar a la hora de apoyar a los innovadores fronterizos —y a todos los emprendedores— en su empeño por crear empresas que importen y tengan un impacto transformador.

8. Desafiar la estructura de inversión típica

Muchos de los principales innovadores fronterizos descritos en este libro, como Gojek, Grubhub y Guiabolso, se financiaron a través de estructuras tradicionales de capital riesgo, así como de inversores corporativos y de impacto. Es normal. Este modelo sigue siendo, con diferencia, la opción dominante.

Pero muchos inversores en la frontera están empezando a experimentar con nuevos modelos, como la creación de nuevas estructuras de inversión, el aprovechamiento de la inteligencia artificial para obtener y tomar decisiones, y la posibilidad de que los usuarios inviertan.

En 2016, Keith Harrington, un inversor de capital riesgo del Medio Oeste de Estados Unidos, experimentaba una frustración cada vez mayor con el modelo tradicional de capital riesgo. Pocas de las empresas con las que se encontraba eran aptas para el capital riesgo. «Eran grandes empresas —explicó Harrington—, pero no encajaban en los modelos tradicionales de capital riesgo». Según todos los indicios, crecían de forma impresionante, a menudo por encima del 20 %. Esto, por supuesto, es lento para una nueva empresa. [Nunca habían obtenido capital riesgo y vigilaban de cerca el efectivo y la gestión de la rentabilidad][44].

Dado que el capital riesgo encontró su inspiración en una industria de recursos específica —la minería— Keith Harrington exploró otras industrias en busca de ideas. Encontró oro en la minería, que se basa en un sistema de cánones. Los prospectores pagan a sus inversores un determinado porcentaje a lo largo del tiempo. Por tanto, los inversores comparten las ventajas y desventajas del negocio; solo cobran si los prospectores tienen éxito y, si las cosas no van bien, hay menos pagos.

Keith unió fuerzas con Carlos Antequera, de Netchemia, y así nació Novel Growth Partners. Los dos hombres propusieron una solución alternativa inspirada en la minería para financiar *startups*: una participación en los ingresos. En lugar de comprar capital en el negocio, comprarían una parte de los ingresos de la empresa durante un cierto tiempo.

La estructura de participación en los ingresos aborda simultáneamente dos retos: la larga duración de la inversión y el riesgo de no encontrar una salida. A diferencia del modelo tradicional, las participaciones en los ingresos ofrecen liquidez asegurada. Para recuperar su capital, los inversores de capital riesgo de Silicon Valley tienen que esperar a que alguien compre sus acciones, una eventualidad que requiere que la empresa sea adquirida o salga a bolsa, resultados que distan mucho de ser seguros. Sin embargo, una participación en los ingresos se basa en los ingresos actuales. Para muchas empresas, los ingresos futuros en los próximos dos o tres años son relativamente predecibles. Los inversores tienen garantizada una salida y unos pagos en plazos fijos. Los empresarios se benefician del control que les otorgan las participaciones en los ingresos, ya que los inversores no poseen acciones de la empresa.

Una de las primeras inversiones de Novel fue en MyMajors. Aunque se fundó en 1964, acababa de desarrollar un algoritmo para ayudar a los estudiantes universitarios a encontrar su especialidad académica. El programa cubre un nicho crucial y a menudo ignorado. Como señala Keith: «La mayoría de las universidades gradúan a sus estudiantes en seis años o más. La razón es que los estudiantes cambian de especialidad. Es un problema para todos. Las universidades intentan averiguar cómo aumentar las tasas de retención y graduación. Los estudiantes quieren sacar el máximo partido a su educación»[45]. MyMajors ayuda a los estudiantes a centrarse pronto en áreas de estudio prometedoras.

Estos tipos de estructuras novedosas de participación en los ingresos son aún muy incipientes, pero están ganando terreno en el sector del capital riesgo y seguirán proliferando. Ya existen al menos ocho fondos basados en los ingresos en Estados Unidos. Como era de esperar, han surgido, sobre todo, fuera de Silicon Valley, como en Dallas, Park City, Toronto y Seattle[46].

9. Toma de decisiones informatizada

La inteligencia artificial se está convirtiendo en una herramienta cada vez más importante para la búsqueda de capital riesgo y la toma de decisiones tanto en Silicon Valley como en la frontera. Más de ochenta empresas de capital riesgo de todo el mundo han hecho públicos sus modelos de inteligencia artificial. Es probable que muchas otras lo hagan en privado[47].

Dado que hay menos capital disponible en la frontera, la distancia que hay que recorrer es mayor y el coste de evaluar las oportunidades de inversión en los distintos países es más elevado, las técnicas basadas en datos son herramientas valiosas para invertir en innovadores de la frontera.

Por ejemplo, Clearbanc, una *startup* con sede en Toronto que ofrece a las *startups* participaciones en los ingresos, ha sido pionera en un proceso automatizado. Las *startups* conectan sus cuentas bancarias y sociales, junto con registros detallados de las transacciones. La velocidad y la imparcialidad del modelo de Clearbanc son sorprendentes: las *startups* pueden recibir una hoja de términos de participación en los ingresos en veinte minutos[48]. Del mismo modo, Social Capital (que ya no capta capital externo) fue pionera en un modelo denominado *capital como servicio*, o CaaS, que creó algoritmos para evaluar y predecir objetivamente el rendimiento de las empresas. Si al algoritmo de Social Capital le gustaba lo que veía, la empresa extendía un cheque de hasta 250 000 dólares[49].

Por lo general, las decisiones de capital riesgo reflejaban un arte de análisis y se basaban en consultas con los socios del fondo. El CaaS de Clearbanc y Social Capital es algorítmico[50]. Al centrarse solo en parámetros imparciales, estas empresas invierten en fundadores que, de otro modo, podrían pasar desapercibidos. Entre las más de setenta y cinco inversiones en CaaS de Social Capital, el 80 % de los fundadores no eran blancos y el 30 % eran mujeres, repartidos en veinte países, estadísticas muy por encima de las cifras tradicionales del sector[51].

Es poco probable que la informatización sustituya por completo al capitalista de riesgo humano; tampoco debería. Al fin y al cabo, en las inversiones en *startups*, factores cualitativos como la estructura de la operación y la dinámica del equipo son fundamentales. En Wall Street, los fondos de alto riesgo han perfeccionado el uso de decisiones comerciales basadas en la inteligencia artificial para obtener ventajas de microsegundos en el mercado, pero en el capital riesgo el tiempo es menos urgente y, por tanto, hay tiempo para la revisión humana. Además, el factor humano entre inversores y empresarios es muy importante (recuerdo a mis alumnos que la relación media con el capital riesgo es más larga que el matrimonio medio estadounidense)[52]. En la frontera, aunque la inteligencia artificial está llamada a ser una herramienta muy útil, es probable que no sustituya a los inversores a corto plazo.

10. Los nuevos inversores en la frontera: los clientes

Podría decirse que el inversor más reciente en la frontera son los propios clientes. Históricamente, en el capital riesgo tradicional, los inversores en *startups* estaban desconectados de la base de usuarios (por ejemplo, rara vez los usuarios de Uber poseen acciones de

Uber). En la mayoría de los mercados, un inversor debe estar acreditado (en Estados Unidos, un posible inversor debe ganar más de 200 000 dólares de sueldo o tener más de un millón de dólares de patrimonio neto líquido) para realizar inversiones legales directas en *startups*[53]. Muchos fundadores buscan una forma mejor; quieren que sus comunidades de usuarios también participen en los beneficios que genera su uso.

Las innovaciones en el ámbito de las criptomonedas pueden dar la vuelta a este paradigma. Las ofertas iniciales de monedas (OIC) son una forma de financiación colectiva. A diferencia de una OPI, en una OIC los inversores no reciben acciones de la empresa y, a diferencia de las campañas de *crowdfunding* tradicionales, no se promete a los inversores un producto o experiencia concretos. En su lugar, las OIC representan la venta de un token que da acceso al ecosistema o red que están construyendo los emprendedores[54]. El número de tokens disponibles suele ser finito, por lo que a medida que la red se hace más popular, aumenta la demanda y, por tanto, el valor del token.

Muchos han anunciado el auge de las ICO como un cambio en el ecosistema del capital riesgo. En 2017, los emprendedores recaudaron la asombrosa cifra de 6000 millones de dólares en ICO[55]. Pero si esto parece demasiado bueno para ser verdad, puede que estés en lo cierto. La legalidad de las ICO en muchas partes del mundo todavía está en duda. Muchas OIC pierden dinero. Sorprende que algunas estimaciones sugieren que hasta el 80 % de la primera oleada de ICO fueron fraudulentas[56]. Los proyectos honestos a menudo se trataban de proyectos en fase muy temprana que amasaron sumas gigantescas de capital con un plan de negocio muy limitado[57]. Muchos de estos proyectos fracasarán naturalmente. En 2019, el sector de las ICO se ralentizó considerablemente y los reguladores empezaron a tomar medidas enérgicas contra este modelo[58].

Las OIC son una parte muy concreta de una tendencia mucho más amplia: el auge de la financiación colectiva. Plataformas como Kickstarter y GoFundMe han proporcionado opciones a emprendedores de todo el mundo para acceder a capital no dilutivo y demostrar la demanda de sus productos. Solo en Estados Unidos, el *crowdfunding* ha recaudado más de 17 000 millones de dólares en 375 plataformas distintas[59]. A mediados de 2019, el *crowdfunding* en China había recaudado ocho veces más que en Estados Unidos[60].

La reciente regulación, incluida la Ley JOBS en Estados Unidos, facilitará a los particulares invertir en *startups*. Estos modelos permiten a emprendedores de cualquier lugar acceder al capital.

Al igual que el aumento de los inversores de impacto y las empresas, las inversiones individuales en *startups* son sin duda una tendencia para tener en cuenta y pueden ayudar a paliar la falta de capital con el tiempo.

11. Lecciones de los primeros avances del capital riesgo

Aún es pronto para el capital riesgo en la frontera. La mayoría de los innovadores descritos en este libro dependían de la financiación tradicional de capital riesgo, en parte porque era lo que había.

Crear soluciones que funcionen para los ecosistemas locales es primordial. En el capítulo 11 conocerás a Erik Hersman, fundador de BRCK y Ushahidi, dos empresas emergentes de gran proyección en Kenia. Como explica Erik: «Hay que asegurarse de que la cola no menea al perro». Hoy en día, muchas *startups* dependen de Silicon Valley para financiarse, así que cuentan su historia para que coincida con la realidad práctica [de obtener capital de los inversores existentes][61].

La estrategia de las *startups* no debería estar dictada por las limitaciones subjetivas de un sistema de capital riesgo geográficamente específico que a su vez deriva de una industria olvidada hace mucho tiempo. Silicon Valley ha adoptado una actitud de «si no está roto, no lo arregles» hacia el actual modelo de capital riesgo. Pero, cada vez más, es donde las cosas están rotas donde vemos la verdadera innovación. Los inversores de capital riesgo de la frontera —emprendedores e innovadores por derecho propio— están reinventando el modelo en función de las necesidades de las empresas en las que invierten.

Una cosa es segura: la próxima norma de la industria no derivará de los buques balleneros en alta mar. Surgirá en las costas de los ecosistemas fronterizos.

11

SENTAR LAS BASES
Apoyar a la próxima generación de empresarios

El mayor reto a la hora de crear una *startup* fronteriza es operar en la frontera, especialmente cuando se es el primero en llegar. Como has visto, los innovadores de la frontera se enfrentan a problemas más difíciles que sus homólogos de Silicon Valley, y lo hacen en ecosistemas más complejos.

Los mejores innovadores de frontera protagonizan actos heroicos de terraformación: ponen los cimientos de un futuro ecosistema de innovación e impulsan su desarrollo. Una pequeña minoría de estos emprendedores —los que alcanzan una escala y abandonan pronto el ecosistema— tienen un impacto enorme en estos sistemas, abriendo el camino a futuras generaciones de emprendedores y echándoles una mano. Llamémosles los hermanos mayores de sus ecosistemas.

1. Hermanos mayores de América Latina

Hernán Kazah es el hermano mayor por excelencia. Creció en Buenos Aires y gestionó marcas para Procter & Gamble en su primer trabajo al salir de la universidad. En 1997, Hernán ingresó en la Stanford Graduate School of Business. Rápidamente se enamoró del mundo de la tecnología y de la oportunidad de dar forma a un ecosistema global naciente. En lugar de quedarse en Silicon Valley, se asoció con su compañero de la escuela de negocios Marcos Galperin, que tuvo la idea de crear una plataforma de comercio electrónico para América Latina. Era una idea audaz cuando la adopción de internet en la región era de un escaso 3 % y no había ni una sola empresa de capital riesgo en el continente[1]. Lanzaron la plataforma MercadoLibre en 1999. No fue un camino de rosas; la empresa operaba en un ecosistema difícil y hostil. Una vez, temiendo tanto la posible invasión de empresas estadounidenses como eBay como la existencia de competidores locales bien financiados, algunos de los inversores perdieron totalmente la confianza. Pidieron a Hernán y Marcos que cerraran la empresa y les devolvieran el poco capital que les quedaba. Los dos hombres tuvieron que luchar por la vida de su empresa y convencer a los inversores de su estrategia. Al final, demostraron que los detractores estaban equivocados. Ahora MercadoLibre es la mayor empresa de comercio electrónico de América Latina y una de las diez primeras del mundo, con casi veintiocho millones de clientes, más de nueve millones de vendedores (varias decenas de miles de los cuales dependen de la plataforma como principal fuente de ingresos) y más de 181 millones de productos comercializados[2].

La empresa salió a bolsa en 2007 en el Nasdaq, la primera empresa latinoamericana en hacerlo y ahora vale más de 29 000 millones de dólares[3].

Tras la salida a bolsa, Hernán traspasó las responsabilidades de gestión a los líderes emergentes de la empresa. En lugar de retirarse, optó por ayudar a la siguiente generación de empresarios y resolver algunos de los problemas a los que se había enfrentado. Se asoció con el antiguo director financiero de MercadoLibre, Nicolas Szekasy, para fundar Kaszek Ventures. Hernán quería ofrecer a estos emprendedores la tutoría, la red, el apoyo, el estímulo y, por supuesto, el capital al que él había tenido dificultades para acceder cuando empezó. Kaszek Ventures empezó invirtiendo únicamente su propio capital personal, pero después aceptó capital externo. Su fondo más reciente, el cuarto, ascendió a más de 600 millones de dólares[4]. La cartera incluye las empresas de los principales innovadores fronterizos descritos en este libro, como Nubank, Guiabolso y Dr. Consulta[5]. Muchas de estas empresas tienen una perspectiva social y se centran en parte en devolver algo a la comunidad en su conjunto.

Además de su trabajo en Kaszek, Hernán Kazah formó parte de la junta directiva de LAVCA (Asociación Latinoamericana de Capital Privado y Capital Riesgo) y cofundó ARCAP (Asociación Argentina de Inversión Privada). Su profundo impacto en el ecosistema va más allá de su participación en organizaciones de creación de ecosistemas. Marcos y él han sido mentores de docenas de emprendedores. Los fundadores de Globant, por ejemplo, atribuyen a los dos hombres el mérito de haberles motivado para devolver el favor a la siguiente generación[6].

Al igual que los hermanos mayores se enfrentan a menudo a la implacable resistencia de sus padres, las primeras generaciones de emprendedores en ecosistemas incipientes suelen tener dificultades para triunfar. A medida que avanzan, crean el ecosistema y el entorno que necesitan para alcanzar el éxito y, al derribar barreras, benefician a sus hermanos menores. Los hermanos mayores también miran hacia atrás y ayudan activamente a sus hermanos pequeños, como ha hecho Hernán en América Latina. Unos cuantos hermanos mayores pioneros pueden marcar la diferencia. En América Latina, los hermanos mayores de tres empresas, incluidos Hernán y Marcos, están vinculados al 80 % de las *startups* de la región[7].

2. Sentar las bases, ladrillo a ladrillo

Por supuesto, la construcción de ecosistemas no recae únicamente sobre los hombros de los emprendedores que lo consiguen, ni depende de que un hermano mayor actúe como catalizador. Todos los innovadores fronterizos son los arquitectos de sus ecosistemas y utilizan todas las herramientas disponibles para construir algo duradero. Algunas de las herramientas que utilizan son la promoción de la cultura de las empresas emergentes y su aceptación del fracaso, la enseñanza del espíritu emprendedor y las habilidades relacionadas, la creación de espacios físicos de colaboración, la provisión de tutoría y apoyo financiero en paralelo a la ampliación de sus negocios, la creación de organizaciones del sector, implicarse en la normativa local y, por supuesto, crear empresas de gran éxito. Exploremos cada una de ellas, empezando por una de las características que definen la cultura empresarial.

3. El mezcal y el fracaso

Nuestra historia comienza (como deberían hacerlo todas las historias) con seis amigos conversando con una botella de mezcal. Cuando el tema giró en torno a la aversión al fracaso de la cultura emprendedora mexicana, todo el grupo estuvo de acuerdo en que estaba obstaculizando la incipiente escena empresarial del país. Nadie habló de la experiencia casi universal del fracaso. Aunque los aspirantes a empresarios soñaban con el éxito, muchos nunca empezaron porque no tenían ni idea de cómo conseguirlo y se sentían intimidados por la probabilidad de fracasar. Todos los presentes habían experimentado estas emociones. Y no eran los únicos. Como han aprendido, en la frontera no se suele tolerar el fracaso.

El grupo no era nuevo en el panorama de las *startups* mexicanas. Pepe Villatoro, por ejemplo, nació y creció en Chiapas (México), una de las zonas más pobres del país, pero fundó varias empresas, entre ellas una revista y un espacio de *coworking*. Fue contratado para lanzar WeWork en México, que se convertiría en uno de sus mercados de más rápido crecimiento. En cada una de estas experiencias, sufrió muchos fracasos.

De vuelta al bar de Ciudad de México, Pepe y sus amigos decidieron contarlo todo. Tal vez fuera el mezcal o el efecto catártico de hablar abiertamente de los fracasos, pero cada uno de ellos salió de la conversación sintiéndose más cómodo con los riesgos empresariales. Cada uno se dio cuenta de que el resultado de los fracasos que habían compartido no era tan malo. Aquí estaban, años después, triunfando en otras empresas. Se marcharon llenos de energía para imaginar sus próximas empresas, y el grupo empezó a reunirse mensualmente para debatir honestamente sobre el riesgo y el fracaso.

La idea se hizo viral y así nació Fuckup Nights (FUN). Pepe y sus amigos crearon una plataforma para que otros pudieran replicar eventos similares en sus propias comunidades de *startups*. El objetivo era que los participantes compartieran historias de sus fracasos profesionales o personales, creando al mismo tiempo una cultura que acepta la asunción de riesgos y el fracaso que puede conllevar. En los años siguientes, FUN se convirtió de forma orgánica e imprevisible en una plataforma mundial para que los emprendedores compartieran sus historias de derrota y reflexionaran sobre lo que habían aprendido, ayudando así a otros a aprender y evitar los mismos errores. FUN redimió proyectos y *startups* fracasadas poniendo en valor sus historias.

Pepe se convirtió en director general de la organización y se propuso institucionalizarla. Creó una consultoría para trabajar con la red y redactó un manifiesto. Más tarde, FUN puso en marcha el Failure Institute, que recopila y analiza datos sobre fracasos empresariales en las ciudades, haciendo un seguimiento de las tasas de fracaso por ubicación, sector y tipo de *startup* y calculando las tendencias en el desarrollo de la resiliencia en las comunidades empresariales[8]. FUN lanzó después capítulos académicos para desestigmatizar el fracaso en el sistema educativo y está trabajando con más de doscientos socios corporativos para ayudar a cambiar sus culturas y mentalidades[9].

Ya se han celebrado actos de FUN en más de 330 ciudades de noventa países. Más de diez mil personas han contado sus historias a más de un millón de personas[10]. Se ha convertido en un movimiento social empresarial distribuido de primer orden.

Al igual que Pepe y sus amigos, los innovadores fronterizos influyen en la percepción cultural del riesgo. También pueden influir en la normativa (por ejemplo, leyes punitivas sobre quiebras) disminuyendo los costes reales del fracaso. Con el tiempo, los innovadores fronterizos pueden fomentar una cultura que acepte el espíritu empresarial como una profesión viable, apoye a los empresarios para que asuman riesgos a medida que amplían sus negocios y les permita comprometerse plenamente con una empresa.

Por supuesto, la aceptación —y celebración— del fracaso es también una tradición de Silicon Valley, pero es solo una parte de la construcción de una cultura empresarial.

4. Enseñar el espíritu empresarial

En muchos mercados fronterizos, crear una cultura empresarial implica educar a la gente sobre cómo y por qué el espíritu empresarial es una carrera viable. En casos extremos, implica introducir el propio concepto de espíritu empresarial.

Geoffrey See, innovador, empresario y capitalista de riesgo, fundó Choson Exchange para promover el espíritu empresarial en Corea del Norte. Durante los últimos nueve años, Geoffrey ha ofrecido talleres específicos para enseñar negocios, política económica y derecho. Por supuesto, dada la situación política de Corea del Norte, Choson opera en segmentos estrechos. Ofrece formación crítica para un sistema floreciente orientado al mercado en el que los hogares se dedican a actividades comerciales y pequeñas empresas. Otra opción para los aspirantes a empresarios es abrir negocios en asociación con una empresa estatal. Estas empresas son propiedad del Estado con un inversor privado. Normalmente, el empresario tiene autonomía de funcionamiento y comparte entre el 30 % y el 70 % de sus ingresos con la empresa estatal afiliada, dependiendo de lo que esta aporte al negocio[11]. Choson Exchange se centra en la formación de jóvenes empresarios y ya ha formado a cientos de hombres y mujeres. Geoffrey también contribuyó a la creación de la primera incubadora de empresas emergentes del país. Se asoció con la Academia Estatal de Ciencias de Corea del Norte (SAS) y atrajo a más de veinte mil investigadores interesados en comercializar sus ideas. Los esfuerzos de Geoffrey incluyen un valioso elemento de intercambio cultural: los talleres cuentan con profesores voluntarios de todo el mundo[12].

Para Geoffrey, las necesidades de la cultura empresarial en Corea del Norte son completamente distintas de las de cualquier otro lugar del planeta. Como él mismo explicó, «en muchos mercados, los riesgos de crear una empresa abruman el sueño del potencial del negocio. En Corea del Norte, paradójicamente, el éxito también puede ser un gran riesgo. A los empresarios les preocupa que les confisquen el negocio. Por eso, en el pasado, estaban motivados para sacar dinero y no reinvertir en el crecimiento»[13]. Como resultado, una parte significativa del trabajo de Choson Exchange consiste en intentar dar forma a la política y la legislación para permitir un entorno empresarial más estable y una mejor protección de los derechos de propiedad. A través de sus cursos e intercambios de estudiantes, está ayudando poco a poco a construir una comunidad empresarial en Corea del Norte. Para el resto del mundo, existen organizaciones como Startup Weekend (que ahora forma parte de Techstars, una aceleradora centrada en ecosistemas emergentes), cuyo objetivo es crear cultura empresarial en ecosistemas nacientes, desde Bolivia a Madagascar, pasando por Mongolia o Túnez. *Startup* Weekend organiza eventos de fin de semana para desmitificar el viaje emprendedor. A lo largo de cincuenta y cuatro horas, el programa sumerge en el mundo del emprendimiento a los aspirantes a innovadores que se plantean crear una nueva empresa. Los eventos prometen dar a los participantes la oportunidad de «experimentar los altibajos, la diversión y la presión que componen la vida en una *startup*», reuniendo a un conjunto único de mentores, asesores y participantes del ecosistema como parte del escenario[14]. Hasta ahora, Startup Weekend ha organizado casi tres mil eventos para más de doscientos mil futuros emprendedores en ciento cincuenta países.

Algunos innovadores de frontera quieren ofrecer tanto una plataforma de lanzamiento como una red de seguridad a los fundadores potenciales. Yasser Bashir, fundador de Arbisoft, una exitosa empresa tecnológica de Pakistán, incuba las *startups* de sus empleados. Yasser permite a los empresarios potenciales, a menudo sus propios empleados, convertirse en empresarios residentes sin dejar de percibir un salario. Si funciona, la nueva idea se convierte en una entidad propia y Arbisoft recibe capital. Si no, el aspirante a fundador puede conseguir otro empleo en la empresa. Yasser ha incubado cinco empresas de éxito[15]. Savaree, una empresa emergente de transporte colectivo para el ecosistema local, se incubó en Arbisoft durante dieciocho meses. Se escindió y, en última instancia, fue adquirida por Careem, una plataforma de viajes en coche con sede en Dubái[16].

Desmitificar, enseñar e incubar el espíritu empresarial contribuye a que la cultura empresarial crezca y prospere. Pero muchas regiones carecen de infraestructuras educativas esenciales.

5. Enseñar las habilidades, encontrar la formación

Como se ha visto en capítulos anteriores, una de las mayores carencias de recursos en la frontera es la escasez de talentos formados y con experiencia. Tanto los posibles empresarios como sus futuros empleados adolecen de falta de oportunidades a nivel local para aprender las habilidades necesarias y adquirir experiencia.

Fred Swaniker y su empresa, African Leadership Group. Fred está fomentando la próxima generación de líderes empresariales para África.

Fred me describió una vez el arco del liderazgo político africano moderno de la siguiente manera: «La primera oleada fueron los líderes que con valentía sacaron a África del colonialismo en los años cincuenta y sesenta. La segunda fueron los dictadores que surgieron de la guerra, la corrupción y la falta de gobernanza. Muchos países han sido testigos de la aparición de una tercera generación de líderes más responsables democráticamente que han estabilizado los Gobiernos de toda la región». Fred afirma que África se aproxima ahora a una cuarta ola de liderazgo, en la que la próxima generación de jóvenes africanos abordará complejos retos económicos, sociales y de gobernanza mediante soluciones empresariales[17]. Esta generación también creará instituciones cruciales para impulsar la inclusión social y económica y la prosperidad[18].

Un reto clave se interpone en el camino de esta visión: las escasas oportunidades de aprendizaje y formación de la cuarta oleada de líderes. Más de 120 millones de africanos tratarán de incorporarse a la población activa del continente en la próxima década y seguro que buscan oportunidades significativas y competitivas[19].

Uno de los principales obstáculos es la capacidad universitaria. Para formar a esta generación de jóvenes líderes emergentes, Fred puso en marcha la African Leadership University (ALU).

Fred no es nuevo en el ámbito de la educación y el desarrollo del liderazgo. Nacido en Ghana, huyó con su familia a una época de agitación política, primero a Gambia y luego a Botsuana. Su madre, empresaria, construyó allí una escuela primaria. A los dieciocho años, Fred ya era director de la escuela y acababa de terminar el bachillerato[20].

Hace casi quince años, tras completar su MBA en Stanford en 2004, Fred puso en marcha la Academia de Liderazgo Africano (ALA) con la esperanza de crear la principal escuela secundaria del continente. El competitivo programa, de dos años de duración, solo admite 250 alumnos al año. Aproximadamente el 85 % de los estudiantes asisten casi gratis, ya que la matrícula se financia mediante préstamos condonables respaldados por donantes. El acuerdo de préstamo estipula que el estudiante debe volver a África para trabajar durante al menos diez años después de terminar la universidad; de lo contrario, debe devolver íntegros los aproximadamente 60 000 dólares de la matrícula total[21]. Hasta la fecha, ALA ha graduado a 983 estudiantes de cuarenta y seis países africanos[22]. Han asistido a algunas de las mejores universidades del mundo y muchos ya están de vuelta en África afrontando retos en campos de refugiados, finanzas empresariales y educación primaria[23]. Además, Fred lanzó la Red de Liderazgo Africano para conectar a líderes influyentes de todo el continente[24].

ALU es su aventura más audaz. No es una universidad tradicional. Por un lado, el plan de estudios se ha diseñado para cultivar las competencias del siglo XXI (liderazgo, espíritu emprendedor, razonamiento cuantitativo, pensamiento crítico y comunicación) que exige el mercado. El modelo de aprendizaje se basa en proyectos y está impulsado por los estudiantes. En lugar de elegir carreras, los estudiantes de la ALU eligen una misión de entre un conjunto de catorce grandes retos y oportunidades a los que se enfrentan África y el mundo, que van desde la gobernanza y la atención sanitaria hasta la urbanización y la conservación de la vida salvaje.

Fred también trabajó con empresas líderes para desarrollar planes de estudios personalizados y garantizar la empleabilidad de los graduados de la ALU[25]. Por ejemplo, existe la Escuela de Seguros de la ALU, que prepara a los estudiantes para carreras en socios como Swiss Reinsurance, Africa Reinsurance, Allianz SE y Liberty Mutual[26]. Del mismo modo, el programa de informática de la ALU integra las habilidades técnicas con el liderazgo para que los estudiantes practiquen no solo la codificación, sino también el pensamiento empresarial necesario para desarrollar y ampliar nuevos productos[27].

Hasta ahora, ALU ha recaudado 80 millones de dólares y tiene campus en Mauricio y Ruanda[28]. Fred ve oportunidades para el intercambio de conocimientos Sur-Sur y espera expandirse en India y Brasil. Si tiene éxito, habrá hecho una mella importante en la creación de la cuarta generación de líderes en África y más allá.

Después de que los empresarios noveles aprovechen todas estas oportunidades y se pongan en marcha, el siguiente reto del ecosistema es ayudarles a encontrarse.

6. Crear un espacio físico para la cultura y la asociación

En 2010, Erik Hersman, uno de los primeros pioneros del ecosistema tecnológico de Kenia, centró su atención en el problema de que la comunidad de emprendedores, tecnólogos e inversores de Kenia estaba desarticulada. La creencia de Erik de que la proximidad genera fuerza, mejora la comunicación y crea comunidad le motivó a fundar iHub en 2010.

iHub, un espacio de *coworking* en pleno centro de Nairobi, está abierto a empresarios, programadores, inversores y cualquier persona interesada en la comunidad tecnológica. Desde su creación, más de 170 empresas han crecido y se han conectado en el espacio, que ahora cuenta con dieciséis mil miembros. iHub también ofrece una gama de servicios a sus miembros —incluidos servicios de consultoría de innovación, así como un laboratorio de pruebas (para que los empresarios puedan probar sus aplicaciones en varios tipos de teléfonos)— y alberga un centro de investigación y una serie de socios corporativos que buscan conectarse con el ecosistema[29]. Además, iHub organiza más de veinte eventos al mes que atienden a las personas en todas las etapas de la comunidad de *startups* y tecnología[30].

iHub ayudó a catalizar el ecosistema keniata al ofrecer a los integrantes del floreciente movimiento empresarial un lugar donde reunirse en comunidad. Desde entonces, ha inspirado a otros para replicar su éxito en otras geografías[31]. Erik ha seguido liderando otras iniciativas, como la fundación de BRCK, una *startup* cuya ambición es aumentar el acceso a internet en África.

Las comunidades empresariales más unidas pueden ayudar con otro reto clave: encontrar un cofundador. Entrepreneur First (EF) es una innovadora empresa de lanzamiento de *startups* e inversión en talento que se centra en resolver este problema. Su director ejecutivo, Matt Clifford, explicó su razón de ser: «En Silicon Valley, la sabiduría convencional es que no se puede poner en marcha una *startup* con un desconocido. En muchos ecosistemas, la densidad de la red es escasa, lo que dificulta que las personas con talento encuentren al cofundador adecuado en su red. Queríamos cambiar esta dinámica. Bajamos el listón para empezar con un desconocido, pero también bajamos el listón para salir»[32]. EF se centra en la frontera, con sedes en Bangalore, Berlín, Hong Kong, Londres, París y Singapur.

En las primeras fases del programa, se anima a los emprendedores a trabajar con mucha gente y a identificar rápidamente estilos de trabajo compatibles, en un proceso muy parecido al de las citas rápidas. Si las cosas no funcionan, no hay problema, y a por la siguiente idea. Los datos sugieren que EF ha dado en el clavo. En sus ocho años de existencia, ha lanzado más de doscientas empresas, valoradas en conjunto en más de 1500 millones de dólares[33].

La oportunidad de intercambiar ideas con otras personas que afrontan retos similares es una ventaja fundamental de la proximidad. También puede permitir otro elemento clave para fomentar la cultura empresarial: la tutoría.

7. Tutoría en paralelo

Dicen que hace falta un pueblo para criar a un niño. Lo mismo suele ocurrir con las nuevas empresas: una comunidad de mentores sólida influye directamente en el éxito. Un análisis del ecosistema de las *startups* de Bangalore reveló que la tutoría de innovadores destacados duplicaba las probabilidades de éxito de una *startup*[34]. En Argentina, un análisis similar de emprendedores tutelados determinó que estos aumentaban sus ingresos y sus puestos de trabajo casi tres veces y dieciséis veces más rápido, respectivamente, que sus homólogos. La tutoría también se alimenta de sí misma: los emprendedores que reciben tutoría tienen ocho veces más probabilidades de tutelar a otros[35].

En Silicon Valley, la tutoría sigue la escalera del éxito: los fundadores reciben tutoría de los que están más arriba en la escalera y, si llegan a tener éxito, tutelan a la siguiente generación situada unos peldaños más abajo. En muchos ecosistemas emergentes, sin embargo, la escalera aún no está lo suficientemente poblada. La cohorte existente de fundadores de éxito es mucho menos sólida y, en algunos casos, inexistente.

Por ello, los innovadores fronterizos suelen crear sus propias empresas y, al mismo tiempo, apoyar generosamente a otras, convirtiéndose en inversores providenciales y asesores de empresas emergentes mientras siguen ampliando las suyas. Por ejemplo, Ben

Gleason, a quien conociste en el capítulo 2. Casi tan pronto como fundó Guiabolso, empezó a invertir en otros emprendedores y a darles consejos. Del mismo modo, Erik Hersman es un inversor activo en el ecosistema de África Oriental al mismo tiempo que dirige su propia empresa BRCK.

Un estudio que trataba de explicar el despegue del ecosistema tecnológico neoyorquino descubrió un fenómeno similar. Más de una cuarta parte de los cofundadores de *startups* en Nueva York eran también ángeles inversores en otras empresas. Los emprendedores representaban casi la mitad del total de las inversiones ángeles en el ecosistema, una cifra impresionante, dado que la mayoría de los emprendedores están invirtiendo todo lo que tienen en sus propios negocios y sufriendo importantes recortes salariales[36].

Algunos innovadores de frontera han convertido en su única misión satisfacer la necesidad de tutoría de los emprendedores. Endeavor es una de las organizaciones que con más éxito aborda este reto. Fundada por Linda Rottenberg y Peter Kellner, Endeavor identifica a emprendedores destacados (por lo general, en empresas que están empezando a crecer), los pone en contacto con algunos de los mejores mentores del mercado local y les presta apoyo en su fase de desarrollo. La organización crea secciones locales que recaudan fondos principalmente de la comunidad empresarial local. La oficina centralizada gestiona el intercambio de información, se especializa en sectores concretos y ayuda a los empresarios a través de su proceso de selección global. El modelo de Endeavor espera crear un círculo virtuoso: las historias de éxito inspiran a nuevos empresarios a unirse a sus filas y atraer capital, alimentando así a la siguiente generación de empresarios y mentores, promoviendo el espíritu empresarial a nivel de ecosistema.

Endeavor tiene veintidós años y ha apoyado a mil novecientos empresarios (de sesenta y cinco mil solicitantes). Su trayectoria es envidiable: las empresas Endeavor generan más de 20 000 millones de dólares de ingresos anuales y han creado más de 3 millones de puestos de trabajo[37]. Aunque las raíces de Endeavor se encuentran en los mercados emergentes, habiendo comenzado en América Latina y expandiéndose por África, Asia y Oriente Medio, Endeavor está llevando ahora su modelo también a los mercados desarrollados, incluidos los primeros ecosistemas de creación de empresas en Europa y Estados Unidos.

8. Establecer normas, crear reglamentación

A menudo, los innovadores de vanguardia necesitan crear estructuras de colaboración que les permitan, a ellos y a sus incipientes competidores, tener voz en la mesa y en el sector en general. En algunos lugares, esto se parece a una asociación del sector, como la Coalición para la Seguridad Alimentaria y la Agricultura Urbana (FSUAC), lanzada por AeroFarms. Otra organización de este tipo es GOGLA, entre cuyos miembros figuran Zola, Fenix, d.light y M-KOPA; su misión en el ámbito de la energía no conectada a la red es «construir mercados sostenibles, suministrando productos y servicios asequibles y de calidad al mayor número posible de hogares, empresas y comunidades de todo el mundo en desarrollo»[38].

La colaboración también puede adoptar la forma de un organismo de normalización, una organización de presión y otras formas de compromiso directo con los responsables políticos para asesorarles sobre cómo regular sus industrias. Adolfo Babatz, CEO y cofundador de Clip, trabajó con el Gobierno mexicano en la nueva ley de tecnología financiera del país. Del mismo modo, Tayo Oviosu, fundador y consejero delegado de Paga, la principal empresa de pagos móviles de Nigeria, colabora activamente con el banco central nigeriano en la regulación de la banca móvil y la inclusión financiera. Estas variadas permutaciones desempeñan un papel fundamental cuando el ecosistema no está acostumbrado a trabajar con *startups* o, peor aún, es hostil hacia ellas.

Es evidente que los innovadores fronterizos están abordando de forma proactiva la cuestión de cómo construir sus ecosistemas y enfocando el asunto desde muchos ángulos diferentes. Cada contribución es una parte necesaria del conjunto. Dicho esto, crear una empresa de gran éxito puede ser una de las cosas más poderosas que un emprendedor puede hacer por un ecosistema local.

9. Hermanos mayores de Oriente Próximo

En los años ochenta, el objetivo de Fadi Ghandour era crear la FedEx de Oriente Medio. Fue cofundador de Aramex y, en los años noventa, ya era una ventanilla única para sus clientes y el mejor proveedor de servicios nacionales, exprés y de transporte de mercancías de la región. En 1997, Aramex fue la primera empresa de Oriente Medio (fuera de Israel) que salió a bolsa en el Nasdaq. Ahora Aramex emplea a más de quince mil personas en más de seiscientas oficinas y sesenta y cinco países. La empresa es líder en soluciones integrales de logística y transporte en todo el mundo[39].

Pero Aramex es solo el prefacio de la historia de la contribución de Fadi a su ecosistema regional.

Maktoob, la primera *startup* tecnológica de éxito en Oriente Medio —y la inversión más célebre de Fadi— empezó como una arruga en la primera salida a bolsa de Aramex. Cuando la empresa salió a bolsa en 1997, los banqueros detectaron una pequeña inversión en una entidad deficitaria que aparentemente no tenía nada que ver con la actividad principal de la empresa. Los banqueros sugirieron venderla antes de la OPV, y Fadi decidió comprar la participación él mismo[40].

La filial era, por supuesto, Maktoob, uno de los primeros servicios de correo electrónico por internet (como Hotmail), único en ofrecer soporte en árabe. Maktoob fue fundada por Samih Toukan y Hussam Khoury junto a Aramex como empresa de desarrollo de sitios web y creció rápidamente bajo la tutela de Fadi. En 2009, la empresa fue adquirida por Yahoo por 164 millones de dólares, en aquel momento la mayor adquisición de la región[41].

Sorprendentemente, esta historia se repite una vez más. Uno de los pequeños proyectos internos de Maktoob era un mercado llamado Souq, un sitio web de subastas en línea que esperaba convertirse en el Amazon de la región[42]. El proyecto se convirtió en una empresa y adaptó su modelo a la región, desarrollando métodos de pago alternativos, logística interna y operaciones multimercado. En 2017 fue vendida a Amazon por 580 millones de dólares y ahora opera en siete países, atendiendo a más de 135 millones de clientes[43].

Fadi, Samih y Hussam aprovecharon su enorme éxito inicial para apoyar a su ecosistema de una forma única. Fadi se ha convertido en inversor y mentor de la próxima generación de empresas emergentes, lanzando Wamda Capital para trabajar con emprendedores. Samih es inversor fundador de Oasis500 (la mayor incubadora de Jordania) y, con Hussam, inversor regional a través de Jabbar. Endeavor estudió el impacto directo de Maktoob y descubrió más de veinte empresas que han recibido tutoría de sus fundadores, han obtenido inversión directa o han sido fundadas por antiguos empleados. Su impacto indirecto ha sido aún mayor. Y Maktoob fue solo el principio.

Otra de las inversiones de Fadi fue Careem, el líder local de viajes compartidos. En 2019, Uber la compró por 3000 millones de dólares, la salida más exitosa de una *startup* en Oriente Medio (excluido Israel)[44]. Esta venta representa un momento decisivo para la región. Como explica Chris Rogers, inversor de Lumia Capital y cofundador de Nextel Communications: «Como primer unicornio de la región y ahora su primera salida multimillonaria y su mayor adquisición por más de un factor de cinco... La salida de Careem sin duda motivará a los mejores talentos de la región a emprender más agresivamente. Ya vemos a antiguos alumnos de Careem creando la próxima generación de interesantes empresas emergentes de la región»[45]. Se prevé que los efectos directos e indirectos de esta salida sin precedentes tengan un impacto de gran alcance en la región[46].

10. El éxito permite el éxito exponencial

Los hermanos mayores, como Fadi y Hernán, dotan a la siguiente generación de innovadores de las capacidades, las redes, la credibilidad y el capital necesarios para lanzar sus propias empresas. Estos hermanos mayores lo consiguen simplemente llevando sus empresas a escala hasta la salida, incluso antes de participar en las iniciativas proactivas de creación de ecosistemas que ya se han analizado en este capítulo.

Sus empresas de éxito, como Maktoob, MercadoLibre y Careem, actúan como escuelas informales de iniciativa empresarial. Endeavor estudió la creación de empleo en *startups* y determinó que un pequeño porcentaje de empresas impulsa la mayor parte del crecimiento del empleo en cualquier región. En Nairobi, por ejemplo, ocho empresas —menos del 1 % de las más de 650 empresas tecnológicas locales— crecieron hasta tener más de cien empleados entre 2008 y 2018[47]. Estas ocho empresas representan más del 40 % de la creación de empleo en *startups* y más de dos tercios del capital riesgo total recaudado en el país. Del mismo modo, en Bangalore, los antiguos alumnos de Infosys han fundado y ampliado más de doscientas empresas[48]. Los hermanos mayores amplían sus empresas y estas se convierten en escuelas empresariales (e insignias de credibilidad) para una nueva generación.

Además, los empleados de las empresas escaladas suelen recibir una inyección de capital en el momento de la salida debido a la venta de sus opciones sobre acciones. Este capital les permite poner en marcha o invertir en la siguiente generación de *startups*. Cuando Flipkart fue adquirida por Walmart, más de cien de sus empleados se hicieron millonarios. Muchos de ellos se unirán a la próxima generación de inversores ángeles[49].

A menudo, los propios hermanos mayores pasan a formar parte de la siguiente generación de empresarios. Los estudios de AllWorld Network sugieren que los empresarios de los mercados emergentes crean un 25 % más de empresas que sus homólogos de la costa oeste[50]. Más del 80 % de los fundadores de mercados emergentes incluidos en su estudio tenían intención de crear otra empresa en los dos años siguientes[51]. Por ejemplo, después de crear su primera empresa antes de cumplir los dieciocho años, Divyank Turakhia, el empresario indio y emiratí que vimos en el capítulo 5, fundó otras tres y las vendió por un valor de entre 200 millones de dólares y 1000 millones de dólares cada una[52]. André Street fundó su primera empresa a los catorce años y fundó y vendió otras cinco antes de su éxito más reciente, Stone Pagamentos, un procesador de pagos brasileño que acaba de cotizar en el Nasdaq y tiene una capitalización bursátil de más de 8000 millones de dólares, todo ello antes de cumplir los treinta y cinco años[53].

Como era de esperar, los hermanos mayores también tuvieron una importancia crucial en el auge de Silicon Valley: más de dos mil empresas —incluidas Instagram, Palantir, WhatsApp y YouTube— pueden vincularse a ocho personas que cofundaron Fairchild Semiconductor en 1957[54]. Un asombroso 70 % de las empresas tecnológicas públicas del Área de la Bahía tienen algún vínculo con el metafórico paciente cero de Silicon Valley, Fairchild[55].

Más recientemente, un grupo de trece antiguos empleados y cofundadores de PayPal se ha convertido en una fuerza impulsora en Silicon Valley. La llamada mafia de PayPal incluye a Elon Musk (fundador de SpaceX, Tesla, SolarCity y The Boring Company, entre otras), Peter Thiel (cofundador de PayPal, más tarde Palantir), Jeremy Stoppelman (cofundador de Yelp), Reid Hoffman (director de operaciones de PayPal, más tarde fundador de LinkedIn), Russel Simmons (arquitecto de *software* de PayPal, más tarde cofundador de Yelp) y muchos, muchos más[56]. La mafia de PayPal ha estado vinculada hasta ahora a más de 30 000 millones de dólares en negocios[57].

Hoy en día, Silicon Valley disfruta de una máquina que se autoperpetúa. Sin embargo, en la frontera, cada nuevo hermano mayor desempeña un papel catalizador para acelerar el impulso de su ecosistema fronterizo.

11. El efecto multiplicador

Por supuesto, Fadi, Hernán y otros hermanos mayores no se limitaron a crear empresas de éxito y luego retirarse. Como han visto, están asumiendo posiciones de liderazgo en sus ecosistemas en crecimiento, como portadores de cultura, proveedores de capital, mentores, asesores y defensores.

Los esfuerzos de los hermanos mayores suelen tener un impacto desproporcionado en sus ecosistemas. Endeavor denomina a este fenómeno efecto multiplicador[58]. A medida que los hermanos mayores crecen, apoyan a muchos líderes de la siguiente generación, que hacen lo mismo. Cada generación se construye sobre sí misma.

12. Alcanzar el punto de inflexión

Es difícil predecir qué empresas escalarán. Como Hernán me dijo una vez, nueve de cada diez veces que se creó MercadoLibre, la empresa no habría tenido éxito. Sin embargo, un cierto número de innovadores tendrán éxito y seguirán inspirando y capacitando a la siguiente generación, que allana el camino para la siguiente generación, y así sucesivamente; a menudo de forma exponencial.

Si nos fijamos en China, después de que su primer unicornio escalara en 2010, tardó cinco años en llegar al quinto y al año siguiente el recuento se disparó a veintiuno. Como se muestra en el gráfico 11.1, se está produciendo una dinámica similar tras la creación de un número similar de unicornios en la India, el Reino Unido y América Latina[59].

Observando los ecosistemas de *startups* de todo el mundo, parece haber un punto de inflexión después de que una masa crítica de tres a cinco hermanos mayores lleve sus empresas a la salida, dependiendo del tamaño del mercado (los mercados más grandes parecen tener un punto de inflexión ligeramente posterior). Dado que la mayoría de los datos disponibles se centran solo en empresas valoradas en más de 1000 millones de dólares, el gráfico 11.2 muestra el recuento de unicornios a partir del año en que apareció el primer unicornio en cada zona geográfica[60].

Gráfico 11.1 Número acumulado de empresas de nueva creación valoradas en más de 1000 millones de dólares por zonas geográficas

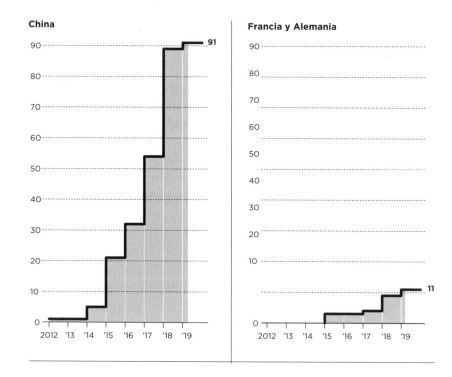

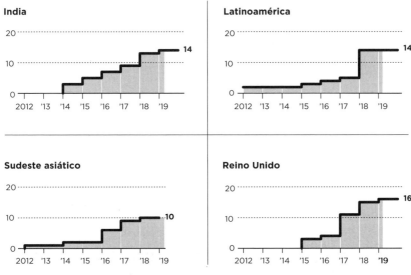

India

Latinoamérica

Sudeste asiático

Reino Unido

Nota: A partir del primer trimestre de 2019, basado en datos disponibles públicamente.

Gráfico 11.2 Los unicornios aceleran tras el punto de inflexión

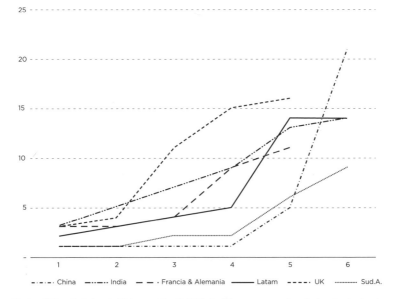

Nota: China total cutoff, hoy más de 100. LatAm comenzó más tarde dados los éxitos históricos de hace tiempo.

Estamos empezando a ver cómo se alcanza un punto de inflexión similar en algunos ecosistemas emergentes.

Aunque no puedo señalar una razón exacta por la que se manifiesta este fenómeno, tengo tres hipótesis. En primer lugar, cuando hay un éxito crítico, se puede explicar fácilmente como una excepción. Como mencionó Daniel Dines, UiPath fue tachada en ocasiones de aberración del ecosistema rumano. Tener unos cuantos éxitos en un ecosistema concreto demuestra repetibilidad y, por tanto, aumenta la relevancia y el poder de los modelos a seguir.

En segundo lugar, como se verá en el capítulo 12, el poder del capital y de las personas reside en las redes. El aumento del efecto de los hermanos mayores no es lineal, sino exponencial: una vez que existe una masa crítica, hay muchas más conexiones de red por hacer.

La tercera hipótesis se refiere al capital humano. Como explicó Amanda Lannert, CEO de JellyVision: «El ecosistema de Chicago está cambiando rápidamente porque hemos tenido muchas historias de éxito recientes. Los posibles candidatos que se planteen trasladarse a Chicago tienen que calcular qué pasa si las cosas no salen bien. Si hay muchas empresas tecnológicas de éxito, el riesgo es menor. Y así, con la marea alta suben todos los barcos»[61]. A medida que aumenta el número de innovadores con éxito, se acentúa su impacto en el sector.

13. Sentar juntos las bases

Los innovadores de frontera desempeñan un papel directo y activo en la creación de los cimientos de un ecosistema. Esto incluye sentar las bases de una cultura empresarial a través de iniciativas como FUN e iHub y educar a futuros emprendedores con programas como Choson y Startup Weekend. También significa proporcionar formación a través de programas como ALU, tutelar y apoyar a la próxima generación como hacen Hernán y Endeavor, y crear una infraestructura de ecosistema a través de organizaciones del sector como GOGLA y FSUAC. Los innovadores de frontera también educan a la próxima generación de emprendedores a través de escuelas informales de emprendimiento como MercadoLibre, Maktoob y Careem, a menudo en paralelo al desarrollo de sus propias empresas.

Como hemos visto, unos pocos innovadores de frontera desempeñan el desproporcionadamente poderoso papel de hermanos mayores. Estos emprendedores se convierten en modelos para la siguiente generación, y sus empresas a escala forman a nuevas generaciones de líderes. Estos hermanos mayores a menudo desempeñan un papel activo en la retribución, como inversores, mentores y colaboradores.

Pero ningún hermano mayor (metafórico o no) tiene éxito sin un grupo más amplio de apoyo: familia, amigos, profesores y buenos samaritanos. Del mismo modo, los participantes en el ecosistema tienen un papel mucho más amplio que desempeñar para ayudar a los emprendedores y, por extensión, a sus ecosistemas, a tener éxito. El capítulo 12 ofrece recomendaciones concretas para todos los actores del ecosistema, incluidos los empleados, las empresas, las organizaciones filantrópicas, los agentes gubernamentales y otros.

12
HACE FALTA UN PUEBLO
Cómo podemos ayudar el resto

El desarrollo de ecosistemas empresariales es una de las principales prioridades de los países de todo el mundo. Los responsables políticos quieren estimular la innovación local y apoyar la creación de empleo. Las empresas quieren revitalizar procesos ancestrales e infundirles tecnología, al tiempo que retribuyen a sus ecosistemas locales. Los sectores social y filantrópico esperan aprovechar las soluciones innovadoras para abordar problemas, en apariencia, insolubles.

Como vimos en el capítulo 11, los innovadores de frontera están a la vanguardia de la construcción de sus ecosistemas, pero no pueden hacerlo solos. Todos tienen un papel que desempeñar, incluidos el Gobierno, los líderes empresariales locales, los inversores, el sector social y otros participantes del ecosistema.

En este capítulo se detallan las estrategias para quienes deseen apoyar a los innovadores de frontera. Antes de empezar, conviene repasar las mejores ideas actuales sobre el desarrollo de ecosistemas de innovación.

1. Teorías del desarrollo de los ecosistemas

Las teorías tradicionales sobre el desarrollo de ecosistemas empresariales se dividen en tres grandes subgrupos: modelos basados en los insumos, modelos basados en las redes y modelos basados en los empresarios. Veamos cada uno de ellos por separado.

Teorías basadas en los insumos

Los modelos de insumos se centran en las condiciones en las que los ecosistemas empresariales tienen éxito. Por ejemplo, las clasificaciones de facilidad para hacer negocios del Banco Mundial se centran en el entorno político y su influencia en la simplicidad y facilidad para crear empresas. Otros miden un conjunto más amplio de indicadores. Por ejemplo, la rúbrica del kit de herramientas de diagnóstico del ecosistema empresarial de la OCDE mide cincuenta y siete parámetros distintos, como el acceso al capital de deuda, los incentivos fiscales, las tasas de graduación local y el acceso a las telecomunicaciones y las infraestructuras[1].

Del mismo modo, el modelo de aglomeración de la demanda considera las economías de escala en la adquisición de recursos especializados a medida que crece un sector. Esta teoría sugiere que recursos como abogados centrados en la iniciativa empresarial, inversores de capital riesgo y contables fiscales especializados que entienden de opciones sobre acciones tienen más probabilidades de existir en sectores que crecen a escala: el ecosistema puede soportar el coste fijo compartido de recursos, mano de obra, infraestructuras y conocimientos cada vez más especializados[2].

Aunque los modelos de entrada catalogan la magnitud de condiciones específicas y miden la vitalidad de un sistema ya en marcha, normalmente no explican la magia que cataliza el crecimiento exponencial del ecosistema. Como me dijo una vez Chris Heivly, cofundador de MapQuest y creador de ecosistemas globales con Techstars: «Si crear un ecosistema fuera tan fácil como encontrar los ingredientes adecuados, ¿no lo habría hecho ya todo el mundo? Desgraciadamente, las soluciones milagrosas no funcionan»[3]. Así pues, las teorías centradas en los insumos se quedan cortas para explicar por qué algunos ecosistemas disfrutan de ciclos virtuosos y otros no[4].

Teorías centradas en la red

Para explicar los ciclos virtuosos, una segunda escuela de pensamiento explora el papel de las redes. Los emprendedores tecnológicos conocen bien la economía de las redes. El valor de una red aumenta a medida que más personas la utilizan; Facebook no es valioso si solo hay una persona en ella. Michael Porter, profesor de la Harvard Business School, desarrolló una teoría sobre las ventajas de la innovación regional impulsada por las redes. Sugiere que los sectores de innovación prosperan cuando hay una intersección de múltiples actores, incluidos proveedores, Gobiernos y empresas competidoras que ayudan a crear agrupaciones de ventajas y, con el tiempo, ecosistemas de innovación[5].

Para otros, el valor de las redes reside en la capacidad de un ecosistema para compartir horizontalmente ideas, mejores prácticas y estrategias. En su libro *Regional Advantage: Culture and Competition in Silicon Valley and Route 128*, AnnaLee Saxenian ofrece una explicación del auge de Silicon Valley. Hace treinta años, no estaba claro si Silicon Valley o la Ruta 128 de Boston se convertirían en el ecosistema de innovación dominante en Estados Unidos. En aquel momento, ambos ecosistemas eran similares en tamaño, estaban próximos a las mejores universidades y tenían abundante acceso al talento. Saxenian sostiene que el factor determinante del éxito de Silicon Valley fue la combinación de efectos de red horizontales y una cultura de transparencia.

La cultura de Silicon Valley (a diferencia de la de Boston) promovía el intercambio de información a todos los niveles de las organizaciones y entre organizaciones. Por lo tanto, se formaron redes sociales horizontales estrechas definidas por un amplio intercambio de información. La ventaja de San Francisco se vio agravada por unas prácticas laborales relativamente laxas (por ejemplo, las cláusulas de no competencia en los contratos de trabajo no son ejecutables), lo que facilitó mucho la movilidad de los empleados entre empresas y la propagación de las mejores prácticas por todo el ecosistema. El resultado: barreras funcionales mucho más porosas entre las empresas de Silicon Valley (frente a Boston, donde la información se compartía de arriba abajo) y, por tanto, efectos de red mucho más fuertes. Por tanto, el valor de poder conectarse a la red de Silicon Valley era mayor y, por tanto, el ecosistema se impuso[6].

Otros se han centrado en las redes que se forman debido a la concentración geográfica y cultural. En su libro *The Creative Class*, Richard Florida sostiene que la innovación surge de la creatividad intelectual, impulsada en gran medida por ingenieros, académicos y artistas. Los innovadores quieren vivir entre personas tolerantes con las nuevas ideas y abiertas a superar los límites creativos y artísticos. También quieren vivir cerca de los demás. Por tanto, el valor de una red local aumenta a medida que más personas aportan sus capacidades y valores, en este caso, de tolerancia y apertura. Una vez que una región alcanza una masa crítica, obtiene una ventaja competitiva a largo plazo[7].

Los enfoques basados en redes explican con éxito qué hace que un ecosistema de *startups* perdure y cómo una región consolida su ventaja a lo largo del tiempo. Sin embargo, al igual que ocurre con los modelos basados en los insumos, la creación de los nodos individuales o los cimientos de una red no explica cómo se afianza ni por qué. La magia está en poner en marcha la red: la activación del tejido conectivo entre personas y empresas.

Modelos centrados en el empresario

Un tercer conjunto de teorías explora este efecto mágico de arranque. En su libro *The Rainforest*, Victor Hwang y Greg Horowitt describen los ecosistemas empresariales como el producto de organismos complejos. Mientras que los responsables políticos tradicionales se centran en el desarrollo de ecosistemas del mismo modo que un directivo posindustrial construiría una fábrica, Hwang y Horowitt sostienen que los ecosistemas de las *startups* se desarrollan orgánicamente. No pueden planificarse[8]. La aportación clave para estos ecosistemas es fomentar la cultura adecuada y permitir a los empresarios crecer y dar forma a su ecosistema.

En su libro *Startup Communities*, el capitalista de riesgo Brad Feld propuso la tesis de Boulder. El principio fundamental de Feld es que los emprendedores deben liderar la comunidad de *startups*. El Gobierno, los académicos, las empresas, los inversores u otros agentes externos no pueden por sí solos poner en marcha un ecosistema empresarial. Feld sostiene que los líderes emprendedores de una comunidad de *startups* deben tener un compromiso a largo plazo con la propia región geográfica. Al mismo tiempo, la comunidad debe ser integradora y acogedora. Las fronteras del ecosistema deben ser porosas, permitiendo que las empresas y las personas entren y salgan. Debe fomentarse la experimentación; las mejores ideas reciben apoyo y los fracasos se cierran rápidamente. Por último, Feld escribe que la comunidad de *startups* debe tener actividades continuas para involucrar a la comunidad[9]. El capítulo 11 de este libro explora este tema en detalle, mostrando las muchas formas en que los empresarios y, en particular, los hermanos mayores, construyen y ponen en marcha los ecosistemas en los que trabajan.

Pero los emprendedores no construyen ecosistemas solos en el vacío. Otros desempeñan un papel fundamental, desde garantizar las condiciones básicas —un guiño a las condiciones previas necesarias en materia de insumos y redes que más alivian la carga de los emprendedores— hasta adoptar enfoques más tácticos para apoyar a los emprendedores en los ecosistemas emergentes, como fomentar las oportunidades de polinización cruzada, facilitar el acceso tanto al capital financiero como al capital humano e invertir en infraestructuras y normativas favorables a los emprendedores.

Las sugerencias de este capítulo, basadas en las lecciones aprendidas hasta ahora sobre la innovación en la frontera, se basan en las teorías existentes sobre el desarrollo de ecosistemas para sugerir estrategias a todos los creadores de ecosistemas en la frontera.

Requisitos básicos

Las teorías centradas en los insumos son correctas en el sentido de que se necesitan ciertos ingredientes para que un ecosistema se afiance. A lo largo de este libro, usted ha explorado muchos de los distintos retos macroeconómicos, monetarios o políticos a los que se enfrentan muchos innovadores fronterizos.

Aunque el asesoramiento económico queda fuera del alcance de este libro, la incertidumbre macroeconómica (por ejemplo, la inflación, el crecimiento económico, etc.) disminuye incuestionablemente el interés y la capacidad del empresario para asumir riesgos. La depreciación de la moneda dificulta aún más la obtención de capital. La volatilidad política complica estrategias como la de nacer global. El clima empresarial también es importante, como demuestran las clasificaciones del Banco Mundial sobre la facilidad para hacer negocios. Si un entorno está plagado de corrupción o de competencia desleal a través de monopolios, funciona como un impuesto a la innovación[10].

Los sistemas jurídicos pueden ser un importante catalizador de la innovación. Si las leyes de quiebra son hostiles a la iniciativa empresarial (por ejemplo, si las deudas persiguen a los fundadores tras el fracaso de la *startup*), los emprendedores ni siquiera querrán empezar. Del mismo modo, unas leyes laborales flexibles motivan a los emprendedores a probar y experimentar con nuevos modelos, pero permiten realizar ajustes cuando es necesario. Si nunca se puede revocar una contratación, es difícil que los empresarios cambien de rumbo[11].

Como se ha visto en los capítulos 6 y 7, el capital humano es el principal insumo para la creación de *startups*. Por tanto, una de las principales prioridades de los agentes del ecosistema debe ser la financiación de programas de educación primaria, secundaria y universitaria.

Los Gobiernos y reguladores que quieran construir sus ecosistemas deben empezar por garantizar estas condiciones básicas. No todo tiene que ser perfecto, pero, para prosperar, un ecosistema necesita alcanzar una cierta línea de base. Brasil se enfrenta a la inflación, altos tipos de interés y un entorno político volátil, y sin embargo su ecosistema de tecnología financiera se encuentra entre los líderes mundiales. India tiene un alto índice de pobreza e inflación, pero ha creado un centro tecnológico mundial en Bangalore. Cada país fue capaz de aportar suficiente estabilidad y adoptar el ecosistema regulador adecuado para apoyar la innovación.

Por supuesto, los reguladores gubernamentales y otros agentes del ecosistema pueden hacer algo mejor que alcanzar una base mínima de estabilidad o normas educativas.

2. Ayudar a los empresarios a pensar y ser globales

Hemos visto que empresarios con formación internacional que trabajan en entornos conectados globalmente están creando algunas de las empresas más apasionantes que existen.

Los constructores de ecosistemas pueden fomentar estas tendencias globales nacidas de forma significativa.

Fomentar las oportunidades de polinización cruzada

Fomentar un entorno de polinización cruzada es un punto de partida fácil.

Comienza en el sistema educativo. Animar a los estudiantes locales a realizar programas de intercambio, prácticas u oportunidades de trabajo en el extranjero crea oportunidades para que los estudiantes establezcan vínculos significativos con compañeros de otras geografías y estén expuestos a diferentes culturas. La investigación ha encontrado una correlación entre el crecimiento del PIB y la tasa de educación internacional[12]. China tuvo un crecimiento del PIB del 9 % entre 2001 y 2017, y durante el mismo período una tasa de crecimiento de casi el 20 % en los estudiantes universitarios que estudian en los Estados Unidos. Del mismo modo, Vietnam experimentó un crecimiento del PIB del 6.5 % durante el mismo período, con un crecimiento superior al 15 % de los estudiantes que cursan estudios en el extranjero[13].

Lo contrario también es cierto: la falta de polinización cruzada puede obstaculizar la innovación. El crecimiento del PIB japonés se ralentizó, situándose en 2019 por debajo del 1 % anual y el país fue perdiendo su preeminencia en innovación tecnológica[14]. En 2004, Japón envió más de ochenta mil estudiantes al extranjero. En 2018, esta cifra se redujo casi un 40 %, situándose en poco más de cincuenta mil[15].

Los Gobiernos pueden catalizar la polinización cruzada en la otra dirección trayendo estudiantes y empresarios de intercambio. Programas como Start-Up Chile y Start-Up Brasil pretenden institucionalizar la polinización cruzada animando a emprendedores de todo el mundo a crear sus empresas localmente. Start-Up Chile ofrece a las nuevas empresas hasta 100 000 dólares, oficinas gratuitas y otras ventajas[16].

Los inversores también pueden contribuir a ello. Dos de los principales fondos latinoamericanos —Kaszek y Monashees— han institucionalizado la polinización cruzada en sus carteras. Kaszek organiza un programa propio de liderazgo e innovación de una semana de duración en la Graduate School of Business de Stanford (a cargo de Kaszek), en el que las empresas de su cartera se ponen en contacto con profesores y expertos del sector. Monashees organiza un viaje anual para visitar otro ecosistema. Hasta ahora, han llevado a sus empresarios a visitar China, Israel y otros lugares.

Las organizaciones sin ánimo de lucro están bien situadas para apoyar estos intercambios. Venture for America (VFA) pretende salvar la brecha entre las dos costas de Estados Unidos y el centro del país. Tomando prestado el modelo de Teach for America, VFA coloca a universitarios recién licenciados en empresas innovadoras de catorce ciudades, como Pittsburgh, Birmingham y San Luis. El competitivo programa solo acepta doscientos becarios de entre unos pocos miles de solicitudes cada año. Más del 30 % de los antiguos alumnos del VFA han fundado sus propias empresas, muchas de ellas en las ciudades que acaban de adoptar[17]. C100, una organización sin ánimo de lucro impulsada por sus miembros, vincula los ecosistemas tecnológicos canadienses con Silicon Valley poniendo en contacto a los principales empresarios de Canadá con mentores, capital y asesoramiento de Silicon Valley y otros lugares[18].

La polinización cruzada no consiste únicamente en la transferencia de ideas internacionales. La experiencia intersectorial también ayuda. Los programas de rotación en la gestión empresarial son una gran oportunidad para que los jóvenes licenciados se familiaricen con múltiples funciones y departamentos de las empresas. Del mismo modo, las becas gubernamentales tienen la doble ventaja de aportar al Gobierno ideas externas y a los estudiantes nuevas perspectivas sobre el funcionamiento del Gobierno.

Apoyo a la inmigración

Como se ha visto, los inmigrantes son una fuerza motriz de la innovación y el espíritu empresarial en todo el mundo. En Estados Unidos, la mayoría de los unicornios fueron creados por al menos un inmigrante, y los inmigrantes son responsables de una cuarta parte del espíritu empresarial[19].

Sin duda, el cambio de postura sobre la inmigración en Estados Unidos está disparando al ecosistema de innovación del país en el pie. Permitir la contratación de inmigrantes cualificados como empresarios o miembros de equipos en empresas emergentes de rápido crecimiento es fundamental para que continúe el círculo virtuoso de la innovación en Silicon Valley. Muchos ejecutivos cualificados y formados de todo el mundo se plantean trasladarse a Silicon Valley para poner en marcha sus empresas. A menudo, estos emprendedores ya hechos atraen fácilmente capital y crean puestos de trabajo. Al dificultarles la llegada, Estados Unidos les incentiva a elegir un programa de visados para emprendedores más accesible en otros lugares.

Un vistazo a los puestos de trabajo vacantes en AngelList (una de las principales plataformas para empresas de nueva creación de Estados Unidos) muestra más de diez mil puestos de trabajo vacantes en Estados Unidos. Sin embargo, solo un 10 % de estas empresas pueden patrocinar a un inmigrante[20]. Al frenar la inmigración, Estados Unidos frena el crecimiento de estas empresas y, a su vez, la creación de futuros puestos de trabajo (y la generación de más ingresos fiscales).

Los Gobiernos deberían facilitar a los emprendedores la instalación y puesta en marcha de empresas. Estados Unidos debería reinstaurar el programa de visados para emprendedores, que permitía a los empresarios que reunían 100 000 dólares en subvenciones públicas o 250 000 dólares en capital riesgo permanecer en Estados Unidos durante un período renovable de treinta meses[21]. A su vez, esta política cataliza el desarrollo del sector[22].

Otros también pueden apoyar la inmigración. Un ejemplo de ello es Unshackled Ventures. Fundada en 2014, Unshackled es una empresa de capital riesgo en fase inicial diseñada específicamente para emprendedores nacidos en el extranjero. Su modelo único de *venture builder* invierte en emprendedores desde el primer momento, les ofrece apoyo completo en materia de inmigración y empleo y les facilita el acceso a una red de inversores y clientes[23]. Hasta la fecha, el fondo ha realizado más de treinta inversiones en fundadores de veinte países diferentes, procedentes de seis continentes distintos[24].

La realidad es que la población de Estados Unidos se ve empequeñecida por gigantes como India y China. En unos años, India tendrá más gente trabajando en tecnología en Bangalore que en Silicon Valley. China ya está a la par, según la métrica. En 2018,

China acuñó treinta y siete nuevos unicornios, pisando los talones a los cincuenta y cinco de Estados Unidos, y superó a Estados Unidos en inversión de capital riesgo[25]. El excepcionalismo estadounidense —y el dominio de Silicon Valley— se basan en los cimientos de la inmigración, y la competitividad del país solo perdura atrayendo a las mejores mentes de todo el mundo.

Mi recomendación para los países de todo el mundo es que consideren a los empresarios inmigrantes como un activo valioso y competitivo. Hagan todo lo posible por atraerlos, o lo harán otros. El año pasado, en la 101 (la principal autopista de Silicon Valley), una valla publicitaria decía: «¿Tienes problemas con los H1B? Vengan a Canadá»[26].

Crear plataformas de lanzamiento globales

Ni las *startups* globales nacidas ni las descentralizadas escalan de forma *ad hoc*. En su lugar, seleccionan estratégicamente centros bien conectados y ricos en talento como plataformas de lanzamiento. A su vez, los responsables políticos estratégicos pueden hacer que sus mercados sean más atractivos como plataformas de lanzamiento.

Una de las razones por las que Londres se hizo popular para las *startups* de tecnología financiera fue que servía de base fácil para expandirse por Europa. Con un banco central abierto a la innovación y un marco normativo con Europa que permitía a las empresas obtener un pasaporte por todo el continente, Londres desarrolló una aglomeración de capital riesgo y *startups*. Tampoco perjudicó que Londres contara con una especialización regional en servicios financieros (más sobre esto más adelante). Por supuesto, con la posible salida del Reino Unido de la Unión Europea y su consiguiente cierre de la región, estas ventajas y esta especialización están desapareciendo.

Singapur, centro neurálgico de la innovación en el Sudeste Asiático, es otro ejemplo. A pesar de representar menos del 1 % de los seiscientos millones de habitantes de la región, es la plataforma de lanzamiento de cuatro de los diez unicornios del Sudeste Asiático[27]. Como una de las principales aerolíneas del mundo, Singapore Airlines proporciona enlaces físicos. Singapur tiene un sólido Estado de derecho y un sólido sistema académico, lo que permite a los empresarios locales emprender. El país también cuenta con un sistema de inmigración complaciente que ha logrado atraer talento global. En el *Global Ecosystem Rankings Report* de *Startup* Genome de 2017, Singapur superó a Silicon Valley como primer lugar para el talento de las *startups*[28]. Por último, el Gobierno está centrado en cimentar mayores vínculos con los emprendedores globales. Puso en marcha la Alianza Mundial para la Innovación (GIA), que ayuda a los emprendedores a conectar con centros como Bangkok, Pekín, Alemania, Tokio, Múnich, París y San Francisco[29].

Del mismo modo, en Oriente Medio, Dubái se ha posicionado como la plataforma de lanzamiento de la región. Es la base de más del 40 % de todas las empresas emergentes del mundo árabe y entre las sesenta adquisiciones realizadas en la región en los últimos cinco años, la mayoría eran empresas con sede en Dubái[30].

La política puede contribuir a ofrecer un lugar atractivo para que vivan los empresarios de la clase creativa. A menudo, los innovadores pueden elegir vivir en cualquier lugar. Entre los elementos que se han sugerido como atractivos para estos emprendedores figuran los valores liberales, la vivienda económica y la concentración de otros elementos culturales[31].

A medida que se afianzan los modelos distribuidos, los creadores de ecosistemas también pueden apoyar este fenómeno. El Gobierno de Estonia ha llevado esta práctica al extremo. A través de su programa de e-residencia, personas de todo el mundo pueden obtener una identificación del Gobierno estonio y acceder al entorno empresarial digital del país. Las ventajas son, entre otras, que los empresarios pueden crear una empresa en la UE sin tener en cuenta su ubicación, empezar desde cualquier parte del mundo, registrarse para aceptar pagos en línea y unirse a una red mundial de e-residentes en 165 países[32].

3. Capital humano

El capital humano es la savia de las nuevas empresas. El acceso a este recurso es también su mayor reto. Como verá, se trata de un área clave en la que los creadores de ecosistemas pueden ayudar. Penny Pritzker, exsecretaria de Comercio del presidente Obama y actual cofundadora de P33, una organización de Chicago dedicada a la creación de ecosistemas tecnológicos, me dijo en una ocasión que «para apoyar un ecosistema de innovación es necesario centrarse en una cantera de talentos local e integradora. Una profunda colaboración entre empresas y fuentes de capital, así como una política de formación y aprendizaje, son fundamentales para el éxito»[33].

En muchos ecosistemas emergentes, la primera oleada de emprendedores suele ser de inmigrantes o repatriados. Con el tiempo, a medida que importan su aprendizaje y prácticas globales y el ecosistema madura, resulta más fácil para los emprendedores locales entrar en el sector. Para que este paso del testigo tenga éxito, el talento local debe poder acceder a oportunidades de formación y educación, no solo para encontrar empleo en una *startup*, sino también para crear sus propias empresas.

Los creadores de ecosistemas tienen una gran oportunidad de apoyar a los innovadores fronterizos en este frente. Empieza por apoyar y financiar adecuadamente los programas escolares y universitarios locales y va mucho más allá de la educación formal.

Los participantes en el ecosistema pueden apoyar a organizaciones especializadas como la African Leadership University o los campamentos de codificación locales. Si el coste de la matrícula es un obstáculo, este es un gran campo en el que explorar la subvención. Hotels.ng tiene un programa de formación subvencionado que identifica a los mejores talentos ocultos de Nigeria. Existen oportunidades para impartir más formación a la industria tecnológica en general.

Programas de tutoría como Endeavor ayudan a los fundadores a acceder a los recursos que necesitan. Otros, como Rippleworks (una fundación creada por la *startup* de criptomoneda Ripple, Chris Larsen y Doug Galen), ponen en contacto a expertos mundiales con las necesidades de determinadas *startups* y empresas sociales. Por ejemplo, la fundación puso a Zola en contacto con expertos en atención al cliente cuando este se convirtió en un punto débil[34]. Como me explicó Doug: «Muchos financiadores y organizaciones están trabajando incansablemente para mejorar la calidad y el tamaño de la reserva de talento, con esfuerzos innovadores de educación y mejora de las cualificaciones, pero esto llevará años. Mientras tanto, tenemos que ayudar a los emprendedores sociales a resolver ahora sus retos más inmediatos. El desarrollo de capacidades colma esta laguna. Esta necesidad es inmediata, amplia y está llena de grandes organizaciones que están colmando esta brecha de talento»[35].

La falta de diversidad es un problema endémico en la industria tecnológica, y resulta especialmente espinoso en muchos mercados emergentes. Innovadores fronterizos como Shopify y Hotels. ng han aportado ideas convincentes. Los Gobiernos, las empresas y el sector sin ánimo de lucro tienen la oportunidad y, en mi opinión, la obligación de apoyar la canalización del talento de forma más amplia y ofrecer más oportunidades a las mujeres y a otras comunidades infrarrepresentadas.

4. Capital y economía

Los camellos sobreviven en entornos difíciles, operando durante días sin acceso a agua y comida. Sin embargo, al final necesitan sustento para sobrevivir. En este caso, todo el ecosistema puede ayudar. Sin embargo, la respuesta debe ser considerada y no excesiva.

Como han visto, muchos ecosistemas están hambrientos de capital. Los inversores tienen la oportunidad de apoyar los ecosistemas emergentes. Por ejemplo, iniciativas sin ánimo de lucro como la gira Rise of the Rest y la gira Comeback Cities, ambas dirigidas por inversores, ayudan a dar a conocer el ecosistema de las *startups* y las oportunidades que ofrece la región del Medio Oeste de Estados Unidos.

Los inversores de capital riesgo pueden centrar sus estrategias en ecosistemas con escasez de capital, como ha hecho Drive Capital en el Medio Oeste o Kaszek en América Latina. También deberían seguir experimentando con nuevas estructuras y modelos de inversión (por ejemplo, participaciones en los ingresos, fondos *evergreen*, etc.). Los socios comanditarios (inversores en fondos de capital riesgo) deberían apoyar estas innovaciones.

Los Gobiernos también tienen un papel que desempeñar. De hecho, muchos ecosistemas remontan los inicios de sus modelos de capital al apoyo gubernamental al capital riesgo. En Israel, el programa Yozma fue un gran impulsor del desarrollo inicial del sector del capital riesgo. En hebreo, *Yozma* se traduce como 'iniciativa', una descripción adecuada de lo que logró en el sector del capital riesgo de Israel. El programa gubernamental aportó 80 millones de dólares para una participación del 40 % en diez nuevos fondos de capital riesgo con el fin de ayudar a las empresas israelíes a despegar y llegar al mercado. El resto, como suele decirse, es historia. Las inversiones de capital riesgo se multiplicaron por sesenta, pasando de 58 millones de dólares en la década de 1990 a 3300 millones de dólares en la actualidad[36]. Del mismo modo, en Estados Unidos, ya en 1958, la Small Business Investment Corporation (SBIC) proporcionó deuda y capital a pequeñas empresas de alto riesgo que no podían acceder al capital de las fuentes tradicionales[37].

Las fundaciones y los organismos multilaterales son una fuente de capital desaprovechada. Las fundaciones deberían destinar parte de sus dotaciones a apoyar a emprendedores o inversores en la frontera. La inversión centrada en el impacto es un canal especialmente potente.

Las empresas tienen capacidad para invertir en *startups* y apoyarlas en todo el mundo, como han demostrado compañías como Tencent, Alibaba y Naspers. En Estados Unidos, las empresas tienen más de 1.9 billones de dólares en efectivo en sus balances. Liberar tan solo una parte de este capital para reinvertirlo en sus comunidades locales cambiaría las reglas del juego[38].

Por supuesto, un camello no está diseñado para vivir siempre junto al abrevadero. En entornos con escasez de capital, la tentación a menudo puede ser proporcionar capital para aliviar este reto por completo. De hecho, ningún empresario de nueva creación dirá nunca que hay demasiado capital disponible. Sin embargo, como muchos han argumentado convincentemente, aunque la falta de capital puede ser un cuello de botella, rara vez es la principal limitación[39]. La ventaja del modelo camello es que se centra en la sostenibilidad y la resistencia. Si se ahoga un ecosistema en capital, se corre el riesgo de socavar el enfoque camello y el éxito que consigue. Por lo tanto, los creadores de ecosistemas deben diagnosticar cuidadosamente el problema, identificar la brecha por etapa, sector y geografía, y elaborar soluciones específicas. Por último, las intervenciones deben ser temporales y no subvenciones permanentes. Deben ayudar a poner en marcha el círculo virtuoso y luego salir con elegancia. Aunque el apoyo debe ser a largo plazo, no debe ser eterno. El programa Yozma de Israel, por ejemplo, tenía un calendario de salida.

5. Proporcionar la infraestructura adecuada

Los innovadores de frontera suelen dedicarse a crear mercados. Los agentes del mercado pueden apoyarles proporcionándoles una regulación y una infraestructura adecuadas.

Flexibilidad normativa

Los creadores de ecosistemas tienen la oportunidad de crear un marco regulador atractivo para los innovadores. El instinto de un regulador suele ser analizar todas las eventualidades y establecer normas por adelantado. En innovación, no se puede predecir cómo evolucionará un negocio. Cerrar puertas es una receta para coartar la creatividad. Un enfoque regulador más equilibrado y tolerante sirve de fuerte acelerador.

En este sentido, cabe destacar los esfuerzos de los bancos centrales de Singapur, Malasia y el Reino Unido. El sector financiero está muy regulado y la experimentación suele ser difícil. En un *sandbox*, un regulador permite a las *startups* operar dentro de un entorno restringido y con un nivel de riesgo específico aceptado. A su vez, los reguladores se comprometen a no regular en exceso la idea. Dejan que se desarrolle. Una vez que la idea evoluciona durante un período de tiempo acordado, los reguladores y las empresas emergentes examinan en conjunto los resultados y evalúan los riesgos, en lugar de regular la idea de antemano[40]. Ruanda, por ejemplo, se ha convertido en un lugar fácil para hacer negocios, con una corrupción limitada y un enfoque centrado en el apoyo a los emprendedores. De este modo, ha atraído a su ecosistema a empresas emergentes de todo el mundo, muchas de las cuales, como Zipline, decidieron establecerse allí para experimentar. Del mismo modo, Ruanda fue el primer mercado africano de Babylon Health.

Infraestructura de apoyo a los ecosistemas

A menudo, los creadores están construyendo industrias nuevas y tienen que crear múltiples modelos de negocio a la vez (por ejemplo, Zola, con su unidad de I+D, su brazo financiero, su plataforma de distribución y su equipo de fabricación; o Guiabolso con sus interconexiones bancarias, su puntuación de crédito, su PFM y su producto de préstamo). A veces, esta práctica es estratégica y sirve como punto de diferenciación (por ejemplo, Apple construye sus propias tiendas para controlar la experiencia de distribución). Sin embargo, los innovadores de frontera a menudo tienen que construir infraestructuras horizontales indiferenciadas por necesidad.

Los agentes del ecosistema pueden construir esta infraestructura horizontal necesaria. En la India se está experimentando con Aadhaar, un programa de identificación universal patrocinado por el Gobierno. Lo puso en marcha Nandan Nilekani, cofundador de Infosys (un hermano mayor clave en el ecosistema de Bangalore), mientras ocupaba un cargo en el Gobierno. Aadhaar proporciona a 1300 millones de residentes indios una identidad digital basada en la biometría, junto con una plataforma unificada para acceder a prestaciones gubernamentales, abrir cuentas bancarias, suscribirse a teléfonos y demostrar su identidad[41]. Como demuestra el estudio de caso de Matrimony.com, la infraestructura de identificación es fundamental. En su momento, el fundador Murugavel Janakiraman tuvo que construir una costosa solución a medida. Gracias a Aadhaar, la verificación de la identidad podía ser tan fácil como un plugin. El Gobierno de la India, con la ayuda de tecnólogos del grupo de voluntarios iSPIRT, está creando IndiaStack, una cartera de interfaces de programación de aplicaciones (API) que aprovechan Aadhaar como complemento de identidad, facilitando el lanzamiento de nuevos servicios de forma digital, sin papel y sin efectivo[42]. Nandan explicó la visión:

«El objetivo es crear bienes públicos digitales. El primero fue Aadhaar, que proporciona una identidad pública y verificable. Posteriormente, la Corporación Nacional de Pagos de la India ofrece una exitosa red de pagos interoperable llamada UPI. La siguiente etapa es el empoderamiento de los datos, donde los datos se ponen en manos de los usuarios para que los utilicen en su propio beneficio. Nuestra visión es que, habilitada con toda esta infraestructura, puede ocurrir magia. Se pueden reimaginar todo tipo de productos y servicios»[43].

Las empresas, las fundaciones y los Gobiernos también pueden apoyar la infraestructura del ecosistema. En cuanto al capital humano, los Gobiernos regionales y algunas empresas apoyaron los esfuerzos del programa de aplicaciones inclusivas de Hotels.ng como un bien público. Sería poderoso hacer esto a nivel nacional para ayudar a las *startups* a descubrir los mejores talentos de todo el país y difundir la igualdad de oportunidades.

6. Principios de apoyo a los ecosistemas

Muchos creadores de ecosistemas acuden a mí en busca de asesoramiento táctico para apoyar sus ecosistemas particulares. Desarrollar una estrategia de ecosistema empresarial no es tarea fácil y requiere un profundo conocimiento de los puntos fuertes, la dinámica y las relaciones locales. Por eso soy reticente a ofrecer una receta estándar de asesoramiento. En su lugar, propongo algunos principios para guiar el camino.

Mantener al empresario en el centro

Las mejores prácticas de las *startups* sitúan a los clientes en primer plano. Lo mismo debería ocurrir con el desarrollo del ecosistema. En este caso, el cliente es el empresario. Servir a otros clientes —como el desarrollo de una industria concreta, la creación de nuevos puestos de trabajo o la resolución de objetivos sociales— puede, por supuesto, tener tracción, pero no será tan poderoso para desbloquear el círculo virtuoso de los ecosistemas empresariales.

A través de entrevistas con creadores de ecosistemas de todo el mundo, he aprendido que uno de los factores clave del éxito (y de predicción del fracaso) es la centralidad empresarial. Si son los agentes externos, y no los propios emprendedores, quienes dictan las necesidades del ecosistema, aparecen incentivos perversos que, por lo general, conducen a resultados subóptimos. El análisis de Endeavor sobre el ecosistema de Nairobi señala una fuerte financiación externa por parte de donantes, instituciones financieras de desarrollo (IFD) y empresas[44]. Como explica el informe: «Los donantes empezaron a financiar iniciativas empresariales orientadas a la tecnología, lo que llevó a las organizaciones locales que ofrecían préstamos personales de microfinanciación y servicios educativos a reformarse y lanzar programas de apoyo a la iniciativa empresarial»[45]. Esto contribuyó a que las microempresas fueran menos productivas y a que las estrategias de creación de empresas se optimizaran para servir a los objetivos de los donantes en lugar de para crear grandes negocios.

A pesar de los difíciles comienzos, los empresarios kenianos han avanzado mucho en la construcción de su ecosistema con el paso del tiempo. Sin embargo, si se compara el ecosistema de Nairobi con el de Bangalore, solo el 1 % de las empresas de Nairobi crecieron lo suficiente como para emplear a más de cien personas, una sexta parte de lo que logró Bangalore[46].

La misma dinámica se da en el capital riesgo. A finales de la década de 1990, el Gobierno canadiense apoyó los fondos patrocinados por los trabajadores, un fondo de inversión subvencionado por los impuestos. Por decreto reglamentario, estos fondos tenían restringidos los tipos y las formas en que podía invertirse el capital[47]. Como era de esperar, según descubrió Josh Lerner, profesor de la Harvard Business School, los fondos patrocinados por los trabajadores obtuvieron peores resultados que otras clases de activos y tenían muchas más probabilidades de fracasar que las inversiones tradicionales de capital riesgo. Los fondos patrocinados por los trabajadores simplemente intentaban colocar capital donde los empresarios no lo buscaban.

En última instancia, el desarrollo del ecosistema de innovación debe centrarse en los emprendedores y estar dirigido por ellos. La tesis de Brad Feld en Boulder, analizada anteriormente, respalda esta filosofía, al igual que los datos empíricos de la Fundación Kauffman[48].

Concéntrese también en las grandes victorias

Para muchos creadores de ecosistemas, la tentación es apoyar a los emprendedores en las primeras etapas, viendo el éxito en el creciente número de nuevas empresas o en el número de patentes registradas. Pero estas métricas solo se correlacionan con el éxito de las nuevas empresas. No son señales de que las nuevas empresas vayan a crecer, uno de los indicadores clave del éxito de un ecosistema.

La Fundación Kauffman publicó un informe que ayuda a medir los ecosistemas empresariales utilizando doce métricas que informan de cuatro indicadores. El primer indicador es la densidad, que mide las empresas nuevas y jóvenes por cada mil habitantes, la proporción de empleo en empresas nuevas y jóvenes y la densidad sectorial, en especial, en alta tecnología. El segundo indicador es la fluidez, que mide el flujo de población, la reasignación del mercado laboral y las empresas de alto crecimiento. El tercer indicador es la conectividad, que mide la conectividad de los programas, la tasa de empresas derivadas y las redes de intermediarios. El cuarto es la diversidad, que mide las múltiples especializaciones económicas, la movilidad y los inmigrantes[49].

Sugiero un quinto, centrado en los hermanos mayores del capítulo 11: el número de emprendedores en etapas posteriores que han escalado con éxito hasta la salida. La investigación ha demostrado que en los sectores que tienen múltiples empresas, las tres primeras tendrán un impacto en más del 60 % del ecosistema. En Buenos Aires, este porcentaje es superior al 80 %[50]. Como hemos visto, las empresas de nueva creación que han escalado con éxito pueden poner en marcha el círculo virtuoso del desarrollo del ecosistema.

Una visión a largo plazo

Roma no se construyó en un día. Tampoco los ecosistemas de *startups*. Silicon Valley tardó más de cuarenta años en convertirse en lo que es ahora. El éxito de Israel se remonta veinte años atrás al programa Yozma.

Los creadores de ecosistemas deben tener una visión a largo plazo. El desarrollo de un ecosistema lleva más tiempo que los ciclos electorales o el mandato de la mayoría de los presidentes de empresas o fundaciones. Para tener éxito es necesario pasar el testigo al menos unas cuantas generaciones.

Colabore

El desarrollo de los ecosistemas no debe ser un proceso aislado. Requiere un enfoque de colaboración con la comunidad en general. Soluciones como Endeavor, FUN y ALU requieren la colaboración de la comunidad empresarial en general, pero también de los sectores empresarial, privado y sin ánimo de lucro. ALU trabajó con los futuros empleadores de sus estudiantes para identificar lagunas, elaborar el plan de estudios y crear oportunidades de prácticas y formación. Trabajó con filántropos para subvencionar sus primeros proyectos y con una serie de inversores corporativos y de riesgo para ampliarlos. Del mismo modo, parte de la magia de Endeavor reside en su profunda sintonía con los líderes de la comunidad empresarial local, que financian el programa y asesoran a las nuevas empresas.

Sea creativo y asuma riesgos

Por desgracia, no existe una receta única para el desarrollo de ecosistemas. El desarrollo de ecosistemas es necesariamente experimental, debe implicar asumir riesgos y probar nuevos enfoques creativos. No todo debe tener éxito o hacerse grande.

De hecho, a menudo ocurre lo contrario: las actividades más pequeñas y orgánicas son poderosas. Algunas tendrán éxito y otras fracasarán. Pero la experimentación rápida es fundamental para encontrar modelos que triunfen.

7. Sobre todo, sé fiel a ti mismo

Escalar un ecosistema en la frontera es un viaje diferente al de Silicon Valley o cualquier otro lugar. Por tanto, haz caso a las palabras de Shakespeare: «Sé fiel a ti mismo».

Muchos ecosistemas de todo el mundo tienen el apodo de Silicon X. Está Silicon Alley en Nueva York, Silicon Plains en Utah y Silicon Savannah en Kenia. A menudo se trata de una comparación incorrecta y peyorativa. Silicon Savannah, que se refiere en conjunto a todos los ecosistemas del África subsahariana, utiliza una palabra originaria de los nativos americanos para describir un ecosistema natural que, desde luego, no es representativo de todo un subcontinente[51]. Construir múltiples reproducciones de Silicon Valley no es un objetivo productivo. Los ecosistemas globales de éxito deben tener y tendrán un aspecto diferente, aprovechando los puntos fuertes locales.

Históricamente, la tecnología se consideraba una industria vertical en sí misma, casi totalmente independiente de las demás. Había ámbitos como los servicios financieros, la sanidad, la industria y la tecnología. En ese mundo, Silicon Valley podía dominar el mercado, como Nueva York domina las finanzas y Québec el sirope de arce.

Hoy en día, la tecnología es horizontal; todas las empresas y todas las industrias tienen tecnología incorporada. La experiencia regional debe desempeñar un papel fundamental en el desarrollo del ecosistema local. Londres se ha convertido en líder mundial en tecnología financiera (por ahora). Columbus (Ohio) se ha convertido en un próspero centro de innovación en el Medio Oeste de Estados Unidos, especializado en agricultura y fabricación.

Los ecosistemas de innovación de todo el mundo fomentarán diversos tipos de *startups*. Algunas se centrarán en la atención sanitaria (y probablemente en subsegmentos específicos de la misma), mientras que otras se centrarán en la robótica para industrias pesadas. Los puntos fuertes de los ecosistemas locales determinarán la aparición de sectores especializados.

A medida que contribuya a su ecosistema local, comprenda que los innovadores de frontera difieren entre sí. Cada uno opera en un entorno único definido por una economía política, una realidad macroeconómica y un ecosistema de individuos en el sector. Cualquier ecosistema también incluye un entorno industrial más amplio y un conjunto de conocimientos especializados. Así que no lo llames Silicon Savannah. Llámalo Kenia.

CONCLUSIÓN
El futuro está en la frontera

El 10 de abril de 2018, Mark Zuckerberg fue llamado a declarar por segundo día en el Senado de Estados Unidos. Le estaban haciendo un aluvión de preguntas sobre el papel de Facebook tras el escándalo de Cambridge Analytica. Sus respuestas preparadas estaban escritas en un papel delante de él y bien ensayadas.

Una de las respuestas se refería a una posible ruptura de Facebook. Nunca recibió la pregunta correspondiente, pero su declaración enlatada subraya el estado actual del mundo. «¿Romper Facebook? Las empresas tecnológicas estadounidenses son un activo clave para Estados Unidos; la disolución fortalece a las empresas chinas», decía su bloc de notas[1].

La principal preocupación de Facebook no eran sus competidores estadounidenses como Twitter (hoy X), LinkedIn y Snapchat. Para Facebook, la verdadera competencia es internacional. Facebook cuenta con la envidiable cifra de 2300 millones de usuarios activos mensuales en su plataforma[2]. Sin embargo, WeChat le sigue de cerca, con 1100 millones y un rápido crecimiento[3]. Hace tan solo diez años eran tres[4].

La innovación tecnológica se ha globalizado.

Los nombres más conocidos proceden ahora de todas partes: Spotify de Suecia, Waze de Israel y Alibaba de China. Hace veinte años, en el apogeo de la burbuja tecnológica de los noventa, Silicon Valley era el lugar por excelencia para la innovación. En muchos sentidos, era el único lugar. Pero las cosas han cambiado mucho. En la década de 1990, más del 95 % del capital riesgo del mundo se encontraba en Estados Unidos. Pero ahora la cifra es más bien del 50 %[5]. Cada vez más, la innovación vendrá de todas partes.

A medida que el mundo se aleja de Silicon Valley y se acerca a la frontera, las reglas convencionales dejan de ser válidas. Los mejores emprendedores están trazando su propio rumbo, guiándonos hacia una visión de la innovación más creativa, sostenible, global, impactante y completa.

Espero que este libro le deje cinco conclusiones clave.

La innovación es global

Todas nuestras mejores prácticas siguen centradas en un tiempo y un lugar singulares —Silicon Valley, hoy— y para un tipo concreto de negocio. Durante mucho tiempo, el libro de reglas de Silicon Valley para impulsar la innovación y crear ecosistemas de *startups* ha sido el único que hemos tenido. Pero las reglas de Silicon Valley rara vez se trasladan al resto del mundo, y el resto del mundo ya no intenta ajustarse al molde.

El reglamento, en sí mismo, no es erróneo. Al contrario, funciona extraordinariamente bien en Silicon Valley. Pero es específico de los tipos de productos que se construyen en Silicon Valley (aplicaciones ligeras en activos), las aspiraciones de las empresas (crecimiento a cualquier precio) y el ecosistema y la infraestructura disponibles (ricos y bien desarrollados).

En cambio, el resto del mundo —lo que he llamado la frontera— es grande, amplio y variado. Abarca desde ecosistemas con escasa actividad y concentración empresarial hasta mercados con incertidumbre macroeconómica y riesgo político. Por eso es diferente crear empresas emergentes en la frontera y por eso adoptar sin un pensamiento crítico los planteamientos de Silicon Valley es una receta para el desastre. Los modelos centrados únicamente en el crecimiento morirán de hambre por culpa de un mercado de capitales limitado, se verán emboscados por un riesgo cambiario inesperado o serán aniquilados por cualquier otra serie de retos.

Copiar y pegar el enfoque de Silicon Valley sin comprender a fondo sus supuestos subyacentes es temerario e ignorante. Los innovadores fronterizos de éxito ni siquiera lo intentan.

Ha surgido un nuevo modelo de innovación

El nuevo modelo de innovación, desarrollado por fronterizos y adaptado a ella, se basa en las lecciones aprendidas de empresarios de todo el mundo.

Los innovadores fronterizos han redefinido las mejores prácticas de innovación de múltiples y significativas maneras. Los innovadores fronterizos crean industrias en lugar de perturbarlas, se centran en los puntos críticos de los ecosistemas y crean productos dirigidos al mercado de masas. Resuelven retos sociales sistémicos utilizando enfoques tecnológicos y empresariales innovadores, desde la invención de direcciones de calles hasta el desarrollo de servicios financieros y soluciones sanitarias novedosas.

A menudo, deben construir los *vertical* y *horizontal stack*. Esta tarea puede añadir una gran complejidad a la creación de una empresa de éxito en la frontera, pero también puede ofrecer ventajas competitivas. Dicho esto, los innovadores de la frontera no crecen a cualquier precio. Crean camellos que son, ante todo, sostenibles y resistentes en comparación con sus primos unicornios. Al enfrentarse a macroentornos más arriesgados, los innovadores fronterizos se centran en la resistencia.

A menudo inmigrantes o repatriados, los innovadores fronterizos se inspiran en diversas fuentes, incluida su propia experiencia vital. Suelen crear empresas que son globales desde el principio, uniendo una gran oportunidad a partir de mercados regionales fragmentados. Recurren a los mejores talentos de todo el mundo y crean equipos A.

Los innovadores de frontera dan prioridad al importante impacto social y de desarrollo económico de sus empresas. Aunque no todas las empresas sociales son *startups*, la mayoría de las *startups* fronterizas coinciden con empresas sociales.

Las empresas de los innovadores fronterizos suelen dirigirse a sectores de mayor impacto que sus homólogas de Silicon Valley. Tal vez porque estos comprenden la repercusión que pueden tener sus productos, gestionan el riesgo para sus clientes y sus empresas de forma concienzuda, en lugar de ir deprisa y romper cosas.

Mientras tanto, están empezando a innovar en el aspecto de la financiación. Los principales actores son pioneros en nuevos modelos como los fondos perennes, las estructuras de participación en los ingresos, la toma de decisiones informatizada y las inversiones por parte de los usuarios.

Por último, los innovadores de frontera son creadores de ecosistemas. Moldean activamente la cultura, proporcionan tutoría, construyen la infraestructura del ecosistema y desarrollan el talento, mientras desarrollan sus empresas emergentes. Algunos aceleran exponencialmente el desarrollo del ecosistema y ponen en marcha un círculo virtuoso.

Es un libro de jugadas, no de normas

Emprendedores en todas partes y no solo en la frontera. Sin embargo, no deben considerarse como una fórmula para el éxito: haz A, B y C, y el resultado será Z. Más bien, el libro de jugadas es una colección de estrategias que los aspirantes a empresarios pueden utilizar para maximizar sus posibilidades de éxito, independientemente de los retos a los que se enfrenten. Debes usar tu mejor juicio para elegir qué jugada tiene sentido en una situación concreta, y prescindir de otros elementos.

El contexto es clave. En lugares como Brasil, con un gran mercado local y vecinos culturalmente distintos, a menudo tiene sentido adoptar un enfoque nacional más centrado. En cambio, en el vecino Uruguay, las empresas emergentes deben pensar desde el principio a escala regional o mundial. Los países con ricos ecosistemas de capital riesgo y *startups* locales tienen menos probabilidades de depender de enfoques creativos para la financiación de riesgo, lo que les deja libertad para seguir el enfoque original de Silicon Valley. Ciudades como Toronto o Shanghái tienen mercados de talento técnico y de gestión profundos, lo que significa que las lecciones sobre la creación de equipos A siguen siendo importantes, pero quizás menos urgentes.

Estas estrategias se entrecruzan y refuerzan mutuamente. A menudo, la creación de industrias requiere la construcción del *full stack*, porque la mayor parte de la infraestructura y el ecosistema faltan al principio. Los creadores suelen ser atletas multimisión, que crean empresas con un elemento integral de impacto social. Los camellos pueden desarrollar resiliencia al nacer globales y *full stack*, con múltiples modelos de negocio que se refuerzan. En ocasiones, estas tendencias avanzan en direcciones diferentes. Por ejemplo, adoptar una estrategia distribuida puede obviar la necesidad de crear equipos A a nivel local.

Los enfoques de Silicon Valley tampoco deben descartarse por completo. Silicon Valley sigue siendo uno de los mejores lugares para aprender sobre el desarrollo de productos centrados en el cliente, el pensamiento de diseño creativo y la evolución de los productos.

Innovar en la frontera es relativismo. Algunas de las lecciones del libro de jugadas serán fácilmente aplicables en diferentes ecosistemas. Otros ecosistemas se sentirán incómodos y supondrán un reto para los innovadores que intenten emplear un enfoque concreto. Es natural. Del mismo modo que sería difícil entender el movimiento artístico impresionista observando uno solo de los nenúfares de Monet, es importante dar un paso atrás y considerar estas tendencias de forma holística. Tomados en su conjunto, los principios del nuevo libro de jugadas del innovador fronterizo ofrecen un enfoque más fundamentado, evolucionado y flexible para la creación de *startups* que el que se puede encontrar en el canon de Silicon Valley.

No copies a Silicon Valley

Para crear ecosistemas dinámicos de *startups* fronterizas, todos los agentes —responsables políticos, reguladores, fundaciones, inversores y grandes empresas— tienen un papel que desempeñar. Para ello, no deben tratar de imitar a Silicon Valley, sino apoyar a los innovadores fronterizos basándose en el libro de jugadas de la frontera, eligiendo un curso de acción inspirado en las estrategias exploradas en este libro.

Por ejemplo, apoyar iniciativas de polinización cruzada ayuda a conectar ecosistemas. La mejora de las instituciones educativas locales, la acogida de la inmigración y la inversión en programas de formación pueden sostener y hacer crecer el ecosistema local de talento. Fomentar los sistemas jurídicos y normativos adecuados también estimulará la innovación y la creación de nuevas empresas. Ofrecer infraestructuras horizontales puede proporcionar capas habilitadoras para disminuir el coste y el riesgo de las *startups*. Y poner en marcha el ecosistema de capital de forma responsable, en colaboración con los innovadores, puede crear un círculo virtuoso.

Silicon Valley necesita una renovación

Los innovadores fronterizos están escribiendo su propio libro de jugadas por necesidad, para que sus empresas puedan sobrevivir y prosperar en condiciones adversas.

Las empresas clásicas de Silicon Valley prosperan en los buenos tiempos. Pero esos tiempos nunca duran. En octubre de 2008, la empresa líder de capital riesgo Sequoia Capital compartió una presentación con sus empresas de cartera titulada *RIP Good Times*, presagiando la crisis financiera. Una de sus conclusiones era que los CEO debían dar prioridad a la sostenibilidad y la resistencia[6].

La última década ha sido testigo de uno de los mercados alcistas más largos de la historia, y el capital y el optimismo abundan. Las empresas que se encuentran en la fase final de su desarrollo registran valoraciones estratosféricas, permanecen más tiempo en el sector privado y se centran en el crecimiento a toda costa. Al mismo tiempo, la desigualdad económica extrema y la falta de vivienda aumentan en la zona de la Bahía, y las empresas tecnológicas cada vez más están en el punto de mira por su comportamiento poco ético. Y, sencillamente, ya no están superando los límites de la innovación como antes.

Muchas de las mejores empresas emergentes se crean en épocas de crisis, como Amazon y Netflix[7]. Una teoría es que la gente tiene menos dinero para gastar y los empresarios ven la oportunidad de crear empresas más eficientes (y algunas personas, que de otro modo tendrían trabajo, se ven obligadas a emprender)[8]. En la euforia actual, Silicon Valley lo ha olvidado. Para recordar y aprender, podemos mirar a la frontera y al libro de jugadas de sus innovadores. Debemos ofrecerle a Silicon Valley la oportunidad de reflexionar sobre lo que está funcionando y considerar cómo puede evolucionar hacia la próxima versión más sostenible de sí mismo, antes de que sea demasiado tarde.

Como en todos los ciclos, es seguro que un día la financiación del riesgo volverá a agotarse. Igual que ocurrió tras 2001 y 2008, cuando solo sobrevivieron las empresas más sólidas, puede que recordemos que, después de todo, el camello del desierto es mejor mascota a largo plazo que el unicornio.

1. El futuro está en la frontera

Ahora hay comunidades de *startups* en casi todos los países del mundo. Aunque es probable que Silicon Valley siga siendo el líder en *startups* e innovación en los próximos años, ya no mantendrá el monopolio de las mejores prácticas.

Los ecosistemas de todo el mundo se encuentran en distintas fases de desarrollo. En los mercados emergentes, la mayoría están en su infancia. En las antiguas ciudades manufactureras de Estados Unidos, pueden estar en declive o experimentando un difícil renacimiento. Los mejores ecosistemas aprovecharán las lecciones aprendidas en todo el mundo y se construirán de forma que reflejen las capacidades, los activos y las necesidades del mercado local.

En algunos mercados, el círculo virtuoso ya está en marcha. Las empresas emergentes de éxito han generado un tesoro de mentores, inversores providenciales e innovadores capacitados. Pero para la mayoría de los ecosistemas fronterizos, no basta con esperar a que se ponga en marcha la rueda de inercia.

Rudyard Kipling escribió una vez: «Oh, Oriente es Oriente, y Occidente es Occidente, y nunca los dos se encontrarán». Al contrario, la innovación está cambiando a escala mundial. Oriente y Occidente tienen mucho que aprender el uno del otro, y ahora es el momento de aprovechar la oportunidad, porque es realmente inmensa.

Aunque Estados Unidos sigue acaparando la mitad del capital riesgo mundial, se está produciendo una ola de cambio que está llegando a las costas de todo el mundo[9]. En conjunto, los mercados emergentes y en desarrollo representan más de 6400 millones de personas, alrededor del 85 % de la población mundial, y eso sin contar las partes de la frontera situadas en los países más desarrollados[10].

Basta con mirar a China para hacerse una idea de lo que ocurre cuando los ecosistemas de innovación se ponen en marcha como lo están haciendo ahora en todo el mundo. En una década, China se ha convertido en el segundo mayor ecosistema tecnológico del mundo, y podría decirse que está mucho más diversificado que Silicon Valley en cuanto a tecnologías que abarcan sectores económicos como la sanidad y el transporte[11]. En todo el planeta, casi quinientos ecosistemas están produciendo *startups*. Imagínense lo que ocurrirá a medida que la financiación se democratice y sea más accesible para quienes viven fuera del área de la Bahía.

En el horizonte se vislumbra un cambio radical cuando todos estos emprendedores de fuera del Valle se sitúen al frente de la innovación. Para triunfar, subvierten y reimaginan una y otra vez las reglas de Silicon Valley, innovando más que los demás mientras escriben un nuevo manual para un nuevo juego. Para estar a la altura y seguir siendo el hogar de la innovación que cambia el mundo, todos deberíamos considerar la posibilidad de seguir su ejemplo.

NOTAS

Introducción

1. "Off-Grid Solar Market Trends Report 2018" (Washington, DC: International Finance Corporation), 2018.
2. Ilya A. Strebulaev y Will Gornall, "How Much Does Venture Capital Drive the U.S. Economy?" Stanford Graduate School of Business, 2015, https://www.gsb.stanford.edu/insights/how-much-does-venture-capital-drive-us-economy.
3. Tim Kane, "The Importance of Startups in Job Creation y Job Destruction", Kauffman Foundation Research Series, July 2010, https://www.kauffman.org/what-we-do/research/firm-formation-and-growth-series/the-importance-of-startups-in-job-creation-and-job-destruction.
4. Keith Collister, "Harvard's Josh Lerner Asks Why Bother with Venture Capital?" *Jamaica Observer*, 2014, http://www.jamaicaobserver.com/business/Harvard-s-Josh-Lerner-asks-why-bother-with-venture-capital-_17535881.
5. Enrique Dans, "Hey! We Live in the Age of Innovation: Who Needs Rules?" *Forbes*, 2017, https://www.forbes.com/sites/enriquedans/2017/12/06/hey-we-live-in-the-age-of-innovation-who-needs-rules/#2538c451246c.
6. George Avalos, "'Immense Growth' Makes the Bay Area the World's 19th-Largest Economy, If It Were a Nation", *Mercury News*, 2018, https://www.mercurynews.com/2018/07/10/immense-growth-makes-bay-area-worlds-19th-largest-economy-google-facebook-apple-adobe/.
7. "San Francisco Bay Area Startups", 2019, https://angel.co/san-francisco-bay-area; y Mark Muro y Jacob Whiton, "Tech Is (Still) Concentrating in the Bay Area: An Update on America's Winner-Take-Most Economic Phenomenon", Brookings Institution, 2018, https://www.brookings.edu/blog/the-avenue/2018/12/17/tech-is-still-concentrating-in-the-bay-area-an-update-on-americas-winner-take-most-economic-phenomenon/.
8. Adam Satariano, "The World's First Ambassador to the Tech Industry", *New York Times*, 2019, https://www.nytimes.com/2019/09/03/technology/denmark-tech-ambassador.html.

9. Leigh Buchanan, "Study: U.S. Businesses No Longer Dominate in Venture Capital Funding", *Inc.*, 2018, https://www.inc.com/leigh-buchanan/american-businesses-no-longer-dominate-venture-capital.html.

10. "Number of Mobile Subscribers Worldwide Hits 5 Billion", GMSA Newsroom, 2017, https://www.gsma.com/newsroom/press-release/number-mobile-subscribers-worldwide-hits-5-billion/.

11. "Number of Worldwide Social Network Users from 2010 to 2021 (in Billions)", Statista, 2019, https://www.statista.com/statistics/278414/number-of-worldwide-social-network-users/.

12. Richard Florida y Ian Hathaway, "Rise of the Global Startup City: Startup Revolution Report", Center for American Entrepreneurship, 2019, http://startupsusa.org/ global-startup-cities/.

13. Lise He, "How Many Startups Are There in China?" *Quora*, 2018, https://www.quora.com/How-many-startups-are-there-in-China.

14. "Global Startup Ecosystem Report 2017", Startup Genome, April 2018, https://startupgenome.com/all-reports.

15. "How Many Startups Are There?" Get2Growth, http://get2growth.com/how-many-startups/.

16. "Global Startup Ecosystem Report 2017", Startup Genome, https://startupgenome.com/all-reports.

17. Anne S. Habiby y Deirdre M. Coyle Jr., "The High-Intensity Entrepreneur" *Harvard Business Review*, September 2010, https://hbr.org/2010/09/the-high-intensity-entrepreneur.

18. "The Global Unicorn Club: Current Private Companies Valued at $1B+", CB Insights, 2019, https://www.cbinsights.com/research-unicorn-companies.

19. Mansoor Iqbal, "Uber Revenue y Usage Statistics (2018) [2019]", *Business of Apps*, February 2019 [actualizado 2019], http://www.businessofapps.com/data/uber-statistics/; Trefis.com, "Number of Rides Uber Gave Worldwide from 2016 to 2019 (in Billions)", Statista, 2019, https://www.statista.com/statistics/946298/uber-ridership-worldwide/; Jane Zhang, "Didi by the Numbers: Ride-Hailing Firm Covered More Miles in 2018 Than 5 Earth-to-Neptune Round-Trips", *South China Morning Post*, January 23, 2019, https://www.scmp.com/tech/start-ups/article/2181542/didi-numbers-ride-hailing-firm-covered-more-miles-2018-5-earth; Xinhua, "DiDi completes 7.43b Rides in 2017", ChinaDaily.com, September 2018, http://www.chinadaily.com.cn/a/201801/ 09/WS5a541c98a31008cf16da5e76. html; Fanny Potkin, "Indonesia's Go-Jek Close to Profits in All Segments, Except Transport: CEO", Reuters, August 2018, https://www.reuters.com/article/us-indonesia-gojek-interview/indonesias-go-jek-close-to-profits-in-all-segments-except-transport-ceo-idUSKBN1L20SI; Marina Pasquali, "Key Figures on Taxi y Car Sharing App 99 in Brazil as of 2018", Statista, 2019, https://www.statista.com/statistics/882180/brazil-key-figures-taxi-car-sharing-app-99/; y Robin Wauters, "Cabify Hits 13 Million Customers Globally, Raises $160 Million from Rakuten y Others at $1.4 Billion Valuation", *techeu*, 2018, https://tech.eu/brief/cabify-hits-13-million-customers-globally-raises-160-million-rakuten-others-1-4-billion-valuation/.

20. J. Clement, "Number of PayPal's Total Active Registered User Accounts from 1st Quarter 2010 to 4th Quarter 2018 (in Millions)", Statista, 2019, https://www.statista.com/statistics/218493/paypals-total-active-registered-accounts-from-2010/; y Trefis, "Is Paytm Worth $20 Billion?" *Forbes*, December 2018, https://www.forbes.com/ sites/ greatspeculations/2018/12/03/is-paytm-worth-20-billion/#3327d9834439.

21. Olivia Solon, "Tech's Terrible Year: How the World Turned on Silicon Valley in 2017", *Observer*, 2017, https://www.theguardian.com/technology/2017/ dec/ 22/tech-year-in-review-2017.

22. Susan Wu, "It's Time for Innovators to Take Responsibility for Their Creations" *Wired*, 2017, https://www.wired.com/story/its-time-for-innovators-to-take-responsibility-for-their-creations.

23. Daniel Weisfield, "Peter Thiel at Yale: We Wanted Flying Cars, Instead We Got 140 Characters", Yale School of Management, 2013, https://som.yale. edu/blog/peter-thiel-at-yale-we-wanted-flying-cars-instead-we-got-140-characters.

24. Biz Carson, "Silicon Valley Startups Are Obsessed with Developing Tech to Replace Their Moms" 2015, https://www.businessinsider.com/san-francisco-tech-startups-replacing-mom-2015-5; Ray Fisman y Tim Sullivan, "The Internet of 'Stuff Your Mom Won't Do for You Anymore,'" hbr.org, 2016, https://hbr.org/2016/07/the-internet-of-stuff-your-mom-wont-do-for-you-anymore; Emily Chang, *Brotopia: Breaking Up the Boys' Club of Silicon Valley* (New York: Portfolio, 2018).

25. "List of Automobile Manufacturers in Michigan", Wikipedia, May 2019, https://en.wikipedia.org/wiki/List_of_automobile_manufacturers_of_ Michigan.

26. Glenn Counts, Steve Ronson, y Kurt Spenser, "Detroit: The New Motor City", Ethics of Development in a Global Environment (EDGE), July 1999, https://web.stanford.edu/class/e297c/poverty _prejudice/citypoverty/ hdetroit.htm.

27. General Motors, "General Motors Production By Plant", https://media. gm.com/content/dam/Media/gmcom/investor/2012/Production-by-Plant-December-2012-NA.pdf.

28. Michelle Robertson, "So Many People Are Leaving the Bay Area, a U-Haul Shortage Is Jacking Up Prices", *SFGATE*, 2018, https://www.sfgate.com/ expensive-san-francisco/article/U-Haul-San-Francisco-Bay-Area-prices-shortage-12617855.php.

29. "Off-Grid Solar Market Trends Report 2018"; James Chen, "What Are Frontier Markets?" *Investopedia*, 2018 [actualizado 2019], https://www.investopedia. com/terms/f/frontier-market.asp; y Early Growth Financial Services, "What Is Frontier Tech?" 2018, https://earlygrowthfinancialservices.com/what-is-frontier -tech/.

30. Brad Feld, *Startup Communities: Building an Entrepreneurial Ecosystem in Your City* (Hoboken, NJ: Wiley, 2012).

31. China ha desarrollado su propio ecosistema de *startups*. Aunque comparte muchas similitudes con Silicon Valley, también es diferente en varios aspectos importantes. El Gobierno chino ha movilizado una serie de recursos para poner en marcha el ecosistema, a través de inversiones en ecosistema,

espacio físico, financiación de capital riesgo y similares. La normativa local ha dificultado, y en algunos casos imposibilitado, el acceso al mercado de las empresas tecnológicas extranjeras, creando espacio para que prosperen los agentes locales. El mercado nacional empequeñece al de todos los demás países, salvo Estados Unidos, lo que da margen para escalar grandes empresas en un solo mercado. Este libro cubre partes del ecosistema chino, aunque el modelo de China es único y a menudo difícil de reproducir en otros mercados, por lo que muchas partes quedarán fuera de su alcance.

32. Deal Sunny, "Entrepreneurship Infographic: 46 Facts Every Entrepreneur Needs To Know About", 2015, https://www.dealsunny.com/blog/entrepreneurship-Infographic.
33. Rhett Morris y Lili Török, "Fostering Productive Entrepreneurship Communities", Endeavor Insight, October 2018, https://endeavor.org/content/uploads/2015/06/Fostering-Productive-Entrepreneurship-Communities.pdf.
34. Fabio Sergio, "The Human Side of Inclusion", MasterCard Center for Inclusive Growth, 2015, https://mastercardcenter.org/insights/human-side-inclusion/.
35. American University, "New Study Reveals the Worldwide Reach of Social Entrepreneurship", Science X Network, 2016, https://phys.org/news/2016-06-reveals-worldwide-social-entrepreneurship.html; y Jay Boulkin, "Social Enterprise: Statistics from Around The World", Social Good Stuff, 2017, http://socialgoodstuff.com/2016/08/ statistics-from-around-the-world/.
36. "Startup Activity Swings Upward for Third Consecutive Year", Kauffman Foundation, 2017, https://www.kauffman.org/newsroom/2017/05/startup-activity-swings-upward-for-third-consecutive-year-annual-kauffman-index-reports.

Capítulo 1

1. Entrevista del autor con Timbo Drayson, 2017.
2. Marissa Drouillard, "Addressing Voids: How Digital Start-Ups in Kenya Create Market Infrastructure", *Digital Kenya,* 2018, http://digitalkenyabook.com/.
3. Caitlin F. Dolkart, "Nairobi by Numbers: The Emergency Facts", Flare Emergency Services by Capsule, 2017, http://blog.capsule.co.ke/faqs/.
4. Entrevista, Drayson, 2017.
5. Marissa Drouillard, "Conversation #4: Finding the Right Problem to Solve", in Bitange Ndemo y Tim Weiss, eds., *Digital Kenya: An Entrepreneurial Revolution in the Making* (London: Palgrave Macmillan, 2017).
6. "OkHi Launches Mobile App for Businesses to Share Their Locations with Clients", *aptantech*, 2017, http://aptantech.com/2017/12/okhi-launches-mobile-app-for-businesses-to-share-their-locations-with-clients/.
7. Soylent es una bebida sustitutiva de comidas muy popular, con seguidores entre los ingenieros de *software*, para promover la eficiencia.
8. Bruce Broussard y John Sculley, "It's Time to Disrupt the $3 Trillion Healthcare Industry", *Forbes*, 2016, https://www.forbes.com/sites/sciencebiz/2016/11/16/its-time-to-disrupt-the-3-trillion-healthcare-industry/#72d4fdd718b3;

Meeri Kim, "Silicon Valley's Attempt to Disrupt Education", Learning & Development blog, 2016, http://bold.expert/silicon-valleys-attempt-to-disrupt-education/; Maya Kosoff, "The 'WTF' Plan to Disrupt Politics Is Everything That's Wrong with Silicon Valley", *Vanity Fair*, 2017, https://www.vanityfair.com/news/2017/07/the-wtf-plan-to-disrupt-politics-is-everything-thats-wrong-with-silicon-valley'; y Eric He, "How Silicon Valley Is Inventing the Future of Cars", 2017, https://www.paloaltoonline.com/news/2017/07/ 28/how-silicon-valley-is-inventing-the-future-of-cars.

9. Chance Barnett, "The Disruption of Venture Capital", startupgrind, 2016, https://medium.com/startup-grind/the-disruption-of-venture-capital-df32c8916f9b; Dan Primack, "A Disruptor Shakes Up Angel Investing", *Fortune*, 2014, http://fortune.com/2014/11/13/angellist-ceo-naval-ravikant-disruptor/; y Jurica Dujmovic, "Startup Accelerators Are Aiming to Disrupt These Industries", MarketWatch, 2017, http://www.marketwatch.com/story/startup-accelerators-are-aiming-to-disrupt-these-industries-2017-06-22.

10. "Proof of Concept", temporada 1, espisodio 7, *Silicon Valley*, dirigida por Mike Judge, escrita por Mike Judge, John Altschuler, Dave Krinsky, y Clay Tarver, 2014, HBO.

11. Clayton M. Christensen, Michael E. Raynor, y Rory McDonald, "What Is Disruptive Innovation?" *Harvard Business Review*, December 2015, hbr.org/2015/12/what-is-disruptive-innovation.

12. Clayton M. Christensen, *The Innovator's Dilemma: When New Technologies Cause Great Firms to Fail* (Boston: Harvard Business Review Press, 2016).

13. Jill Lepore, "The Disruption Machine: What the Gospel of Innovation Gets Wrong", *New Yorker*, 2014, http://www.newyorker.com/magazine/2014/06/23/the-disruption-machine.

14. Para analizar esto, mis colegas y yo identificamos las *startups* de mercados emergentes más grandes, aquellas que han escalado más rápido o han recaudado más dinero según fuentes de la industria y se han asociado con inversores líderes. El conjunto de muestras de Silicon Valley se basó en listas de unicornios disponibles públicamente.

15. Por un lado, en Silicon Valley, la definición de disrupción se ha estirado, estirado y encajado cada vez más para representar cualquier caso en el que se utilice una innovación o un titular haya flaqueado. Mi definición de creadores también podría estirarse o definirse de forma alternativa. Para nuestros propósitos aquí, me he centrado en la creación de productos o servicios formales para abordar puntos de dolor agudos. Esta definición excluye en gran medida la economía informal, que constituye un enorme segmento de las economías de mercado emergentes. Además, me he centrado en la creación de nuevos mercados o en la formalización de mercados informales y he excluido los casos en los que la oferta actual está presente, aunque sea muy disfuncional. Por ejemplo, Bridge International Academies es una *startup* que gestiona una red de escuelas privadas de bajo coste en África Oriental; su producto es mejor, más barato y, en algunos casos, cambia la vida, pero según mi conjunto de definiciones no se clasificaría como creador. En segundo lugar, incluso después de finalizar las definiciones mencionadas, caracterizar las innovaciones como creadoras o disruptoras sigue

siendo más arte que ciencia. Se podría argumentar que Fetchr (una *startup* que se conocerá más adelante en el libro y que está creando una cadena de suministro de entrega de última milla en Oriente Medio), que considero un creador, no está creando una nueva industria, sino que solo está perturbando una industria fragmentada, informal y desagregada que no atiende a las necesidades del comercio electrónico. A la inversa, se podría argumentar que WeWork, excluida de la lista de creadores, ha creado una categoría completamente nueva de inmuebles comerciales (en lugar de perturbar el espacio gestionado existente). Y para algunos segmentos, las empresas pueden ser creadoras en algunos mercados y disruptoras en otros (por ejemplo, podría decirse que Uber creó un nuevo segmento de transporte en Estados Unidos con sus taxis compartidos a través de UberPool y, sin embargo, está perturbando los taxis con UberX). Véase también Christensen, Raynor y McDonald, "What Is Disruptive Innovation?"

16. Asli Demirgüç-Kunt, Leora Klapper, Dorothe Singer, Saniya Ansar, y Jake Hess, "The Global Findex Database World Bank", http://bit.ly/3a5TOzX.

17. Lisa Johnson, "Four Crucial Insights for the Future of Financial Inclusion", Accion, 2018, https://www.accion.org/4-crucial-insights-future-financial-inclusion.

18. James Manyika, Susan Lund, Marc Singer, Olivia White, y Chris Berry, "Digital Finance for All: Powering Inclusive Growth in Emerging Economies", McKinsey Global Institute, 2016, https://mck.co/2TqAQOq.

19. Nick Hughes y Susie Lonie, "M-PESA: Mobile Money for the 'Unbanked' Turning Cellphones into 24-Hour Tellers in Kenya", *Innovations: Technology, Governance, Globalization* 2, no. 1-2 (2007), doi:10.1162/itgg.2007.2.1-2.63.

20. Safaricom Limited, "Celebrating 10 Years of Changing Lives", 2017, https://www.safaricom.co.ke/mpesa_timeline/.

21. Joshua Masinde, "Kenya's M-Pesa Platform Is So Successful Regulators Worry It Could Disrupt the Economy", Quartz Africa, 2016, https://qz.com/873525/safaricoms-m-pesa-has-kenyas-government-worried-what-happens-in-the-event-of-a-crash/.

22. Francesco Pasti, "State of the Industry Report of Mobile Money", GSMA, 2018, https://www.gsma.com/mobilefordevelopment/wp-content/uploads/2019/02/2018-State-of-the-Industry-Report-on-Mobile-Money.pdf; y Hughes y Lonie, "M-PESA: Mobile Money for the 'Unbanked.'"

23. Tavneet Suri y William Jack, "The Long-Run Poverty y Gender Impacts of Mobile Money", *Science*, 2016, science.sciencemag.org/content/354/6317/1288.full.

24. Hughes y Lonie, "M-PESA: Mobile Money for the 'Unbanked'"; y "State of the Industry Report on Mobile Money", GSMA, 2018, https://www.gsma.com/r/state-of-the-industry-report/.

25. Bitange Ndemo, "Inside a Policymaker's Mind: An Entrepreneurial Approach to Policy Development y Implementation", in *Digital Kenya: An Entrepreneurial Revolution in the Making*, eds. Bitange Ndemo y Tim Weiss (London: Palgrave Macmillan, 2017), 356.

26. William Boulding y Markus Christen, "First-Mover Disadvantage", *Harvard Business Review*, 2001, https://hbr.org/2001/10/first-mover-disadvantage.

The researchers conducted a survey of more than 350 consumer businesses y 850 industrial businesses. They determined pioneers often had sales advantages but faced longer-term cost disadvantages.

27. Fernando Suárez y Gianvito Lanzolla, "The Half-Truth of First-Mover Advantage", *Harvard Business Review*, August 2014, https://hbr. org/2005/04/the-half-truth-of-first-mover-advantage.
28. Hughes y Lonie, "M-PESA: Mobile Money for the 'Unbanked.'"
29. Ndemo, "Inside a Policymaker's Mind."
30. Peter Thiel y Blake Masters, *Zero to One: Notes on Startups, or How to Build the Future* (London: Virgin Books, 2015).
31. *Ibid.*
32. Peter Thiel, "Competition Is for Losers", *Wall Street Journal*, 2014, https://www. wsj.com/articles/peter-thiel-competition-is-for-losers-1410535536.
33. "Tanzania's Mobile Money Revolution", Consultative Group to Assist the Poor (CGAP), March 2015, http://www.cgap.org/research/infographic/ tanzanias-mobile-money-revolution.
34. Ryan Craggs, "Where Uber Is Banned Around the World", *Condé Nast Traveler*, 2017, https://www.cntraveler.com/story/where-uber-is-banned-around-the-world.
35. "Safaricom Bets Future on Mobile Payments Mpesa", *Financial Times*, 2019, https://www.ft.com/content/5eba36aa-6d7b-11e9-80c7-60ee53e6681d?shareType=nongift.
36. Por supuesto, la privacidad de los datos y el uso justo de los datos personales son consideraciones clave. Esta es una conversación que evoluciona rápidamente en el campo, y los estándares se están implementando rápidamente. Creo que, cuando se llevan a cabo de manera responsable, estos modelos son muy positivos para aumentar el acceso a servicios financieros asequibles para aquellos que antes no los disfrutaban.
37. "OkHi Launches Mobile App for Businesses to Share Their Locations with Clients", *aptantech*, 2017, http://aptantech.com/2017/12/okhi-launches-mobile-app-for-businesses-to-share-their-locations-with-clients/.

Capítulo 2

1. These rates likely underestimate the cost of credit, given expensive overdraft fees. "Bank Lending Rate", *Trading Economics*, 2019, https:// tradingeconomics.com/country-list/bank-lending-rate.
2. *Ibid.*
3. Neil Patel, "How Mint Grew to 1.5 Million Users y Sold for $170 Million in Just 2 Years", Neil Patel Blog, https://neilpatel.com/blog/how-mint-grew/.
4. "Credit y Loan Reporting Systems in Brazil", Western Hemisphere Credit y Loan Reporting Initiative, Centre For Latin American Monetary Studies, March 2005, http://www.whcri.org/PDF/report_brazil.pdf.
5. Entrevista del autor a Ben Gleason, 2018.
6. *Ibid.*
7. Entrevista del autor a Inanc Balci, 2018.
8. "Our Achievements", Jumia Group, 2019, https://group.jumia.com/.
9. Entrevista del autor a David Vélez, 2018.

10. "Nubank Valuation Jumps to $10 Billion on $400 Million Mega Round", *Finextra*, 2019, https://www.finextra.com/newsarticle/34174/nubank-valuation-jumps-to-10-billion-on-400-million-mega-round.
11. Entrevista del autor a Ben Gleason, 2018.
12. Entrevista del autor a Saed Nashef, 2018.
13. "List of Fetcher's 3 Funding Rounds from 8 Investors", Crunchbase, 2019, https://www.crunchbase.com/search/funding_rounds/field/organizations/num_funding _rounds/ scout-technologies.
14. Marco Kusumawijaya, "Jakarta at 30 Million: My City Is Choking y Sinking—It Needs a New Plan B", *Guardian*, 2016, https://www.theguardian.com/cities/2016/nov/21/jakarta-indonesia-30 million sinking future; "Urban Expansion in East Asia—Indonesia", World Bank, 2015, http://www.worldbank.org/en/news/ feature/2015/01/26/urban-expansion-in-east-asia-indonesia; "Jakarta Population 2018", populationof2018.com, 2019, http://populationof2018.com/jakarta-population-2018.html; y Resty Woro Yuniar, "End of the Road for Southeast Asia's Bike Taxis?" *South China Morning Post*, 2017, http://www.scmp.com/week-asia/politics/article/2112922/ end-road-indonesias-motorbikes.
15. Safrin La Batu, "Police Want Brakes Put on Car Ownership", *Jakarta Post*, February 15, 2016, http://www.thejakartapost.com/news/2016/02/15/police-want-brakes-put-car-ownership.html.
16. Nick Van Mead, "The World's Worst Traffic: Can Jakarta Find an Alternative to the Car?" *Guardian*, 2017, https://www.theguardian.com/cities/2016/nov/23/ world-worst-traffic-jakarta-alternative.
17. Entrevista del autor a Nadiem Makarim, 2018.
18. "Nadiem Makarim on 'High Flyers,'" Bloomberg, 2017, https://www.bloomberg.com/news/videos/2017-12-20/full-show-nadiem-makarim-on-high-flyers-10-14-video; y Ambika Chopra, "From Call Centre to the Country's First Unicorn: How Go-Jek Is Becoming a Way of Living in Indonesia", *Inc42 Media*, 2016, https://inc42.com/indonesia/indonesian-startup-ecosystem-go-jek/.
19. "Nadiem Makarim on 'High Flyers,'" Bloomberg.
20. Avantika Chilkoti, "Opening the Throttle in Indonesia", *Financial Times*, December 22, 2015, https://www.ft.com/content/d774419c-8a0f-11e5-9f8c-a8d619fa707c.
21. Entrevista del autor a Nadiem Makarim, 2018.
22. Madeleine Karlsson, Gaia Penteriani, Helen Croxson, Alexandra Stanek, Robin Miller, Darshana Pema, y Fadzai Chitiyo, "Accelerating Affordable Smartphone Ownership in Emerging Markets", GSMA, July 2017, p. 17, https://www.gsma.com/mobilefordevelopment/wp-content/uploads/2017/07/accelerating-affordable-smartphone-ownership-emerging-markets-2017.pdf.
23. Agregar pagos como un producto o servicio podría considerarse un *vertical stack* integrativo. Sin embargo, a medida que Nadiem Makarim construía la plataforma, la oferta de servicios financieros era mucho más amplia que los pagos, con la ambición de ofrecer también productos de ahorro y préstamo. Por lo tanto, puede considerarse más apropiadamente parte del *horizontal stack*.

24. "Number of Monthly Active WeChat Users from 4th Quarter 2011 to 2nd Quarter 2019 (in Millions)", Statista, 2019, https://www.statista.com/statistics/255778/number-of-active-wechat-messenger-accounts/; y Xinhua, "China's Alipay Now Has over 900m Users Worldwide", *China Daily*, November 2018, http://www.chinadaily.com.cn/a/201811/30/WS5c00a1d3a310eff30328c073.html.

25. Judith Balea, "Go-Jek Buys 3 Fintech Firms to Conquer Indonesia Payments", *Tech in Asia*, 2017, https://www.techinasia.com/go-jek-acquisition-kartuku-mapan-midtrans.

26. Entrevista del autor a Nadiem Makarim, 2018.

27. "Go-Jek Acquires Three Indonesian Fintech Startups", *Digital News Asia*, December 15, 2017, https://www.digitalnewsasia.com/business/indonesia's-go-jek-acquires-three-local-fintech-startups.

28. "Gojek", Crunchbase, 2019, https://www.crunchbase.com/organization/go-jek#section-overview.

29. Entrevista del autor a Nadiem Makarim, 2018.

30. Entrevista del autor a Vijay Shekhar Sharma, 2019; y "Paytm Valuation Rose 25% to \$15 Billion in Latest Round, Says Vijay Shekhar Sharma", *Business Today*, 2019, https://www.businesstoday.in/current/corporate/paytm-valuation-rose-25-pc-to-usd-15-billion/story/374415.html.

31. Mohit Mittal, "WeChat—The One App That Rules Them All", Harvard Business School Digital Initiative, 2019, https://digital.hbs.edu/innovation-disruption/wechat%E2%80%8A-%E2%80%8Athe-one-app-rules/.

32. Dennis Schaal, "Oral History of Online Travel: Ctrip's Different Path to China's Consumers", *Skift*, 2016, https://skift.com/2016/06/06/oral-history-of-online-travel-ctrips-different-path-to-chinas-consumers/.

33. "Ctrip.com International, Ltd. (CTRP)", Yahoo Finance, 2019, https://finance.yahoo.com/quote/CTRP/; y "Most Innovative Companies: Ctrip", *Fast Company*, 2019, https://www.fastcompany.com/company/ctrip.

34. Marc Andreessen, "Why Software Is Eating the World", *Wall Street Journal*, 2011, https://on.wsj.com/3aa0ZHm.

Capítulo 3

1. Friday Phiri, "Zoona—Innovative Mobile Finance*",* CTA, 2017, http://spore.cta.int/en/dossiers/article/zoona-innovative-mobile-finance.html (accessed 2018).

2. Graham Van der Made, "Zoona Raises \$15-million in Series B Funding Round, 4Di Capital On-Board", Ventureburn, 2016, http://ventureburn.com/2016/08/zoona-raises-15-million-series-b-funding-round-4di-capital-board/.

3. "The Causes y Consequences of China's Market Crash", *Economist*, 2015, https://www.economist.com/news/business-and-finance/21662092-china-sneezing-rest-world-rightly-nervous-causes-and-consequences-chinas.

4. Grieve Chelwa, "The Charts behind Zambia's Struggling Economy y a Controversial IMF Loan", Quartz Africa, 2015, https://qz.com/557335/the-charts-behind-zambias-flailing-economy-and-a-controversial-imf-loan/.

5. "XE Currency Charts: USD to ZMW", XE, nd [actualizado frequently], http://www.xe.com/currencycharts/?from=USD&to=ZMW&view=5Y.

6. Cromwell Schubarth, "These 500 Startups' Pitches Stood Out on Day Dave McClure Dressed as a Unicorn", *Silicon Valley Tech Flash*, 2015, http://bit.ly/35V9CSu.

7. Aileen Lee, "Welcome to the Unicorn Club: Learning from Billion-Dollar Startups", TechCrunch, 2013, https://techcrunch.com/2013/11/02/welcome-to-the-unicorn-club/.

8. *Ibid.*

9. Lora Kolodny, "One of Tech's Most Successful Investors Says Silicon Valley's Unicorns Need to 'Grow Up,'" CNBC, 2017, https://www.cnbc.com/2017/11/17/ bill-gurley-unicorns-need-to-grow-up.html.

10. Sarah Frier y Eric Newcomer, "The Fuzzy, Insane Math That's Creating So Many Billion-Dollar Tech Companies", Bloomberg, 2015, https://www.bloomberg.com/news/articles/2015-03-17/the-fuzzy-insane-math-that-s-creating-so-many-billion-dollar-tech-companies; y "$1B+ Market Map: The World's 326 Unicorn Companies in One Infographic", CB Insights, 2019 [actualizado periodically], https://www.cbinsights.com/research/unicorn-startup-market-map/.

11. «La Haka es un grito de guerra y una danza tradicional que se considera un desafío del pueblo maorí, y describe a los antepasados y acontecimientos de la historia de la tribu. Ejecutada por la selección nacional antes de cada saque inicial, la danza consiste en zapatear, golpear el cuerpo con las manos y realizar varias contorsiones faciales con la lengua y los ojos. Suele comenzar con las palabras "¡Ka mate! ¡Ka mate! ¡Ka ora! ¡Ka ora!», que significa: '¡Me muero! ¡Me muero! ¡Yo vivo! Vivo!›. La Haka también se interpreta en todo el país en funerales, bodas y en determinadas presentaciones y celebraciones escolares», Jordan Davies y Sam Street, "Who Leads the Haka, Is It Always the Same Song, y Why Do New Zealand Rugby Perform It Before Every Match?" *Sun*, August18, 2018 [actualizado 2019], https://www.the-sun.co.uk/sport/3816859/haka-new-zealand-all-blacks-australia-bledisloe-cup/.

12. Paul Graham, "Startup = Growth", Paulgraham.com, September 2012, http://www.paulgraham.com/growth.html.

13. Paul Graham, "Wealth", Paulgraham.com, May 2014, http://paulgraham.com/ wealth.html.

14. Reid Hoffman y Chris Yeh, *Blitzscaling: The Lightning-Fast Path to Building Massively Valuable Companies* (New York: Currency, 2018), p. 27.

15. Kevin Muldoon, "The Top Ten Resilient Animals on Earth", Kevinmuldoon.com, 2013, https://www.kevinmuldoon.com/resilient-animals-earth/.

16. "Magic Leap: Funding Rounds", Crunchbase, https://www.crunchbase.com/search/funding_rounds/field/organizations/funding_total/magic-leap; y Jonathan Shieber, "Magic Leap Is Real y It's a Janky Marvel", 2018, https://techcrunch.com/2018/10/09/magic-leap-is-real-and-its-a-janky-marvel/.

17. Joshua Franklin y Diptendu Lahiri, "Ride-Hailing Firm Lyft Launches IPO Road Show in Uber's Shadow", Reuters, 2019, https://reut.rs/2NncUrm; Lyft, Inc., Form S-1 Registration Statement, nd, http://bit.ly/36Vuz0W; y Faiz Siddiqui, "Uber Reports a $1 Billion Loss in First Quarterly Earnings after IPO", *Washington Post*, 2019, https://wapo.st/2FPnvqX.

18. Erin Griffith, "More Start-Ups Have an Unfamiliar Message for Venture Capitalists: Get Lost", *New York Times*, 2019, https://www.nytimes.com/2019/01/11/ technology/start-ups-rejecting-venture-capital.html.
19. La lista Midas es el ranking de la industria, liderado por *Forbes* y TrueBridge Capital Partners, que clasifica a los principales negociadores de la industria (https://www.forbes.com/midas/); y "King Midas y His Touch", Greeka, accessed 2019 https://www.greeka.com/greece-myths/king-midas/.
20. Alexandra Ludka, "Meet the New Facebook Millionaires", ABC News, 2012, https://abcnews.go.com/Technology/facebook-millionaires/story?id=15499090.
21. Julie Bort, "Twitter's IPO Created 1,600 New Millionaires y a $2.2 Billion Tax Bill, Analyst Says", *Business Insider*, 2013, http://www.businessinsider.com/ twitter-ipo-created-1600-millionaires-2013-11.
22. Eric Kutcher, Olivia Nottebohm, y Kara Sprague, "Grow Fast or Die Slow", McKinsey & Company, April 2014, https://www.mckinsey.com/industries/high-tech/our-insights/grow-fast-or-die-slow.
23. Griffith, "More Start-Ups Have an Unfamiliar Message for Venture Capitalists: Get Lost."
24. Yoree Koh y Rolfe Winkler, "Venture Capitalist Sounds Alarm on Startup Investing", *Wall Street Journal*, 2014, https://www.wsj.com/articles/venture-capitalist-sounds-alarm-on-silicon-valley-risk-1410740054.
25. "Venture Pulse Q417", KPMG Enterprise, 2018, https://assets.kpmg.com/content/dam/kpmg/xx/pdf/2018/01/venture-pulse-report-q4-17.pdf.
26. Brazil's population is estimated to be about 209 million for 2017: $575 million/209 million = $2.75/per capita; y $8.5 billion/4.7 million Silicon Valley area residents =$1,809.
27. "PitchBook—NVCA Venture Monitor", pitchbook.com, 2018, https://pitchbook.com/news/reports/1q-2018-pitchbook-nvca-venture-monitor.
28. Edward J. Egan, Anne Dayton, y Diana Carranza, "The Top 100 U.S. Startup Cities in 2016", James A. Baker Institute for Public Policy of Rice University, December 2017, https://www.bakerinstitute.org/media/files/files/38132e23/mcnair-pub-rankinguscities-122117.pdf.
29. "Startup Burn Accelerates After Series A Funding", CB Insights, 2014, https://www.cbinsights.com/research/days-between-funding-rounds/.
30. "PitchBook—NVCA Venture Monitor." The US West Coast represents 60 percent of deal value (investments) y 40 percent of deal amount. The rest of the United States is the opposite. A similar dynamic is playing out in emerging markets.
31. Endeavor, Endeavor OPEN survey results, 2018.
32. "Global Restructuring & Insolvency Guide 2016", Baker McKenzie, 2016, p. 236, http://bit.ly/3a5Ug17.
33. James B. Stewart, "A Fearless Culture Fuels U.S. Tech Giants", *New York Times*, 2015, https://www.nytimes.com/2015/06/19/business/the-american-way-of-tech-and-europes.html.
34. Entrevista del autor a Mike Evans, 2019.
35. Connie Loizos, "A Quick Look at How Series A y Seed Rounds Have Ballooned in Recent Years, Fueled by Top Investors", 2019, https://

techcrunch.com/2019/04/25/a-quick-look-at-how-fast-series-a-and-seed-rounds-have-ballooned-in-recent-years-fueled-by-top-investors/.

36. "Overview: Door Dash", Crunchbase, 2019, https://www.crunchbase.com/organization/doordash.

37. Entrevista del autor a Mike Evans, 2019.

38. "Grubhub Reports Record Fourth-Quarter Results", Grubhub, 2018, https://investors.grubhub.com/investors/press-releases/press-release-details/2018/Grubhub-Reports-Record-Fourth-Quarter-Results/default.aspx.

39. "Grubhub Stock Profile", Google Finance, as of 2019, http://bit.ly/3adaB3R.

40. Entrevista del autor a Mike Evans, 2019.

41. Entrevista del autor a Monica Brand Engel, 2019, en persona.

42. "2018 Chicago VC Ecosystem", Chicago Venture Summit, 2018, https://files.pitchbook.com/website/files/pdf/2018_Chicago_Venture_Ecosystem_AHH.pdf.

43. Neil Patel, "90 % of Startups Fail: Here's What You Need to Know About the 10 %", *Forbes*, 2015, https://www.forbes.com/sites/neilpatel/2015/01/16/90-of-startups-will-fail-heres-what-you-need-to-know-about-the-10/#60caed7b6679; y Erin Griffith, "Why Startups Fail, According to Their Founders", *Fortune*, 2014, http://fortune.com/2014/09/25/why-startups-fail-according-to-their-founders/.

44. Anne S. Habiby y Deirdre M. Coyle Jr., "The High-Intensity Entrepreneur", *Harvard Business Review*, September 2010, https://hbr.org/2010/09/the-high-intensity-entrepreneur.

45. Entrevista del autor a Troy Henikoff, 2019.

46. Entrevista del autor a Jason Fried, 2019.

47. "State of Salaries Report", *Hired*, 2018, https://hired.com/state-of-salaries-2018; y "Compensation Research", PayScale, nd, https://www.payscale.com/data.

48. Maya Kosoff, "The Era of Silicon Valley Giving Away Free Stuff Is Coming to an End", *Vanity Fair*, 2016, https://www.vanityfair.com/news/2016/05/the-era-of-silicon-valley-giving-away-free-stuff-is-coming-to-an-end.

49. Sarah Kessler, "Meal-Kit Customers Dine y Dash", *Fast Company*, 2016, https://www.fastcompany.com/3064792/meal-kit-customers-dine-and-dash.

50. Kosoff, "The Era of Silicon Valley Giving Away Free Stuff Is Coming to an End."

51. David Mehegan, "Dan Ariely: Learning to Ward Off Those Bad Decisions", *New York Times*, March 2018, https://www.nytimes.com/2008/03/19/health/19iht-ariel.1.11252785.html.

52. Entrevista del autor a Mike Evans, 2019.

53. Entrevista del autor a Keith Davies, 2018.

54. Entrevista del autor a Ryan Smith, 2019.

55. "Overview of Qualtrics", Crunchbase, 2019, https://www.crunchbase.com/organization/qualtrics#section-overview.

56. Tim O'Reilly, "The Fundamental Problem with Silicon Valley's Favorite Growth Strategy", Quartz, 2019, https://qz.com/1540608/the-problem-with-silicon-valleys-obsession-with-blitzscaling-growth/.

57. Hiten Shah, "How an Anti-Growth Mentality Helped Basecamp Grow to Over 2 Million Customers", FYI, 2019, https://usefyi.com/basecamp-history/.
58. Entrevista del autor a Keith Davies, 2018.
59. Omidyar Network [Arjuna Costa], "This Investor Shares How to Weather a Crisis y Come Out Stronger", Omidyar Network Blog, 2016, https://www.omidyar.com/blog/investor-shares-how-weather-crisis-and-come-out-stronger.
60. Entrevista del autor a Sujay Tyle, 2018.
61. James de Villiers, "Meet the 24-Year-Old American Prodigy Set to Disrupt SA's Used Car Industry-Within the Next Two Years", *Business Insider South Africa*, 2018, https://www.businessinsider.co.za/24-year-old-sujay-tyle-largest-second-hand-car-dealer-south-africa-naspers-frontier-car-group-2018-6.
62. "Frontier Car Group", Crunchbase, https://www.crunchbase.com/organization/ frontier-cars-group#section-overview.
63. Entrevista del autor a Ella Gudwin, 2018.
64. Tarun Khanna y Krishna G. Palepu, "Why Focused Strategies May Be Wrong for Emerging Markets", *Harvard Business Review*, July–August 1997, https://hbr.org/1997/07/why-focused-strategies-may-be-wrong-for-emerging-markets.
65. *Ibid.*
66. Eskor John, "Developing Strategies to Harness the Power of Parallel Entrepreneurship in Africa", in Bitange Ndemo y Tim Weiss, eds., *Digital Kenya: An Entrepreneurial Revolution in the Making* (London: Palgrave Macmillan, 2017).
67. Internal analysis of leading startups across Sub-Saharan Africa, India, Latin America, y Silicon Valley.
68. Dana Olsen, "US Venture Capital Activity So Far This Year in 15 Charts", PitchBook, 2018, https://pitchbook.com/news/articles/us-venture-capital-activity-so-far-this-year-in-15-charts.
69. Entrevista del autor a Ryan Smith, 2019.
70. Entrevista del autor a Achmad Zaky, 2019.
71. Entrevista del autor a Mike Evans, 2019.
72. Paul Martino "It's Not You, It's the Post-Seed Gap", TechCrunch, 2016, https://techcrunch.com/2016/12/13/its-not-you-its-the-post-seed-gap/.
73. https://www.zebrasunite.com/.

Capítulo 4

1. "Steve Jobs: Biography", Biography.com, 2017 [actualizado 2019], https://www.biography.com/business-figure/steve-jobs; Darren Marble, "Jeff Bezos Quit His Job at 30 to Launch Amazon—Here Are the 3 Simple Strategies He Used to Do It", *Inc.*, 2018, https://www.inc.com/darren-marble/jeff-bezos-quit-his-job-at-30-to-launch-amazon-heres-how-to-know-if-its-right-time-for-your-big-move.html; Tom Huddleston Jr., "What Microsoft Billionaire Bill Gates Was Doing at 20 Years Old", CNBC, 2018 [actualizado 2018], https://www.cnbc.com/2018/03/29/what-microsoft-billionaire-bill-gates-was-doing-at-20-years-old.html; y Evan Tarver, "Mark Zuckerberg Success Story: Net Worth, Education y Influence", Investopedia, 2018, https://www.investopedia.

com/articles/personal-finance/081315/mark-zuckerberg-success-story-net-worth-education-top-quotes.asp.

2. Los datos de este capítulo sobre el número de fundadores que cursaron estudios universitarios y de posgrado fuera de sus países de origen; obtuvieron experiencia en consultoría estratégica, banca de inversión, gestión y técnica en empresas internacionales; trabajaron en conocidas empresas tecnológicas emergentes; fundaron empresas a una edad determinada; participaron en aceleradoras de empresas emergentes; son miembros de organizaciones empresariales internacionales; y han regresado a sus países de origen tras pasar un tiempo en Silicon Valley y otros centros de empresas emergentes influyentes, se recopilaron de fuentes públicas como LinkedIn, Crunchbase, Bloomberg y artículos de prensa. En los casos en los que no se disponía de la fecha de nacimiento exacta del fundador, hice una estimación basada en las fechas de graduación de la universidad y de la escuela de posgrado. En el caso de los fundadores latinoamericanos, se disponía de datos sobre la edad o las fechas de graduación de 47 de los 49 fundadores.

3. Alice Haine, "Generation Start-up: Funding Was 'Petrifying' in the Early Days, Says Fetchr Founder", *National*, 2017, https://www.thenational. ae/business/economy/generation-start-up-funding-was-petrifying-in-the-early-days-says-fetchr-founder-1.625104.

4. "Accelerating Status in Emerging Markets: Insights from 43 Programs", Global Accelerator Learning Initiative, May 2017, http://bit.ly/2TpERCW.

5. Análisis a través de datos disponibles públicamente.

6. Me refiero a los fundadores de Grab, Garena, Lazada, Gojek, Tokopedia, Traveloka y Bukalapak. La estadística se obtuvo al encontrar el número total de cofundadores para quienes la información sobre educación o experiencia laboral previa estaba disponible públicamente. A los efectos de los datos, nuestro equipo definió la experiencia internacional como cinco o más años de estudio o trabajo fuera del país de origen. Según nuestros datos sobre América Latina, treinta y tres de los cuarenta y siete cofundadores tenían experiencia internacional.

7. Esta estadística se obtuvo hallando el número de *startups* seleccionadas en los cinco mercados fronterizos para los que se disponía públicamente de información sobre la adhesión a una aceleradora. Las aceleradoras globales utilizadas en el cálculo incluyen 1776 empresas, Fábrica de Startups, Girl Affect Accelerator, Google Launchpad, GSMA Ecosystem Accelerator, New Economy Accelerator, Rocket Internet, Runway Incubator, Spring Accelerator y USAID. De la muestra, catorce de las sesenta y cuatro *startups* participaron en un programa global de aceleración.

8. Alex Lazarow, "The Innovation Supply Chain: How Ideas Traverse Continents y Transform Economies", TechCrunch, 2018, https:// techcrunch.com/2018/11/27/the-innovation-supply-chain-how-ideas-traverse-continents-and-transform-economies/.

9. Alexandre Lazarow y Nicolas du Cray, "Where East Meets West: Consumer Fintech at a Crossroads", LinkedIn Publishing, 2018, https://www.linkedin. com/pulse/where-east-meets-west-consumer-fintech-crossroads-lazarow-cfa/.

10. "Get more Uber When You Use Uber", accessed 2019, https://www.uber.com/c/uber-credit-card/.
11. Entrevista del autor a JF Gauthier, 2018.
12. Rhett Morris y Lili Török, "Fostering Productive Entrepreneurship Communities", Endeavor Insight, October 2018, https://endeavor.org/content/uploads/2015/06/Fostering-Productive-Entrepreneurship-Communities.pdf.
13. T. E. Narasimhan y Swati Garg, "Booming Biz of Online Marriages", *Business Standard*, 2013, https://www.business-standard.com/article/companies/booming-biz-of-online-marriages-111122200022_1.html.
14. "India's BharatMatrimony Ushers in New Era of Arranged Marriages", BBC News, 2011, https://www.bbc.com/news/business-13144028.
15. Entrevista del autor a Murugavel Janakiraman, 2018.
16. Narasimhan y Garg, "Booming Biz of Online Marriages."
17. Anisha Baghudana, "From Bharatmatrimony to Bharatmatrimon(e)y!" The HBS Case Method, 2015, https://hbs.me/2FLJ7EG; "Overview: Matrimony.com", Crunchbase, 2019, https://www.crunchbase.com/organization/matrimony-com#section-ipo-stock-price; y Entrevista del autor a Murugavel Janakiraman, 2018.
18. Author nterview with Mudassir Sheikha, 2018.
19. Ainsley Harris, "Bros Dominate VC, Where 91 % of Decision-Makers Are Male", *Fast Company*, 2018, https://www.fastcompany.com/40540948/91-of-decision-makers-at-u-s-venture-capital-firms-are-men.
20. Gené Teare, "In 2017, Only 17 % of Startups Have a Female Founder", TechCrunch, 2017, https://techcrunch.com/2017/04/19/in-2017-only-17-of-startups-have-a-female-founder/.
21. Mary Ann Azevedo, "Untapped Opportunity: Minority Founders Still Being Overlooked", 2019, https://news.crunchbase.com/news/untapped-opportunity-minority-founders-still-being-overlooked/.
22. Collin West y Gopinath Sundaramurthy, "Startups With At Least 1 Female Founder Hire 2.5x More Women", 2019, https://www.kauffmanfellows.org/journal_posts/female_founders_hire_more_women.
23. Christopher M. Schroeder, "A Different Story from the Middle East: Entrepreneurs Building an Arab Tech Economy", *MIT Technology Review*, 2017, https://www.technologyreview.com/s/608468/a-different-story-from-the-middle-east-entrepreneurs-building-an-arab-tech-economy/.
24. *Ibid.*
25. Iain Thomas, "The Next Hemingway Is Flipping Burgers", *Huffington Post*, 2015, https://www.huffingtonpost.com/iain-s-thomas/the-next-hemingway-is-fli_b_7982800.html.
26. Lin-Manuel Miranda, "Yorktown (The World Upside Down)", from the musical
27. *Hamilton*, Original Broadway Cast Recording, 2016.
28. Dinah Wisenberg Brin, "Immigrants Form 25 % of New U.S. Businesses, Driving Entrepreneurship in 'Gateway' States", 2018, https://www.forbes.com/sites/ dinahwisenberg/2018/07/31/immigrant-entrepreneurs-form-25-of-new-u-s-business-researchers/#4cf713ac713b.
29. Morris y Török, "Fostering Productive Entrepreneurship Communities."

30. Vivek Wadhwa, "Silicon Valley Can't Be Copied", *MIT Technology Review*, 2013, https://www.technologyreview.com/s/516506/silicon-valley-cant-be-copied/; y Wisenberg Brin, "Immigrants Form 25 % of New U.S. Businesses."

31. Stuart Anderson, "Immigrants y Billion-Dollar Companies", National Foundation for American Policy, October 2018, http://bit.ly/2tjqchF.

32. Hannah Kuchler, "Silicon Valley Ageism: 'They Were, Like, Wow, You Use Twitter?'" *Financial Times*, 2017, https://on.ft.com/2None2w; y Karen Wickre, "Surviving as an Old in the Tech World", *Wired*, 2017, https://www.wired.com/story/surviving-as-an-old-in-the-tech-world/.

33. En este conjunto de datos, la edad de los fundadores respaldados por capital riesgo es más joven, pero con treinta y nueve años, sigue siendo significativamente mayor que el estereotipo. Pierre Azoulay, Benjamin Jones, J. Daniel Kim y Javier Miranda, "Age y High-Growth Entrepreneurship", NBER Working Paper No. 24489, April 2018, https://www.nber.org/papers/ w24489.

34. Morris y Török, "Fostering Productive Entrepreneurship Communities."

35. Pierre Azoulay, Benjamin Jones, J. Daniel Kim, y Javier Miranda, "Research: The Average Age of a Successful Startup Founder Is 45", hbr.org, 2018, https://hbr.org/2018/07/research-the-average-age-of-a-successful-startup-founder-is-45; y Azoulay *et al.*, "Age y High-Growth Entrepreneurship."

Capítulo 5

1. "Gross Domestic Product, 3rd Quarter 2018 (Advance Estimate)", Bureau of Economic Analysis, press release, 2018, https://www.bea.gov/news/2018/gross-domestic-product-3rd-quarter-2018-advance-estimate.

2. Análisis basado en datos públicos.

3. Catherine Shu, "Garena Rebrands to Sea y Raises $550 Million More to Focus on Indonesian E-commerce", TechCrunch, 2017, https://techcrunch.com/2017/05/07/sea-change/.

4. Análisis basado en datos públicos.

5. Se identificó una muestra de las principales empresas emergentes en África subsahariana, basada en entrevistas con diez inversores centrados en África. La muestra incluye Interswitch, OGE/Zola, Jumia Group, Fundamo, Takealot.com, Andela, AgriProtein, Twiga Foods, M-KOPA, Konga.com, Bridge International Academies, Zoona, y African Leadership University.

6. Georgeta Gheorghe, "The Story of UiPath—How Did It Become Romania's First Unicorn?" *Business Review*, 2018, http://business-review.eu/news/the-story-of-uipath-how-it-became-romanias-first-unicorn-164248.

7. A medida que la lista global de clientes crecía, UiPath finalmente trasladó la sede de ventas a Nueva York para estar más cerca de su clientela, aunque mantuvo el desarrollo de productos y tecnología centrado en Bucarest. Entrevista del autor a Daniel Dines, 2019.

8. "Romanian Tech Startup UiPath Raises USD 30 Mln to Develop Intelligent Software Robots", *Romania Insider*, 2017, https://www.romania-insider.com/ romanian-tech-startup-uipath-raises-usd-30-mln-develop-intelligent-software-robots/; y "UiPath: Our Investors", UiPath, https://www.uipath.com/company/investors.

9. "UiPath Raises $225 Million Series C Led by CapitalG y Sequoia", UiPath, September 18, 2018, http://bit.ly/2ToGf8Q.
10. Entrevista del autor a Daniel Dines, 2019.
11. Michael Rennie, "Born Global", *McKinsey Quarterly*, No. 4, Autumn 1993, https://www.questia.com/library/journal/1G1-15424561/born-global.
12. This was referred to as the Uppsala model. Gary Knight y S. Cavusgil, "The Born Global Firm: A Challenge to Traditional Internationalization Theory", *Advances in International Marketing* 8 (1996): 11–26.
13. *Ibid*. Referred to as "psychic distance."
14. Erind Hoti, "An Overview of Success Factors of Born-Global SMEs in an Emerging Market Context", *Macrotheme Review*, Winter 2015, http://bit.ly/2NGpjHh.
15. Entrevista del autor a Daniel Dines, UiPathForward 2018, interviewed by Dave Vellante y Stu Miniman, theCube, YouTube, 2018, https://www.youtube.com/watch?v=R_JDK68TQ0g.
16. Entrevista del autor a Divyank Turakhia, 2018.
17. *Ibid*.
18. Nicolas Colin, "The Digital World Is Not a Flat Circle: The Family Papers #001", *Salon*, 2015, https://salon.thefamily.co/the-digital-world-is-not-a-flat-circle-e5a6a27bbe8.
19. Victoria Ho, "Uber Comes to Asia, Starts Trials in Singapore", TechCrunch, 2013, https://techcrunch.com/2013/01/30/uber-starts-trials-in-singapore/; y Avery Hartmans y Paige Leskin, "The History of How Uber Became the Most Feared Startup in the World to Its Massive IPO", *Business Insider*, 2019, https://www.businessinsider.com/ubers-history.
20. Alex Hern, "Uber Reverses Out of China with $7bn Sale to Didi Chuxing", *Guardian*, August 2016, https://www.theguardian.com/technology/2016/aug/01/uber-china-didi-chuxing.
21. "Cloud Growth Rate Increased Again in Q1; Amazon Maintains Market Share Dominance", Synergy Research Group, 2018, https://www.srgresearch.com/articles/cloud-growth-rate-increased-again-q1-amazon-maintains-market-share-dominance.
22. Alex Lazarow, "Fintech Used to Be a Local Game: Today It Can Be Global", *Forbes*, 2019, https://www.forbes.com/sites/alexlazarow/2019/05/29/fintech-used-to-be-a-local-game-today-it-can-be-global/#30ccc4d04756.
23. Entrevista del autor a Alejandro Cantú, 2018.
24. Entrevista del autor a Fadi Ghandour, 2019.
25. Entrevista del autor a Fadi Ghandour, 2018.
26. El PIB per cápita de 2017 fue de 936 dólares en Tanzania y 750 dólares en Ruanda, mientras que en Costa de Marfil y en Ghana fue de 1662 dólares, según el Banco Mundial. https://data.worldbank.org/country. En 2016, el porcentaje de población con acceso a la electricidad creció a alrededor del 30 % en Tanzania y Ruanda, mientras que la cifra fue del 64 % en Costa de Marfil y del 79 % en Ghana.
27. "Kiva by the Numbers", 2019, https://www.kiva.org/about.
28. Entrevista del autor a Matt Flannery, 2018.
29. Louis Pasteur, Forbes Quotes, https://www.forbes.com/quotes/6145/.

Capítulo 6

1. Isis Gaddis, Jacques Morisset, y Waly Wane, "Only 14 % of Tanzanians Have Electricity: What Can Be Done?" World Bank Blogs, 2012, http://blogs.worldbank.org/africacan/only-14-of-tanzanians-have-electricity-what-can-be-done.
2. Financial Post, "'A Giant Leap Backward': Yahoo Boss Marissa Mayer Under Fire for Banning Employees from Working from Home", 2013, https://business.financialpost.com/productive-conversations/a-giant-leap-backward-marissa-mayer-under-fire-for-banning-employees-from-working-from-home.
3. Many authors have explored the subject of distributed team models. For example, Anupam Rastogi, "Are Distributed Teams the New Cloud for Startups?" Medium, 2018, https://medium.com/@anupamr/distributed-teams-are-the-new-cloud-for-startups-14240a9822d7; y Gerry Claps, "The Difference Between Remote y Distributed Teams in Startups", https://www.blossom.co/blog/remote-versus-distributed-teams.
4. Rastogi, "Are Distributed Teams the New Cloud for Startups?"
5. *Ibid.*
6. Entrevista del autor a Ruzwana Bashir, 2019.
7. Entrevista del autor a Dalton Wright, 2019.
8. Entrevista del autor a Wade Foster, 2019.
9. Patrick Gorman, "Zapier CEO Wade Foster on Managing a 100 % Remote Workforce", *Chief Executive*, 2018, https://chiefexecutive.net/zapier-ceo-wade-foster-on-managing-a-100-remote-workforce/.
10. Brie Reynolds, "Remote Companies Have More Women Leaders, y These Are Hiring", Remote.co, 2017, https://remote.co/remote-companies-have-more-women-leaders-these-are-hiring/.
11. *Ibid.*
12. Zachary Crockett, "Life in the Silicon Prairie: Tech's Great Migration to the Midwest", *Hustle*, 2018, https://thehustle.co/life-in-the-silicon-prairie-techs-great-migration-to-the-midwest/.
13. *Ibid.*
14. "Good Design Is Good for Business", https://www.invisionapp.com/about.
15. Rachel Starnes, "Building InVision Studio with a Fully Remote Team", InVision Design, 2017, https://www.invisionapp.com/inside-design/studio-remote-design-team/.
16. "About InVisionApp", Crunchbase, 2019, https://www.crunchbase.com/organization/invisionapp#section-overview.
17. Entrevista del autor a Jasper Malcolmson, 2019.
18. *Ibid.*
19. Entrevista del autor a Kevin Fishner, 2019. See also Ron Miller, "HashiCorp Scores $100m Investment on a $1.9 Billion Valuation", TechCrunch, November 1, 2018, https://techcrunch.com/2018/11/01/hashicorp-scores-100m-investment-on-1-9-billion-valuation/.
20. Entrevista del autor a Wade Foster, 2019.
21. Entrevista del autor a Jason Fried, 2019.
22. Entrevista del autor a Matt Flannery, 2018.

23. Entrevista del autor a Jason Fried, 2019.
24. Entrevista del autor a Mark Frein, 2019.
25. Globant 10-K, via SEC. Market capitalization via Google Finance, http://bit. ly/ 3aMAacs.
26. Entrevista del autor a Martin Migoya, 2019.
27. *Ibid.*
28. *Ibid.*
29. Starnes, "Building InVision Studio with a Fully Remote Team."
30. Entrevista del autor a Kevin Fishner, 2019.
31. Entrevista del autor a Mark Frein, 2019.
32. Gorman, "Zapier CEO Wade Foster on Managing a 100 % Remote Workforce."
33. "The 8 Reasons That Video Conferencing Is Better Than In-Person Conferencing", IPRO, 2017, https://www.ipromedia.us/8-reasons-video-conferencing-better-person-conferencing/.
34. Algunos ejemplos son Zoom para videoconferencias, Slack para chat asíncrono, Trello para la gestión de tareas, GitHub para el desarrollo de software, LastPass para la gestión de contraseñas y DocuSign para firmas, entre muchos otros.
35. Alison Griswold, "A Nearly Complete List of the 238 Places That Bid for Amazon's Next Headquarters", Quartz, 2017, https://qz.com/1119945/ a-nearly-complete-list-of-the-238-places-that-bid-for-amazons-next-headquarters/; y "Amazon Selects New York City y Northern Virginia for New Headquarters", Day One, Amazon Press Release, 2018, https://blog. aboutamazon.com/company-news/amazon-selects-new-york-city-and-northern-virginia-for-new-headquarters.
36. Mark Niesse, "City of Amazon Proposed to Attract Company's HQ2 to Georgia", *Atlanta Journal Constitution*, 2017, http://bit.ly/2u0XSk8.
37. Shirin Ghaffary, "Even Tech Workers Can't Afford to Buy Homes in San Francisco", Vox, 2019, https://www.vox.com/2019/3/19/18256378/ tech-worker-afford-buy-homes-san-francisco-facebook-google-uber-lyft-housing-crisis-programmers.
38. Marc Emmer, "Technology Companies Are Leaving Silicon Valley in Droves: Here's Where They're Going", *Inc.*, 2018, https://www.inc.com/marc-emmer/technology-companies-are-leaving-silicon-valley-in-droves-heres-where-theyre-going.html.
39. "Remote Work by the Numbers", Simple Texting, 2018, https:// simpletexting.com/remote-work-statistics/.
40. Hailley Griffis, "State of Remote Work 2018 Report: What It's Like to Be a Remote Worker in 2018", Buffer, 2019, https://open.buffer.com/state-remote-work-2018/#companies.
41. Mary Meeker, "Internet Trends Report 2019", 2019, https://www.bondcap. com/pdf/Internet_Trends_2019.pdf.
42. Boris Wertz, "Changing the Narrative on Distributed Teams in Silicon Valley", Medium, 2018, https://medium.com/@bwertz/changing-the-narrative-on-distributed-teams-in-silicon-valley-bc55c5e619b1.
43. INSEAD, "Innovating Without Fear", *INSEAD Alumni Magazine*, 2017, https://alumnimagazine.insead.edu/innovating-without-fear/; y Sramana

Mitra, "From Startup to 500 Million Dollars: VistaPrint CEO Robert Keane (Part 2)", One Million by One Million Blog, 2009, https://www.sramanamitra.com/2009/06/25/wwfrom-startup-to-500-million-vistaprint-ceo-robert-keane-part-2/.

44. Entrevista del autor a Robert Keane, 2019.
45. *Ibid.*
46. http://bit.ly/2Rfxifg; TV Mahalingam, "How Nilesh Parwani Leveraged Internet y Lured Vistaprint into India", *Economic Times*, 2013, https://economictimes.indiatimes.com/news/company/corporate-trends/how-nilesh-parwani-leveraged-internet-and-lured-vistaprint-into-india/articleshow/18092814.cms; y Jason Keith y Jeff Esposito, "Vistaprint Expands Global Presence into Australia", CNN Money, 2010, https://money.cnn.com/news/newsfeeds/articles/marketwire/0648420.htm.
47. Sara Castellanos, "Cimpress, Formerly Vistaprint, to Leave Lexington HQ This Year", *Boston Business Journal*, 2015, https://www.bizjournals.com/boston/blog/techflash/2015/07/cimpress-formerly-vistaprint-to-leave-lexington-hq.html.
48. Entrevista del autor a Robert Keane, 2019.

Capítulo 7

1. *The Social Network*, Box Office Mojo (synopsis y statistics), https://www.boxoffice mojo.com/movies/?id=socialnetwork.htm.
2. Apple, https://www.apple.com/job-creation/; "Number of Tesla Employees from July 2010 to December 2018", Statista, 2019, https://www.statista.com/statistics/314768/number-of-tesla-employees/; SpaceX, http://www.spacex.com/about; y "Number of Full-Time Facebook Employees from 2004 to 2018", Statista, https://www.statista.com/statistics/ 273563/number-of-facebook-employees/.
3. Stanford University, "Facts 2018", http://facts.stanford.edu/academics/graduate-profile; "Facts y Figures", Berkeley Engineering, 2019, https://engineering.berkeley.edu/about/facts-and-figures; "Occupational Employment y Wages, May 2018: 15-1111 Computer y Information Research Scientists", Bureau of Labor Statistics, 2019, https://www.bls.gov/oes/current/oes151111.htm#(1); y "Occupational Employment y Wages, May 2018: 15-1132 Software Developers, Applications", Bureau of Labor Statistics, 2019, https://www.bls.gov/oes/current/oes151132.htm#st.
4. "Stanford Entrepreneurship Management Courses", Stanford Graduate School of Business, https://www.gsb.stanford.edu/stanford-community/entrepreneurship/ management-courses.
5. Suhas Motwani, "The 15 Best Associate y Rotational Product Manager Programs", Medium, 2018, https://medium.com/pminsider/product-management-digest-apm-3c2631683139.
6. Silicon Valley Product Management Association, https://svpma.org/about/.
7. Michael Booz, "These 3 Industries Have the Highest Talent Turnover Rates", LinkedIn Talent Blog, March 2018, https://business.linkedin.com/talent-solutions/blog/trends-and-research/2018/the-3-industries-with-the-highest-turnover-rates.

8. Katie Hafner, "Google Options Make Masseuse a Multimillionaire", *New York Times*, 2007, https://www.nytimes.com/2007/11/12/technology/12google.html.

9. *The Alliance* describe diferentes tipos de alianzas. Los periodos de servicio se refieren a despliegues únicos a más corto plazo, centrados en completar misiones específicas finitas. Algunos son rotativos para empleados de nivel inicial y duran de dos a cuatro años. Las giras fundacionales son para aquellos cuyas vidas están más estrechamente ligadas al éxito de la empresa y, por tanto, son de más larga duración. Las giras transformacionales se negocian individualmente con el empleador, y tanto el empleado como el empleador se transforman a través del proyecto. Reid Hoffman, Chris Yeh y Ben Casnocha *The Alliance: Managing Talent in the Networked Age* (Boston: Harvard Business Review Press, 2014).

10. Entrevista del autor a Josh Simair, 2018.

11. *Ibid.*

12. Encuesta administrada a los lectores [99 %Tech] de mi boletín personal y a los estudiantes de los grupos empresariales de la Stanford Graduate School of Business, Harvard Business School, Haas School of Business y Wharton School of Business, así como divulgación individual a operadores e inversores en mercados emergentes.

13. "The Human Capital Crisis: How Social Enterprises Can Find the Talent to Scale", Rippleworks report, 2016, http://bit.ly/2uME8RL; Entrevista del autor a Doug Galen, 2019; y Will Gaybrick, "Tech's Ultimate Success: Software Developers Are Now More Valuable to Companies Than Money", CNBC, 2018, https://www.cnbc.com/2018/09/06/companies-worry-more-about-access-to-software-developers-than-capital.html.

14. "Future Undergraduate Students: Department Overview", University of Manitoba, 2019, http://umanitoba.ca/faculties/engineering/departments/ece/pros_students/undergrad/index.html.

15. "The Human Capital Crisis: How Social Enterprises Can Find the Talent to Scale."

16. Ian Duncan, "Research Reveals University Degree Holders Can Take Five Years to Get a Job", UReport, 2017, https://www.standardmedia.co.ke/ureport/story/2001246480/reserach-reveals-university-degree-holders-can-take-five-years-to-get-a-job.

17. Entrevista del autor a Amanda Lannert, 2019.

18. Tristin Hopper, "Mars y the North Pole Are Warmer Than Winnipeg: A Guide to How Damned Cold It Is", *National Post*, 2017, https://nationalpost.com/news/canada/mars-and-the-north-pole-are-warmer-than-winnipeg-a-guide-to-how-damned-cold-it-is.

19. Entrevista del autor a Josh Simair, 2018.

20. Entrevista del autor a Josh Simair, 2018; y Sean Silkoff, "Winnipeg Startup SkipTheDishes Gobbled Up by Britain's Just Eat", *Globe y Mail*, 2016, https://www.theglobeandmail.com/technology/winnipeg-startup-skipthedishes-purchased-by-britains-just-eat/article33341734/.

21. Michael Lewis, *Moneyball: The Art of Winning an Unfair Game* (New York: W. W. Norton, 2003).

22. Entrevista del autor a Josh Simair, 2008.

23. "Seed Round-Shortlist-2017-09-19", Crunchbase, https://www.crunchbase.com/funding_round/shortlist-5-seed--3837ea6c#section-lead-investors;   y entrevista del autor a Paul Breloff, 2019.
24. Jean-Michel Lemieux, "Dev Degree—A Big Bet on Software Education", Shopify, 2018, https://engineering.shopify.com/blogs/engineering/dev-degree-a-big-bet-on-software-education.
25. "Dev Degree: Overview", Dev Degree, https://www.devdegree.ca/dev-degree-model.
26. Entrevista del autor a Jean-Michel Lemieux, 2019.
27. Lemieux, "Dev Degree—A Big Bet on Software Education."
28. Entrevista del autor a Jean-Michel Lemieux, 2019.
29. "Shopify's Dev Degree Expands to York University", Shopify, 2018, https://news.shopify.com/shopifys-dev-degree-expands-to-york-university.
30. V. Kasturi Rangan y Katharine Lee, "Bridge International Academies: A School in a Box", Harvard Business School Case 511-064, October 2010 (revised April 2013), https://www.hbs.edu/faculty/Pages/item.aspx?num=39462.
31. Entrevista del autor a Brittany Forsyth, 2019.
32. Jing Cao, "IBM Paid $1.3 Billion to Acquire Cleversafe in Hybrid-Cloud Push", Bloomberg, 2016, https://www.bloomberg.com/news/articles/2016-02-24/ibm-paid-1-3-billion-to-acquire-cleversafe-in-hybrid-cloud-push.
33. Entrevista del autor a Chris Gladwin, 2019.
34. William Craig, "The Importance of Having a Mission-Driven Company", *Forbes*, 2018, https://www.forbes.com/sites/williamcraig/2018/05/15/the-importance-of-having-a-mission-driven-company/#1ed687983a9c.
35. Zameena Mejia, "Nearly 9 out of 10 Millennials Would Consider Taking a Pay Cut to Get This", CNBC, 2018, https://www.cnbc.com/2018/06/27/nearly-9-out-of-10-millennials-would-consider-a-pay-cut-to-get-this.html.
36. Entrevista del autor a David Levine, 2019.
37. *Ibid.*
38. Entrevista del autor a Josh Simair, 2018.
39. Por supuesto, hay múltiples dinámicas en juego aquí. Es menos probable que los empleados exijan opciones sobre acciones, pero al mismo tiempo es menos probable que la gerencia las ofrezca. Dominic Jacquesson, "Introducing Our Guide to Stock Options for European Entrepreneurs", Index Ventures, 2018, https://www.indexventures.com/blog/introducing-our-guide-to-stock-options-for-european-entrepreneurs.
40. Entrevista del autor a Lyndsay Handler, 2018.
41. *Ibid.*

Capítulo 8

1. "Mixed Martial Arts", *Encyclopedia Britannica*, 2019, https://www.britannica.com/sports/mixed-martial-arts.
2. Jenny Flinn, "The Rise y Rise of Ultimate Fighting (and Why Boxing Is Now So Passé)", *Conversation*, 2016, https://theconversation.com/the-rise-and-rise-of-ultimate-fighting-and-why-boxing-is-now-so-passe-55910.

3. Charlotte Edwardes, "Ali Parsa: The Former Refugee Bringing Algorithms to Healthcare", *Evening Standard*, 2018, https://www.standard.co.uk/futurelondon/health/ali-parsa-the-former-refugee-bringing-algorithms-to-healthcare-a3885941.html.

4. *Ibid.*

5. NHS Support Federation, "Circle Health", nd, https://www.nhsforsale.info/private-providers/circle-new/.

6. Edwardes, "Ali Parsa: The Former Refugee Bringing Algorithms to Healthcare."

7. "Babylon Health Services", Babylon, https://www.babylonhealth.com/product.

8. Aliya Ram, "Babylon Signs Tencent Deal to Deploy Health Technology on WeChat", *Financial Times*, 2018, https://www.ft.com/content/40fae194-381d-11e8-8eee-e06bde01c544.

9. "Babylon Health: Rwanda Case Study", Babylon Health, 2019, https://marketing-assets.babylonhealth.com/business/Rwanda-Case-Study.pdf.

10. Ingrid Lunden, "Babylon Health Confirms $550m Raise at $2+ Billion Valuation to Expand Its AI-Based Health Services", TechCrunch, 2019, https://techcrunch.com/2019/08/02/babylon-health-confirms-550m-raise-to-expand-its-ai-based-health-services-to-the-us-and-asia.

11. A. H. Maslow, "A Theory of Human Motivation", *Psychological Review* 50, no. 4 (1943), 370–396.

12. *Ibid.*

13. "Accelerating Status in Emerging Markets: Insights from 43 Programs", Global Accelerator Learning Initiative, May 2017, http://bit.ly/38hmWT9.

14. "Capital Evolving: Alternative Investment Strategies to Drive Inclusive Innovation", Village Capital, 2018. The report states, "This number was derived from the CB Insights dataset y is current as of 10.12.18." Véase también "The Global Unicorn Club", CB Insights, 2019, https://www.cbinsights.com/research-unicorn-companies. La metodología incluye sumar el número de empresas de sectores (empresas de sectores que figuran como biotecnología, *edtech*, energía, *fintech*, alimentación, sanidad) por el número total de empresas. El monto total en dólares de estas empresas también se sumó y ascendió a solo el 13 % del total de las empresas.

15. Muestra identificada de las *startups* de más rápido crecimiento, valoradas en más de 100 millones de dólares, en África, América Latina y el Sudeste Asiático. La lista de *startups* procede de entrevistas con inversores de capital riesgo de cada región.

16. Soumya Gupta, "Rivigo Is Changing the Way Women Look at Trucking Business, Says Gazal Kalra", *BW Businessworld*, 2017, http://www.businessworld.in/article/Rivigo-Is-Changing-The-Way-Women-Look-At-Trucking-Business-Says-Gazal-Kalra/09-05-2017-117861/.

17. Rajat Gupta, Sriram Jambunathan, y Thomas Netzer, "Building India: Transforming the Nation's Logistic Infrastructure", McKinsey & Company, September 2010, https://mck.co/3acf1rF; y "India Aiming to Reduce Logistics Cost to Less than 10 % of GDP by 2022", *Business Standard*, 2018, https://www.business-standard.com/article/news-cm/india-aiming-to-reduce-logistics-cost-to-less-than-10-of-gdp-by-2022-118082400367_1.html.

18. Neha Mittal *et al.*, "The Endemic Issue of Truck Driver Shortage—A Comparative Study between India y the United States", *Research in Transportation Economics*, 2018, https://www.researchgate.net/publication/325985103_The_endemic_issue_of_truck_driver_shortage_-_A_comparative_study_between_India_and_the_United_States.
19. "High-Impact Entrepreneurs Create the Most Jobs: Endeavor y GEM Release New Report", Endeavor, 2011, https://endeavor.org/blog/research/endeavor-gem-report-2011/.
20. *Ibid.*
21. "A Unified Logistics Platform Facilitating One-Stop Solution for All Needs", Rivigo, https://rivigo.com/products#freight-marketplace.
22. Entrevista del autor a Deepak Garg, 2018, by phone.
23. Mihir Dalal, "Logistics Start-Up Rivigo Services in Talks to Raise up to$400 Million", LiveMint, 2018, https://www.livemint.com/Companies/1RbFAM BoyebXFj7dhcoNGM/Logistics-startup-Rivigo-Services-in-talks-to-raise-up-to.html.
24. Marshall Ganz, Tamara Kay, y Jason Spicer, "Social Enterprise Is Not Social Change", *Stanford Social Innovation Review*, Spring 2018, https://ssir.org/articles/entry/social_enterprise_is_not_social_change.
25. Leo Mirani, "What Google Really Means by 'Don't Be Evil,'" Quartz, 2014, https://qz.com/284548/what-google-really-means-by-dont-be-evil/.
26. "Why Pledge 1 % Is One of the Most Innovative Companies of 2017", *Fast Company*, 2017, https://www.fastcompany.com/3067480/why-pledge-1-is-one-of-the-most-innovative-companies-of-2017.
27. Mike Montgomery, "What Entrepreneurs Can Learn from the Philanthropic Struggles of Toms Shoes", *Forbes*, 2015, https://www.forbes.com/sites/mikemontgomery/2015/04/28/how-entrepreneurs-can-avoid-the-philanthropy-pitfalls/#371280b71c38.
28. Ross Baird, *The Innovation Blind Spot: Why We Back the Wrong Ideas—And What to Do about It* (Dallas: BenBella Books, 2017), chapter 4.
29. Entrevista del autor a Deepak Garg, 2018.
30. Sumanth Raj Urs, "200 Engineers, 261 Million People: GO-JEK's Impact in Indonesia", Medium, 2018, https://blog.gojekengineering.com/200-engineers-261-million-people-go-jeks-impact-in-indonesia-b8f87934e6c1.
31. Erica Glasener, "The Magic of Banyan Trees", *Tribune Business News*, 2012, https://search.proquest.com/abicomplete/docview/917252674/AF487DE867 7A488BPQ/15?accountid=14437.
32. Entrevista del autor a Deepak Garg, 2018.
33. "Mobile Money Metrics", GSMA, 2019, https://www.gsma.com/mobilemon eymetrics/#global?y=2017?v=overview?g=global.
34. John Delaney, "A New Consumer Protection Agenda for Working Families", *Huffington Post*, 2017, https://www.huffingtonpost.com/john-k-delaney/a-new-consumer-protection_b_11910482.html.
35. "State of Homelessness", National Alliance to End Homelessness, 2019, https://endhomelessness.org/homelessness-in-america/homelessness-statistics/state-of-homelessness-report/.

36. Zack Friedman, "Student Loan Debt Statistics in 2018: A $1.5 Trillion Crisis", *Forbes*, 2018, https://www.forbes.com/sites/zackfriedman/2018/06/13/student-loan-debt-statistics-2018/#4cdd86cb7310.
37. Larry Fink, "A Sense of Purpose", BlackRock, 2019, https://www.blackrock.com/corporate/investor-relations/larry-fink-ceo-letter.
38. "Business Roundtable Redefines the Purpose of a Corporation to Promote 'An Economy That Serves All Americans,'" Press Release, 2019, https://www.businessroundtable.org/business-roundtable-redefines-the-purpose-of-a-corporation-to-promote-an-economy-that-serves-all-americans.
39. William Dowling, "The Business Case for Caring—A Helio Analysis of Certified B Corps", The UpRound by CircleUp, 2018, https://circleup.com/blog/2018/06/01/the-business-case-for-caring-a-helio-analysis-of-certified-b-corps/.
40. Mozaffar Khan, George Serafeim, y Aaron Yoon, "Corporate Sustainability: First Evidence on Materiality", 2016, *The Accounting Review* 91, no. 6, pp. 1697–1724, https://papers.ssrn.com/sol3/papers.cfm?abstract_id=2575912; y George Serafeim, "Public Sentiment y the Price of Corporate Sustainability", 2018, https://papers.ssrn.com/sol3/papers.cfm?abstract_id=3265502.
41. Jesus Godoy Bejarano y Diego Téllez, "Mission Power y Firm Financial Performance", Center for Research in Economics y Finance (CIEF), Working Paper No. 17-04, 2017, http://dx.doi.org/10.2139/ssrn.2929832.

Capítulo 9

1. Carmel Lobello, "The Stories Behind 3 Great Business Mantras", *The Week*, 2013, https://theweek.com/articles/462863/stories-behind-3-great-business-mantras.
2. Morgan Brown, "Uber—What's Fueling Uber's Growth Engine?" GrowthHackers, nd, https://growthhackers.com/growth-studies/uber.
3. Ian Frazier, "The Vertical Farm", *New Yorker*, 2017, https://www.newyorker.com/magazine/2017/01/09/the-vertical-farm.
4. *Ibid.*
5. https://www.crunchbase.com/organization/aerofarms#section-overview; y Entrevista del autor a David Rosenberg, 2018.
6. Entrevista del autor a Chris Folayan, 2018.
7. Entrevista del autor a Thomaz Srougi, 2018.
8. Lydia Ramsey, "US Investors Are Pouring Millions into a Healthcare Company That Doesn't Take Insurance y Lists Its Prices like a 'McDonald's Menu,'" *Business Insider*, 2018, https://www.businessinsider.com/how-dr-consulta-is-changing-the-brazilian-healthcare-system-2018-8?IR=T.
9. Danny Crichton, "Using Tech y $100M, Dr Consulta Transforms Healthcare for the Poorest", TechCrunch, 2018, https://techcrunch.com/2018/06/19/dr-consulta-transforms-healthcare-for-the-poorest/.
10. *Ibid.*
11. Entrevista del autor a Ella Gudwin, 2018.
12. Entrevista del autor a David Rosenberg, 2018.
13. *Ibid.*
14. *Ibid.*

15. *Ibid.*
16. Charles Duhigg, *The Power of Habit: Why We Do What We Do in Life y Business* (New York: Random House, 2012).
17. "A Guide to Anticipating the Future Impact of Today's Technology", Ethical OS, 2018, https://ethicalos.org/.
18. Entrevista del autor a Achmad Zaky, 2019.
19. Alex Hern, "Uber y Lyft Pull Out of Austin After Locals Vote Against Self-Regulation", *Guardian*, 2016, https://www.theguardian.com/technology/2016/may/09/uber-lyft-austin-vote-against-self-regulation; Jillian Jorgensen y Will Bredderman, "Bill de Blasio's Quest to Cap Uber Ends with a Whimper", *Observer*, 2016, http://observer.com/2016/01/bill-de-blasios-quest-to-cap-uber-ends-with-a-whimper/; y Josie Cox, "Uber's Appeal Against TfL's Licence Ban Will Not Be Heard until Spring 2018", *Independent*, 2017, http://www.independent.co.uk/news/business/ news/ uber-london-ban-appeal-tfl-licence-taxi-app-spring-2018-heard-court-ride-hailing-a8103666.html. Londres decidió no renovar la licencia de operación de Uber en el otoño de 2017. Uber ha apelado la decisión y continúa operando en la ciudad.
20. Itika Sharma Punit, "Panic Buttons Won't Fix Ola y Uber's Sexual-Assault Problem", *Quartz India*, 2018, https://qz.com/india/1298182/why-ola-and-ubers-measures-for-womens-safety-is-just-not-working/.
21. Austin Carr, "Why Jack Dorsey Killed the Square Credit Card", *Fast Company*, 2014, https://www.fastcompany.com/3032811/why-jack-dorsey-killed-the-square-credit-card.
22. Entrevista del autor a Yousef Hammad, 2018.
23. Entrevista del autor a David Rosenberg, 2018.
24. Bitange Ndemo y Tim Weiss, eds., *Digital Kenya: An Entrepreneurial Revolution in the Making* (London: Palgrave Macmillan, 2017).
25. Jorge Gaxiola Moraila, Alexis Leon Trueba, y Gabriel Franco Fernández, "The New Mexican FinTech Law-Balancing Innovation, Security y Stability", *Financier Worldwide*, August 2018, https://www.financierworldwide.com/the-new-mexican-fintech-law-balancing-innovation-security-and-stability.
26. Samantha Murphy, "Facebook Changes Its 'Move Fast y Break Things' Motto", *Mashable*, 2014, https://mashable.com/2014/04/30/facebooks-new-mantra-move-fast-with-stability/#3f4wKHt.zPqV.
27. *Ibid.*
28. Analysis of Facebook market capitalization, via Google Finance, for the last six months of 2018, https://www.google.com/search?q=facebook&tbm=fin.

Capítulo 10

1. Josh Lerner, profesor de la Escuela de Negocios de Harvard, caracterizó con precisión la dinámica que crea este vínculo: "Venture Capital exists when entrepreneurs have an idea y no capital, y investors have capital but no good ideas." Josh Lerner y Paul Gompers, "The Venture Capital Revolution", *Journal of Economic Perspectives* 15 (2001): 145–168. doi: 10.1257/jep.15.2.145.

2. Entrevista del autor a Carlos Antequera, 2018.
3. *Ibid.*
4. Un fondo de capital riesgo típico tiene una estructura de 2 & 20. Consiste en una comisión de gestión anual del 2 % sobre el capital que los inversores han prometido, y una participación del 20 por ciento en los beneficios generados.
5. "Fin-Tech", *Economist*, December 2015, https://www.economist.com/ news/finance-and-economics/21684805-there-were-tech-startups-there-was-whaling-fin-tech.
6. *Ibid.*
7. *Ibid.*
8. "Venture Capital Funnel Shows Odds of Becoming a Unicorn Are About 1 %", CB Insights, 2018, https://www.cbinsights.com/research/venture-capital-funnel-2/; y Paul Gompers *et al.*, "How Do Venture Capitalists Make Decisions?" *National Bureau of Economic Research*, NBER working paper number 22587, September 2016, doi:10.3386/w22587.
9. Pui-Wing Tam y Shayndi Raice, "A $9 Billion Jackpot for Facebook Investor", *Wall Street Journal*, 2012, https://on.wsj.com/2QRBtio.
10. William Alden y David Gelles, "In WhatsApp Deal, Sequoia Capital May Make 50 Times Its Money", *New York Times*, 2014, https://dealbook. nytimes.com/2014/02/20/in-whatsapp-deal-sequoia-capital-may-make-50-times-its-money/.
11. Cambridge Associates, "US Venture Capital Index y Selected Benchmark Statistics", 2018, https://www.cambridgeassociates.com/wp-content/ uploads/2018/07/WEB-2018-Q1-USVC-Benchmark-Book.pdf.
12. "2019 AVCA Members", African Private Equity y Venture Capital Association, 2019, https://www.avca-africa.org/members/avca-members/. Count of "General Partner" venture capital y private equity funds listed.
13. *Ibid.* Recuento de los fondos de capital riesgo y de capital privado miembros de pleno derecho que figuran en la lista de inversión de capital privado en América Latina.
14. "Venture Monitor 1Q18", PitchBook, 2018, https://files.pitchbook.com/ website/files/pdf/1Q _2018_PitchBook_NVCA_Venture_Monitor.pdf.
15. For instance, Google purchased fifteen companies in 2017 alone. "The Google Acquisition Tracker", CB Insights, nd, https://www.cbinsights.com/ research-google-acquisitions.
16. "Ex-U.S. Private Equity & Venture Capital Index y Selected Benchmark Statistics", Cambridge Associates, 015, http://bit.ly/3a6u5XY. 15-year average across all geographies. Reflects 565 funds globally.
17. Prequin, "Venture Capital in Emerging Markets", ValueWalk, 2018, https:// www.valuewalk.com/2018/05/venture-capital-in-emerging-markets/.
18. Paul Gompers *et al.*, "How Do Venture Capitalists Make Decisions?"; y Tomer Dean, "The Meeting That Showed Me the Truth about VCs", TechCrunch, 2017, https://techcrunch.com/2017/06/01/the-meeting-that-showed-me-the-truth-about-vcs/.
19. Anne S. Habiby y Deirdre M. Coyle Jr., "The High-Intensity Entrepreneur", *Harvard Business Review*, September 2010, https://hbr.org/2010/09/the-high-intensity-entrepreneur.

20. "The Crunchbase Exited Unicorn Leaderboard", accessed 2020, https://techcrunch.com/unicorn-leaderboard/exited/.
21. Análisis de Asia Partners de los ratios de Sharpe de las industrias, análisis interno, agosto de 2018. Abarca el período 2002-2017 y examina las acciones tecnológicas del sudeste asiático como indicador indirecto de la tecnología como industria.
22. Por supuesto, la sugerencia no es conseguir que un grupo de inversores apoye a los innovadores porque sí. No estoy hablando de *party rounds*, término peyorativo utilizado para referirse a las rondas de siembra con cinco o más fondos. En estas rondas, los fondos abordan la inversión como una oportunidad de pasar el sombrero, una pequeña apuesta para buscar la siguiente ronda, algo así como comprar una opción. Aunque, en teoría, una *party round* significa que hay mucha gente disponible para ayudar o compartir consejos estratégicos, lamentablemente suele indicar que nadie ha invertido lo suficiente como para ofrecer ayuda. En última instancia, las pequeñas apuestas iniciales no son asignaciones significativas de los fondos de capital riesgo y, por lo tanto, se les quita prioridad.
23. Francesco Corea, "Artificial Intelligence y Venture Capital", Medium, 2018, https://medium.com/@Francesco_AI/artificial-intelligence-and-venture-capital-af5ada4003b1; y Xuan Tian, "The Role of Venture Capital Syndication in Value Creation for Entrepreneurial Firms", *Review of Finance*, forthcoming (available at SSRN: https://ssrn.com/abstract=954188).
24. Eliot Brown, "In Silicon Valley, the Big Venture Funds Keep Getting Bigger", *Wall Street Journal*, 2017, https://www.wsj.com/articles/in-silicon-valley-the-big-venture-funds-keep-getting-bigger-1501002000.
25. "Something Ventured", documentary film, directed by Dan Geller y Dayna Goldfine (2011).
26. Jason Rowley, "Where y Why Venture Capitalists Invest Close to Home", TechCrunch, 2017, https://techcrunch.com/2017/11/16/where-and-why-venture-capitalists-invest-close-to-home/.
27. Serena Saitto, "The Biggest Tech Investor Silicon Valley Ignores", *The Information*, 2018, https://www.theinformation.com/articles/the-biggest-tech-investor-silicon-valley-ignores.
28. Staff Writer 3, "The Greatest Venture Capital Investment Ever? Naspers Cashes in $10bn Tencent Stake for Whopping 55 000 % Return", African Business Central, 2018, https://www.africanbusinesscentral.com/2018/03/30/the-greatest-venture-capital-investment-ever-naspers-cashes-in-10bn-tencent-stake-for-whopping-55000-return/.
29. Saitto, "The Biggest Tech Investor Silicon Valley Ignores."
30. "Vostok Emerging Finance", 2017, http://www.vostokemergingfinance.com/.
31. "Series D—GuiaBolso—2017-10-18", Crunchbase, https://www.crunchbase.com/funding_round/guiabolso-series-d--c5330480#section-locked-charts.
32. Alex Graham, "Exploring Evergreen Funds with a VC Investor Who Raised One", TopTal Finance, nd, https://www.toptal.com/finance/venture-capital-consultants/ evergreen-funds.

33. Para su fondo global más reciente, Carlyle, la firma global de capital privado, lanzó un fondo a largo plazo. Este es uno de los ejemplos mejor documentados en el espacio; ver "The Carlyle Group Raises $3.6 Billion for First Long-Dated Private Equity Fund, "Carlyle Group, press release, 2016, https://www.carlyle.com/media-room/news-release-archive/carlyle-group-raises-36-billion-first-long-dated-private-equity.

34. "Baidu, Alibaba y Tencent: BAT Companies Dominate Chinese VC", PitchBook blog, 2019, https://pitchbook.com/blog/baidu-alibaba-and-tencent-bat-companies-dominate-chinese-vc.

35. Jon Russell, "Alibaba's Ant Financial Is Raising $3B in Debt to Finance a Global M&A Spree", TechCrunch, 2017, https://techcrunch.com/2017/02/08/alibabas-ant-financial-is-raising-3b-in-debt-to-finance-a-global-ma-spree/.

36. Josh Horwitz, "The 'SoftBank of China' Has Quietly Invested Tens of Billions Globally Since 2015", Quartz, 2018, https://qz.com/1279190/tencent-the-softbank-of-china-has-invested-tens-of-billions-globally-since-2015/.

37. Perfiles de empresas de crunchbase, Grab y GoJek, https://www.crunchbase.com/organization/go-jek, https://www.crunchbase.com/organization/grabtaxi.

38. Fred Imbert, "SoftBank Launches $5 Billion Latin America Tech Fund", CNBC, 2019, https://www.cnbc.com/2019/03/07/softbank-launches-5-billion-latin-america-tech-fund.html.

39. "The 2018 Global CVC Report", CB Insights, 2019, https://www.cbinsights.com/research/report/corporate-venture-capital-trends-2018/.

40. Jean-François Caillard, "Why Is the Corporate Venture Growing So Fast? What Are the Keys?" 2017, https://medium.com/@jfcaillard/why-is-the-corporate-venture-growing-so-fast-what-are-the-keys-b7cab8156b5e; y Teddy Himler, "Corporate VC Is on the Rise: Here's What to Know", *Forbes*, 2017, https://www.forbes.com/sites/valleyvoices/2017/02/14/corporate-vc-on-the-rise/#178efe5abbf2.

41. "The 2018 Global CVC Report", CB Insights.

42. Melissa Mittelman, "TPG Seals Record $2 Billion for Fund Co-Led by Bono", Bloomberg, 2017, https://www.bloomberg.com/news/articles/2017-10-03/tpg-seals-record-2-billion-for-rise-impact-fund-co-led-by-bono.

43. "What Is Impact Investing y How Did It Begin?" The Case Foundation, September 2014, http://www.gih.org/Examples/EXDetail.cfm?ItemNumber=6907, accessed 2018; y Abby Schultz, "Impact Investors Hold US$228 Billion in Assets", *Barrons*, 2018, https://www.barrons.com/articles/impact-investors-hold-us-228-billion-in-assets-1528294454.

44. Entrevista del autor a Keith Harrington, 2018.

45. *Ibid.*

46. Estos fondos incluyen firmas como Lighter Capital (una de las pioneras del modelo) en Seattle, Cypress Growth Capital en Dallas y Decathlon Capital Partners en Park City, Utah.

47. Bartosz Trocha, "How 83 Venture Capital Firms Use Data, AI & Proprietary Software to Drive Alpha Returns", Medium, 2018, https://hackernoon.com/winning-by-eating-their-own-dogs-food-83-venture-capital-firms-using-data-ai-proprietary-da92b81b85ef; y Eze Vidra, "How Venture Capital Funds Leverage AI y Big Data", VC Cafe, 2018, https://www.vccafe.com/2018/11/28/how-venture-capital-funds-leverage-ai-and-big-data/.

48. Kate Clark, "Clearbanc Plans to Disrupt Venture Capital with 'The 20-Min Term Sheet,'" TechCrunch, 2019, https://techcrunch.com/2019/04/03/clearbanc-plans-to-disrupt-venture-capital-with-the-20-min-term-sheet/.
49. Connie Loizos, "Social Capital Has Started Investing in Startups, Sight Unseen", TechCrunch, 2017, https://techcrunch.com/2017/10/25/social-capital-has-started-investing-in-startups-sight-unseen/.
50. Eze Vidra, "Turns Out Venture Capital Is a People Business, or Is It?" VC Cafe, 2018, https://www.vccafe.com/2018/06/12/turns-out-venture-capital-is-a-people-business-or-is-it/.
51. Katy Steinmetz, "How Chamath Palihapitiya Wants to Disrupt Silicon Valley", Time, 2018, http://time.com/5342756/chamath-palihapitiya/, y Ashley Carroll, "From Experiment to Product: Capital-as-a-Service One Year Later", Medium, 2018, https://medium.com/social-capital/from-experiment-to-product-capital-as-a-service-one-year-later-6d8b4b9c038b.
52. El tiempo medio de salida en la frontera, como se expone en el capítulo 3, puede superar los diez años. El matrimonio medio estadounidense es de 8.2 años; véase Matthew Schimkowitz, "How Long Does an Average Marriage Last around the World?" Hopes&Fears, 2019, http://www.hopesandfears.com/hopes/city/city_index/214133-city-index-marriage-lengths.
53. James Chen, "Accredited Investor", Investopedia, 2019, https://www.investopedia.com/terms/a/accreditedinvestor.asp.
54. Ramana Nanda, Robert F. White, y Alexey Tuzikov, "Initial Coin Offerings", Harvard Business School Technical Note 818-067, November 2017 (Revised December 2017), https://www.hbs.edu/faculty/Pages/item.aspx?num=53510.
55. David Floyd, "Billion: 2018 ICO Funding Has Passed 2017's Total", Coin Desk, 2018, https://www.coindesk.com/6-3-billion-2018-ico-funding-already-outpaced-2017/$6.3.
56. Shobhit Seth, "80 % of ICOs Are Scams: Report", Investopedia, 2018, https://www.investopedia.com/news/80-icos-are-scams-report/.
57. En muchas ICO, las empresas exponen sus planes de negocio en un libro blanco (una explicación de para qué servirá la moneda y cómo se utilizará el dinero). En el capital riesgo, para conseguir cantidades similares de capital se requeriría tradicionalmente una tracción empresarial significativamente mayor.
58. Lupercal Capital, "ICOs: A Changing Regulatory Environment", 2018, https://hackernoon.com/icos-a-changing-regulatory-environment-77119ffff26b.
59. M. Szmigiera, "Crowdfunding—Statistics & Facts", Statista, 2018, https://www.statista.com/topics/1283/crowdfunding/.
60. "Crowdfunding", Statista, nd, https://www.statista.com/outlook/335/100/crowdfunding/worldwide#market-globalRevenue.
61. Entrevista del autor a Erik Hersman, 2018, via WhatsApp.

Capítulo 11

1. Entrevista del autor a Hernan Kazah, 2018.
2. "E-commerce in Latin America—Statistics & Facts", Statista, 2018, https://www.statista.com/topics/2453/e-commerce-in-latin-america/.

3. "Mercado Libre (MELI): IPO Details", Crunchbase, 2019, https://www.crunchbase.com/ipo/mercadolibre-ipo--51d436e2#section-details; y "MercadoLibre, Inc. (MELI)", Yahoo Finance, 2019, https://finance.yahoo.com/quote/MELI?p=MELI.
4. Entrevista del autor a Hernan Kazah, 2018.
5. Kaszek Ventures, 2019, https://www.kaszek.com/portfolio.
6. "The Multiplier Effect", Endeavor, https://readymag.com/endeavor/multiplie reffect/.
7. *Ibid.*
8. "Global Network of Failure Researchers", Failure Institute, 2017, https://thefailureinstitute.com/researchers-network/.
9. Entrevista del autor a Pepe Villatoro, 2018.
10. "Stories About Failure", Fuckup, 2019, https://fuckupnights.com/; y entrevista del autor a Pepe Villatoro, 2018.
11. Sophus A. Reinert, Dawn H. Lau, y Amy MacBeath, "Going Rogue: Choson Exchange in North Korea", Harvard Business School Case 717-015, October 2016 (Revised October 2017), https://www.hbs.edu/faculty/Pages/item.aspx?num=51812.
12. *Ibid.*
13. Entrevista del autor a Geoffrey See, 2018.
14. "Learn, Network, Startup", Startup Weekend, 2019, https://startupweekend.org/.
15. Entrevista del autor a Yasser Bashir, 2018.
16. Mehreen Omer, "Breaking: Careem Acquires Savaree", Pakwired, 2016, https://pakwired.com/careem-acquires-savaree/.
17. Entrevista del autor a Fred Swaniker, 2018.
18. Fred Swaniker, "The Leaders Who Ruined Africa, y the Generation Who Can Fix It", TED talk, transcript, October 2014, https://www.ted.com/talks/fred_swaniker_the_leaders_who_ruined_africa_and_the_generation_who_can_fix_it/transcript.
19. David Fine *et al.*, "Africa at Work: Job Creation y Inclusive Growth", McKinsey & Company, August 2012, https://www.mckinsey.com/featured-insights/middle-east-and-africa/africa-at-work.
20. Fred Swaniker, "4 Lessons Learned About What It Takes to Be an Entrepreneur", video, YouTube, 2016, https://www.youtube.com/watch?v=wa5Dt2busNA.
21. Nate Berg, "How the African Leadership Academy Is Fighting the Continent's Education Exodus", *Fast Company*, 2010, https://www.fastcompany.com/ 1702244/how-african-leadership-academy-fighting-continents-education-exodus.
22. "Founders' Story", African Leadership Academy, 2019, http://www.africanleader shipacademy.org/about/founders-story/.
23. "Success after ALA", African Leadership Academy, 2019, http://www.african leadershipacademy.org/about/our-impact/university-placements/; "Reekworth Highlights 2017", Reekworth Junior (Mabelreign Campus), 2017, https://www.reek worthjuniorschool.com/single-post/2017/12/12/Reekworth-Highlights-2017; y "Mapping Change in Africa: Meet 5

Enterprising ALA Alumni", African Leadership Academy, 2018, http://www.africanleadershipacademy.org/ala-alumni-enterprise/.
24. "AAE", African Leadership Network (ALN), 2017, http://africanleadershipnetwork.com/.
25. "Our Meta Skills", ALU, 2016, https://www.alueducation.com/about/our-meta-skills/.
26. "Are You Ready for the Opportunity Presented by Africa's Growing Insurance Industry?" ALU School of Insurance, nd, https://www.alueducation.com/soi/.
27. "Computer Science", ALU, 2017, https://www.alueducation.com/programmes/undergraduate/degree programmes/computer-science/.
28. Yinka Adegoke, "African Leadership University Has Raised $30 Million to Help Reinvent Graduate Education", Quartz Africa, 2019, https://qz.com/africa/1515015/african-leadership-university-raises-30-million-series-b/.
29. "Hello, We Are iHub", iHub Nairobi, 2019, https://ihub.co.ke/.
30. Toby Shapshak, "Kenya's iHub Enters a New Capítulo", Forbes, 2016, https://www.forbes.com/sites/tobyshapshak/2016/03/11/kenyas-ihub-enters-a-new-chapter/#535dca644f6a.
31. Irene Hau, "[4TH GEN #5] Case Study: iHub", The Sound of the City Blog, WordPress, 2015, https://thesoundofthecity.wordpress.com/2015/05/12/4th-gen-5-case-study-ihub/. iHub fue adquirida recientemente por el centro de innovación nigeriano y el fondo semilla CcHub; ver https://techcrunch.com/2019/09/26/nigerias-cchub-acquires-kenyas-ihub-to-create-mega-africa-incubator/.
32. Entrevista del autor a Matt Clifford, 2018.
33. Entrepreneur First, https://www.joinef.com/.
34. Rhett Morris y Lili Török, "Fostering Productive Entrepreneurship Communities: Key Lessons on Generating Jobs, Economic Growth, y Innovation", Endeavor Insight, October 2018, https://endeavor.org/content/uploads/2015/06/Fostering-Productive-Entrepreneurship-Communities.pdf.
35. Endeavor, "The Multiplier Effect", Endeavor Insight, https://readymag.com/endeavor/multipliereffect/.
36. Endeavor, "The Power of Entrepreneur Networks: How New York City Became the Role Model for Other Urban Tech Hubs", Endeavor Insight Report, November 2014, http://www.nyctechmap.com/nycTechReport.pdf.
37. "Endeavor 2018/2019 Impact Report", November 2019; y "Endeavor Board: Linda Rottenberg", Endeavor, 2019, https://endeavor.org/global-board/linda-rottenberg/.
38. Global Off-Grid Lighting Association, "About Us", https://www.gogla.org/about-us.
39. "Aramex: Delivery Unlimited", Aramex, 2019, http://bit.ly/3a34nUa; y "Investor Presentation, Q2, 2019 Results", 2019, https://www.aramex.com/docs/default-source/resourses/inverstor_presentation_q2_2019.pdf.
40. Sami Mahroum, Black Swan Start-ups: Understanding the Rise of Successful Technology Business in Unlikely Places (London: Palgrave Macmillan, 2016).
41. "Overview: Maktoob", Crunchbase, 2019, https://www.crunchbase.com/organization/maktoob#section-overview; y "Entrepreneur to Entrepreneur:

Meet the Ron Conway of the Middle East (TCTV)", TechCrunch, 2010, https://techcrunch.com/2010/09/16/middle-east-ron-conway-fadi-ghandour-shervin-pishevar/.

42. Elizabeth MacBride, "The Middle East's First Unicorn: Souq.com's CEO on Leadership, Timing y Coping with Rejection", *Forbes*, 2016, https://www.forbes.com/sites/elizabethmacbride/2016/03/25/e-commerce-gold-in-the-middle-east-behind-souqs-success-story/#58610b4c1ee0.

43. Jon Russell, "Amazon Completes Its Acquisition of Middle Eastern E-commerce Firm Souq", TechCrunch, 2017, https://techcrunch.com/2017/07/03/amazon-souq-com-completed/; y Ronaldo Mouchawar, "Souq's CEO on Building an E-Commerce Powerhouse in the Middle East", *Harvard Business Review*, September–October 2017, https://hbr.org/2017/09/souq-coms-ceo-on-building-an-e-commerce-powerhouse-in-the-middle-east.

44. Heather Somerville, Alexander Cornwell, y Saeed Azhar, "Uber Buys Rival Careem in $3.1 Billion Deal to Dominate Ride-Hailing in Middle East", Reuters, 2019, https://www.reuters.com/article/us-careem-m-a-uber/uber-buys-rival-careem-in-3-1-billion-deal-to-dominate-ride-hailing-in-middle-east-idUSKCN1R70IM.

45. Christopher T. Rogers y Peter Weed, "What Careem's $3.1 Billion Acquisition Means for the Middle East", *Forbes*, 2019, https://www.forbes.com/sites/valleyvoices/2019/04/17/what-careems-3-1-billion-acquisition-means-for-the-middle-east/#2fba3c887fa2.

46. Noor Shawwa, "The Success y Multiplier Effects That Careem's Acquisition by Uber Will Have on the Middle East's Startup Ecosystem", *Entrepreneur*, 2019, https://www.entrepreneur.com/article/331568.

47. Morris y Török, "Fostering Productive Entrepreneurship Communities."

48. *Ibid.*

49. "100 Flipkart Employees to Turn Millionaires Post Walmart Deal, but Here's the Catch", News Minute, 2018, https://www.thenewsminute.com/article/100-flipkart-employees-turn-millionaires-post-walmart-deal-here-s-catch-81087.

50. Anne S. Habiby y Deirdre M. Coyle Jr., "The High-Intensity Entrepreneur", *Harvard Business Review*, September 2010, https://hbr.org/2010/09/the-high-intensity-entrepreneur.

51. *Ibid.*

52. Tom Huddleston Jr., "This 36-Year-Old Self-Made Billionaire Started His First Business at 16 with a $500 Loan from His Dad—Here's His Best Advice", CNBC, 2018, https://www.cnbc.com/2018/07/30/how-div-turakhia-became-indias-youngest-self-made-billionaire.html.

53. Entrevista del autor a André Street, 2018.

54. La historia seminal de los Ocho Traidores ilustra el poder de los hermanos mayores para poner en marcha el volante del ecosistema. En la década de 1950, Silicon Valley era solo uno de los muchos centros de fabricación de transistores (procesadores informáticos), y desde luego no el líder. Pero las cosas cambiaron rápidamente a favor de Occidente. William Shockley, que inventó el transistor en los Laboratorios Bell, fundó su propia empresa, Shockley Semiconductor Labs, en 1956 en Mountain View (California). Fue la primera empresa en fabricar transistores de silicio. Shockley atrajo a los mejores

informáticos de la Costa Este, que seguía siendo el centro neurálgico del desarrollo de la informática. En 1957, ocho empleados de Shockley abandonaron la empresa para crear la suya propia, Fairchild Semiconductor. Apodados ahora los Ocho Traidores, se asociaron con Sherman Fairchild y ayudaron a convertir la empresa en uno de los principales fabricantes de transistores. A principios de los sesenta, Fairchild ayudó a fabricar componentes informáticos para el programa Apolo. En la década siguiente, muchos de los ocho traidores y sus empleados abandonaron Fairchild y fundaron sus propias empresas. Gordon Moore (de la ley de Moore) y Robert Noyce fundaron Intel en 1968. Eugene Kleiner cofundó la célebre empresa de capital riesgo Kleiner Perkins. Otros empleados fundaron las empresas de chips AMD y Nvidia, y Don Valentine fundó Sequoia, posiblemente la empresa de capital riesgo con más éxito de la historia.

55. Rhett Morris, "The First Trillion-Dollar Startup", TechCrunch, 2014, https://techcrunch.com/2014/07/26/the-first-trillion-dollar-startup/.
56. Charlie Parrish, "Meet the PayPal Mafia, the Richest Group of Men in Silicon Valley", *Business Insider*, 2014, https://www.businessinsider.com/meet-the-paypal-mafia-the-richest-group-of-men-in-silicon-valley-2014-9.
57. Análisis que suma las capitalizaciones de mercado de las empresas fundadas por la mafia de PayPal, basado en datos públicos.
58. "The Multiplier Effect", 2019, https://readymag.com/endeavor/multipliereffect/.
59. Los gráficos de aceleración provienen de datos disponibles públicamente de CB Insights por mercado. Para cada año, el número total de unicornios está representado por el número de unicornios de años anteriores más el número de nuevos unicornios de ese año.
60. El análisis podría refinarse aún más explorando las salidas en una gama de tamaños de valoración (no solo unicornios), la concentración en el tiempo, y la proximidad geográfica, entre otros factores. La idea surgió de un debate con Nick Nash, cofundador de Asia Partners, y de una tendencia que la empresa había observado en China y la India. El gráfico 11.2 corta la aceleración de unicornios en China, hoy por encima de 100. América Latina tiene muchos años con bajo número de unicornios antes de la aceleración
61. Entrevista del autor a Amanda Lannert, 2019.

Capítulo 12

1. "Entrepreneurial Ecosystem Diagnostic Toolkit", Aspen Network of Development Entrepreneurs, December 2013, https://assets.aspeninstitute.org/content/uploads/files/content/docs/pubs/FINAL%20Ecosystem%20Toolkit%20Draft_print%20version.pdf.
2. Originally proposed by Alfred Marshall in his book *Principles of Economics, Great Mind Series*, first published in 1890. It was pushed forward by other thinkers, including Michael Porter through his theories of economic clusters. See Michael Porter, "Clusters y the New Economics of Competition", *Harvard Business Review*, November–December 1998, https://hbr.org/1998/11/clusters-and-the-new-economics-of-competition.
3. Entrevista del autor a Chris Heivly, 2019.

4. AnnaLee Saxenian, *Regional Advantage: Culture y Competition in Silicon Valley y Route 128* (Cambridge, MA: Harvard University Press, 1996), http://www.hup.harvard.edu/catalog.php?isbn=9780674753402&content=reviews.

5. Vivek Wadhwa, "Silicon Valley Can't Be Copied", *MIT Technology Review*, 2013, https://www.technologyreview.com/s/516506/silicon-valley-cant-be-copied/.

6. Saxenian, *Regional Advantage*.

7. Richard Florida, *The Rise of the Creative Class: y How It's Transforming Work, Leisure, Community, y Everyday Life* (New York: Basic Books, 2002); y Brad Feld, *Startup Communities: Building an Entrepreneurial Ecosystem in Your City* (Hoboken, NJ: Wiley, 2012), https://www.wiley.com/en-usStartup+Communities%3A+Building+an+Entrepreneurial+Ecosystem+in+Your+City-p-9781118483312. Feld's excellent book succinctly summarizes the different ecosystem-building approaches y helped shape my own thinking on the subject.

8. Victor Hwang y Greg Horowitt, *The Rainforest: The Secret to Building the Next Silicon Valley* (Los Altos Hills, CA: Regenwald, 2012), http://therainforestbook.com/.

9. Feld, *Startup Communities*.

10. "Doing Business 2019: Training for Reform", International Bank for Reconstruction & Reform /World Bank Group, 2019, http://bit.ly/38aK8Cp.

11. Ana Maria Zárate Moreno, "Regulation, Innovation, y Entrepreneurship", Regulatory Studies Center, The George Washington University, 2015, https://regulatorystudies.columbian.gwu.edu/sites/g/files/zaxdzs1866/f/downloads/RegInsight_AMZM-regulation-and-Innv%26entrep-literature-review120815.pdf.

12. Por supuesto, se trata de una correlación, no de causalidad. Hay una serie de factores que impulsan esto, y el crecimiento del PIB también influye en la tasa de estudios internacionales, porque aumenta los dólares disponibles para la inversión.

13. Asia Partners Research, 2018, https://www.asiapartners.com/; Rachel T. Barclay, Mandie Weinandt, y Allen C. Barclay, "The Economic Impact of Study Abroad on Chinese Students y China's Gross Domestic Product", *Journal of Applied Business y Economics* 19, no. 4 (2017), http://www.na-businesspress.com/JABE/BarclayRT_Web19_4_.pdf; Yukiko Shimmi, "The Problematic Decline of Japanese International Students", *International Higher Education* 64 (Summer): 9–10, https://ejournals.bc.edu/index.php/ihe/article/download/8558/7691/; Annette Bradford, "Changing Trends in Japanese Students Studying Abroad" *International Higher Education* 83, Special Issue (2015), https://ejournals.bc.edu/index.php/ihe/article/download/9086/8193/; y Mantong Guo, "The Economic Impact of International Students on Their Countries of Origin", 2017, Georgetown University Master's Thesis, https://repository.library.georgetown.edu/handle/10822/1043914.

14. *Ibid*; "GDP Growth (Annual %): Japan", The World Bank, 2019, https://bit.ly/38MNtrD.

15. *Ibid*; James McCrostie, "More Japanese Students May Be Studying Abroad, but Not for Long", *Japan Times*, 2017, https://www.japantimes.co.jp/community/2017/08/09/issues/japanese-may-studying-abroad-not-long/#.XGnuo5NKgnV.

16. Si bien los resultados de las empresas han sido mixtos (muchas se han ido del país después del programa, y pocas han escalado), los organizadores consideran en gran medida que la iniciativa ha sido exitosa en el plano cualitativo y de polinización cruzada.

17. Entrevista del autor a Amy Nelson, 2018.

18. "About Us", C100, https://www.thec100.org/.

19. Stuart Anderson, "Immigrants y Billion-Dollar Companies", Near Policy Brief, National Foundation for American Policy, October 2018, http://bit.ly/2thz2g0; y Dinah Wisenberg Brin, "Immigrants Form 25 % of New U.S. Businesses, Driving Entrepreneurship in 'Gateway' States", *Forbes*, 2018, https://www.forbes.com/sites/dinahwisenberg/2018/07/31/immigrant-entrepreneurs-form-25-of-new-u-s-business-researchers/#4cf713ac713b.

20. A partir de una búsqueda en la bolsa de trabajo AngelList, mirando todos los puestos vacantes en los Estados Unidos y una lista comparativa dispuesta a patrocinar inmigrantes, a partir de 2019: www.Angel.co/jobs.

21. Justin Sink, "Trump Administration Blocks 'Startup Visas' That Tech Leaders Backed", Bloomberg, 2017, https://www.bloomberg.com/news/articles/2017-07-10/trump-administration-blocks-startup-visas-tech-leaders-back.

22. Olivia Carville, "Trump Booted Foreign Startup Founders. Other Countries Embraced Them", Bloomberg, 2018, https://www.bloomberg.com/news/articles/2018-10-01/trump-booted-foreign-startup-founders-other-countries-embraced-them; y "Attracting Foreign Entrepreneurs", Business Roundtable, 2019, https://www.businessroundtable.org/policy-perspectives/immigration/state-of-immigration/attracting-foreign-entrepreneurs.

23. Jordan Crook, "Unshackled Is a New $3.5m Early Stage Fund That Looks a Lot Like an Accelerator", TechCrunch, 2014, https://techcrunch.com/2014/11/13/unshackled-is-a-new-3-5m-early-stage-fund-that-looks-a-lot-like-an-accelerator/.

24. "Overview: Unshackled Ventures", Crunchbase, 2019, https://www.crunchbase.com/organization/unshackled-ventures#section-overview; y Kate Clark, "Unshackled Ventures Has $20m to Invest Exclusively in Immigrant Founders", 2019, https://techcrunch.com/2019/05/02/unshackled-ventures-has-20m-to-invest-exclusively-in-immigrant-founders/.

25. "37 Chinese Companies That Became Unicorns in 2018", CB Insights, 2019, https://www.cbinsights.com/research/china-unicorns-2018/; "55 US Companies That Became Unicorns in 2018", CB Insights, 2019, https://www.cbinsights.com/research/us-unicorns-2018/; y Jason Rowley, "Chinese Startups Lead US Rivals in 2018 Venture Race", Crunchbase, 2018, https://news.crunchbase.com/news/chinese-startups-lead-us-rivals-in-2018-venture-race/.

26. Una visa H-1B permite a las empresas en los Estados Unidos emplear temporalmente a ciudadanos extranjeros para ocupaciones particulares. Está englobado en la Ley de Inmigración y Nacionalidad.
27. Suvir Varma y Alex Boulton, "Southeast Asia Churns Out Billion-Dollar StartUps", Bain & Company, 2018, https://www.bain.com/insights/southeast-asia-churns-out-billion-dollar-start-ups-snap-chart/.
28. "Global Ecosystem Ranking Report", Startup Genome, 2017 report, https://startup genome.com/reports.
29. Pooja Singh, "Why Singapore Is a Startup Paradise", *Entrepreneur Asia Pacific*, 2018, https://www.entrepreneur.com/article/324589.
30. Christopher M. Schroeder, "A Different Story from the Middle East: Entrepreneurs Building an Arab Tech Economy", *MIT Technology Review*, 2017, https://www.technologyreview.com/s/608468/a-different-story-from-the-middle-east-entrepreneurs-building-an-arab-tech-economy/.
31. Florida, *The Rise of the Creative Class*.
32. "Become an e-Resident", Republic of Estonia, https://e-resident.gov.ee/become-an-e-resident/.
33. Entrevista del autor a Penny Pritzker, 2019.
34. "Our Portfolio", Rippleworks, 2019, http://www.rippleworks.org/portfolio/.
35. Entrevista del autor a Doug Galen, 2019.
36. David Yin, "What Makes Israel's Innovation Ecosystem So Successful", *Forbes*, 2017, https://www.forbes.com/sites/davidyin/2017/01/09/what-makes-israels-innovation-ecosystem-so-successful/#1e1bb2b270e4.
37. John Paglia y David Robinson, "Measuring the Role of the SBIC Program in Small Business Job Creation", Library of Congress, January 2017, https://www.sba.gov/sites/default/files/articles/SBA_SBIC_ Jobs_Report.pdf.
38. James Manzi *et al.*, "U.S. Corporate Cash Reaches $1.9 Trillion but Rising Debt y Tax Reform Pose Risk", S&P Global, 2017, https://www.spglobal.com/en/research-insights/articles/us-corporate-cash-reaches-19-trillion-but-rising-debt-and-tax-reform-pose-risk.
39. Eric Paley, "Toxic VC y the Marginal-Dollar Problem", TechCrunch, 2017, https://techcrunch.com/2017/10/26/toxic-vc-and-the-marginal-dollar-problem/.
40. "What Is a Regulatory Sandbox?" 2017, https://www.bbva.com/en/what-is-regulatory-sandbox/.
41. "Welcome to the Aadhaar Dashboard", Unique Identification Authority of India, https://uidai.gov.in/aadhaar_dashboard/index.php; y Entrevista del autor a Nandan Nilekani, 2019, via phone.
42. "India Stack-The Bedrock of a Digital India", IndiaStack, 2017, https://indiastack.org/india-stack-the-bedrock-of-a-digital-india/.
43. Entrevista del autor a Nandan Nilekani, 2019.
44. "The Landscape for Impact Investing in East Africa: Kenya", Open Capital y Global Impact Investing Network, August 2015, https://bit.ly/2U2uQLV.
45. *Ibid.*
46. Rhett Morris y Lili Török, "Fostering Productive Entrepreneurship Communities: Key Lessons On Generating Jobs, Economic Growth, y Innovation", Endeavor Insight, October 2018, https://endeavor.org/content/uploads/2015/06/Fostering-Productive-Entrepreneurship-Communities.pdf.

47. James A. Brander, Edward Egan, y Thomas F. Hellmann, "Government Sponsored Versus Private Venture Capital: Canadian Evidence", National Bureau of Economic Research, May 2010, pp. 275–320, https://www.nber.org/chapters/c8226.pdf.

48. Yasuyuki Motoyama, Jared Konczal, Jordan Bell-Masterson, y Arnobio Morelix, "Think Locally, Act Locally: Building a Robust Entrepreneurial Ecosystem", Kauffman Foundation, April 2014, https://papers.ssrn.com/sol3/papers.cfm?abstract_id=2425675.

49. Dane Strangler y Jordan Bell-Masterson, "Measuring an Entrepreneurial Ecosystem", Kauffman Foundation, 2015, https://www.kauffman.org/~/media/kauffman_org/research-reports-and-covers/2015/03/measuring _an_ entrepreneurial_ecosystem.pdf.

50. Endeavor, "The Multiplier Effect", Endeavor, 2019, https://readymag.com/endeavor/multipliereffect/.

51. Bitange Ndemo y Tim Weiss, eds., *Digital Kenya: An Entrepreneurial Revolution in the Making* (London: Palgrave Macmillan, 2017), http://digitalkenyabook.com/.

Conclusión

1. Alistair Barr, "Facebook's China Argument Revealed in Zuckerberg's Hearing Notes", Bloomberg, 2018, https://www.bloomberg.com/news/articles/2018-04-11/ facebook-antitrust-rebuttal-revealed-in-zuckerberg-hearing-notes.

2. "Number of Monthly Active Facebook Users Worldwide as of 4th Quarter 2018 (in Millions)", Statista, 2019, https://www.statista.com/statistics/264810/number-of-monthly-active-facebook-users-worldwide/.

3. "Number of Monthly Active WeChat Users from 4th Quarter 2011 to 4th Quarter 2018 (in Millions)", Statista, 2019, https://www.statista.com/statistics/255778/number-of-active-wechat-messenger-accounts/.

4. Jeff Desjardins, "These Are the World's Largest Tech Giants", World Economic Forum, 2018, https://www.weforum.org/agenda/2018/07/visualizing-the-world-s-20-largest-tech-giants.

5. Richard Florida y Ian Hathaway, "Rise of the Global Startup City", Center for American Entrepreneurship, nd, http://startupsusa.org/global-startup-cities/.

6. "RIP Good Times", Sequoia Capital, 2008, https://www.sequoiacap.com/article/rip-good-times.

7. Jayson DeMers, "You Can Beat the Next Recession: Here Are 5 Companies That Did Just That", *Entrepreneur*, 2017, https://www.entrepreneur.com/article/ 304099.

8. "Downturn, Start Up", *Economist*, 2012, https://www.economist.com/node/21542390.

9. Anna Hensel, "U.S. Share of Global Venture Capital Fell More Than 20 % in5 Years", *VentureBeat*, 2018, https://venturebeat.com/2018/10/05/u-s-share-of-global-venture-capital-fell-more-than-20-in-5-years/.

10. Sim Sim Wissgott, "World Population in 2018: Facts y Numbers", CTGN, 2018, http://bit.ly/388ObyO.

11. Rebecca Fannin, "A New Era Unfolds from Silicon Dragon to Tech Titans of China", *Forbes*, 2019, http://bit.ly/36U0a3j.